好奇心，殺死一隻貓？

從達文西到理查・費曼、從小孩到成人，揭開好奇心的本質和運作機制

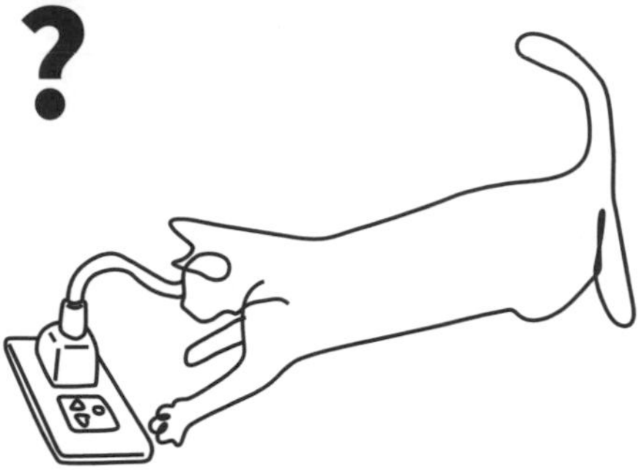

Mario Livio
馬里歐・李維歐 著
顧曉哲 譯

WHY?
What Makes Us Curious

導讀

對好奇心感到好奇的好奇心

黃貞祥

成長必然會伴隨許多酸楚，對我而言，其中一個就是大人開始不斷提醒，不要再鬼打牆地問「為什麼」了，課本上的東西別管三七二十一，背下去就對了！

我小時候就是個喜歡不斷問大人「為什麼」的小孩，在學校當然也是，只是在僵化的教育體制下受盡苦頭，從小學到初中常被老師當成干擾教學的問題學生，於是被丟到放牛班視為報廢品，到了高中變得比較自暴自棄了，緊張的師生關係才趨緩下來。

直到進入大學執教，發現原本在高中課業優異的學生，上了大學卻有不少人開始擺爛，問題可能大多出在對學問和知識甚至是這個世界的運作都沒了好奇心。當家長不再為升學而逼迫孩子讀書，就失去努力學習的動機，即使天資聰穎、學業有成，如果沒有足夠的好奇心，就沒想到要稍微從所學的知識中再深入思考一下，更甭提培養出批判和獨立思考的能力了。然而，只要有了好奇心，加上肯努力不懈地學習，即使天資稍不如人或一開始輸在起跑點上，後來的成就也都不容小覷。

科學史上幾乎所有偉大的發現，都是為了滿足科學家的好奇心而已，而不是資助的政府機關要求績效或者為升等拚論文點數的產物。此外，我們也聽過「好奇心殺死貓」的說法，八卦媒體總是寄生在人們嗜好窺探他人隱私的病態好奇心（morbid curiosity）為生。歷史上對好奇心並不總是讚揚的，就連誕生了許多滿懷好奇的哲學家和科學家的古希臘，在其神話故事中也包含許多對人類太過好奇造成的致命懲罰。水可載舟、亦可覆舟，好奇心恐怕也是一把雙面刃，要怎麼運用才能讓好奇心發揮滿滿的正能量呢？

天文物理學家兼暢銷科普作家馬里歐．李維歐就是個充滿好奇心的人，他甚至對偉大科學家的好奇心感到好奇，探索了達文西（Leonardo da Vinci，1452-1519）、費曼（Richard P. Feynman，1918-1988）和愛因斯坦（Albert Einstein，1879-1955）的好奇心。達文西是位多才多藝的鬼才，他的發明有許多仍讓見多識廣的現代人嘖嘖稱奇；愛因斯坦顛覆了我們的時空觀，匪夷所思的程度令人嘆為觀止，更讓世人對他充滿好奇；費曼所寫的《別鬧了，費曼先生！》（*Surely You're Joking, Mr. Feynman!*）和《你管別人怎麼想？》（*What Do You Care What Other People Think?*）是我年輕時最愛的好書，書中充滿頑童科學家怪誕不經的想法。

李維歐也對好奇心本身充滿好奇，雖然心理學和神經科學非他本行專業，但長期對好奇心的好奇讓他來蹚了渾水，閱讀大量文獻並走訪各地專家，深入探討好奇心在學習和記憶中的作用。其實對好奇心進行的嚴謹科學研究，嚴格來說並不算多，李維歐做了功課後發現好奇心並不簡單，例如因資訊鴻溝或熱愛知識而產生的好奇心就很不相同——前者是要減輕厭惡感，後者則是要獲得獎勵。

認識到了好奇心對學習和記憶的影響，還是難以說明好奇心如何造就傑出的創造力，因此除了爬梳歷史文獻和學術論文外，李維歐也想知道好奇心對成功人士的作用。他只有好奇心而沒有觀落陰的能力，所以無法造訪達文西、費曼和愛因斯坦，但是他訪問了他認為充滿好奇心的傑出人物。

雖然我沒有正式做過類似的訪問，就個人經驗而言，我也發現到許多公認優異活躍的科學家和博學多聞的學者作家，大多真的是好奇心特別旺盛。儘管我自認是好奇心強的，但是遇到這些了不起的人士，言談舉止間我都能充分感受到自己不如他們好奇，常常沒能去提問他們簡單動念就想要問的問題，看來好奇心真的是驅使他們努力不懈地研究的最主要動力。

背多分式的教育可能扼殺了許多潛在的人才，或者箝制了他們更好的發展。在教育界的努力下，這十幾廿年來也不是完全沒有進步，至少大學多元入學方式允許了一些學生可以不必完全受應試教育的束縛，也讓學校有機會主動篩選對想主修的學科有好奇心、學習動機更強的學生。然而，只要對新事物失去了好奇心，即使是過去在學界或輿論上呼風喚雨的領袖人物，也都會常常說出與時代完全脫節的幹話。

我們一生中大部分時間都不是在校園度過的，出了社會後，保持好奇心，對我們的事業或生活又會有何正面影響呢？再談個自己的實例吧。我從前是個視金錢為糞土、自命清高的人，完全不關心任何財經議題和理財資訊，到手的錢往往以最快的速度花光，是標準的月光族。一直到二〇〇八年發生金融海嘯才打開我的好奇心：為何整個經濟學界對危機的來臨幾乎完全無感？也同樣好奇為何聰明人會打造出一個作繭自縛的風暴？

難以忍受好奇心無法得到滿足的痛苦加上對風暴全貌的熱切求知，讓我找來一堆經濟學和理財相關書籍來讀，才發現原來這世界的經濟運作真是妙趣橫生，許多事件和道理都是環環相扣的。除了享受探索世界新知識的樂趣，更大的收穫就是開始懂得理財規畫。要不是有那場危機讓我無比好奇世界經濟的運作，我今天恐怕仍是賺一塊、花一塊二的窮光蛋吧！除了經濟學，好奇心也是推動我探究心理學、人類學、社會學、歷史等領域的最主要動力！

世界瞬息萬變，學校裡學到的永遠很快就會過時。離開校園後，好奇心恐怕就是支撐人們繼續學習向上、當個終身學習者的強大動力——只有唯一、沒有之一了吧。有些人可能會視出了社會仍像莘莘學子一樣孜孜不倦、找資料學習業餘知識的人是傻子吧？

可是面對越來越激烈的國際競爭環境，加上人工智慧迅速發展，未來許多工作機會恐怕只會留給有終身跨領域學習熱情的人，到時候誰才是真正的傻子呢？

如果對任何知識懷有好奇，何必在乎別人眼光？自己的好奇心自己滿足。現在「斜槓青年」正夯，正是因為對業餘知識和技能持續感到好奇，有熱情不畏閒言閒語、鍥而不捨地努力，而非先想要當斜槓才去培養第二才能，千萬別本末倒置了。像達文西和費曼那樣對多種事物好奇的鬼才，在不久將來的人才庫中，可能會是通例而非特例了。

想要滿足我們在生活中對事物的各種好奇，也是推動我們培養業餘興趣的動力。人們屆齡退休後仍有好幾十年要活，沒有好奇心推動人生繼續前進是可怕的，猶如一進入中老年就死了，只是幾十年後才入土為安。何不現在就放縱一下好奇心、投身興趣愛好，讓人生的任何階段都充實快樂呢？

讀完這本書，我們也許還無法用好奇心來成就一番大業，但至少我們可以了解好奇心旺盛、對知識有渴求的欲望、花費時間精力去自我探索，並不是浪費時間的舉動。我們對「好奇心」本身所知仍有限，可是只要我們對好奇心有足夠的好奇，未來肯定能夠知道更多！

你，又是對什麼感到好奇了呢？讓我們先一起來滿足對好奇心感到好奇的好奇心。

獻給我的母親

目次

前言

我一直是個好奇心洋溢的人。身為天體物理學家，除了對解開宇宙及其中各種現象的祕密充滿興趣，也對視覺藝術保持著熱情，雖然沒什麼藝術天分，但我收集了大量的藝術書籍。我也是巴爾的摩交響樂團（Baltimore Symphony Orchestra）的科學顧問（是的，不用懷疑，真有其事），參與了一些交響樂團的演出，扮演科學與音樂之間的連結。從我的角度來看，最令人興奮的也許是參與了作曲家寶拉·普雷斯蒂尼（Paola Prestini）當代古典音樂作品「哈伯清唱劇」（Hubble Cantata）的創作，搭配影片和虛擬實境，所有這一切都是受哈伯太空望遠鏡（Hubble Space Telescope）拍攝的影像所啟發。此外，我也在《赫芬頓郵報》（*Huffington Post*）部落格定期發表文章，文章的主題都是關於科學和藝術領域以及它們之間錯綜複雜連結的隨想。

很自然地，在許久以前我就對一些問題產生興趣，像是「是什麼引發了好奇心？」，以及「什麼是好奇心和探索行為的基本機制？」。因為這不是我的專業領域，所以我必須進行大量的研究、諮詢眾多心理學家和神經科學家，以及與許多來自不同學門的學者討論這個話題，並採訪很多我認為好奇心特別旺盛的人。因此，我深深感謝這些人的協助，沒有他們，我便無法完成這個計畫。雖然不大可能在此謝完所有幫助過我的人，但希望至少能對一群深刻啟發和理解我寫作的人表達謝意。我要感謝保羅·佳魯茲（Paolo Galluzzi）在談及李奧納多·達文西（Leonardo da Vinci）時帶給我一席頗具啟發性的對話，也感謝強納森・佩夫斯納（Jonathan Pevsner）在達文西議題上的幫助與建議，並讓我使用他關於達文西書籍和文章的大量蒐藏。阿加塔・魯克絲卡（Agata Rutkowska）提供很棒的導覽，讓我可以在英國皇家收藏基金會（Royal Collection Trust）找到特定的達文西畫作。位在約翰霍普金斯大學（Johns Hopkins University）的米爾頓・S・艾森豪圖書館（The Milton S. Eisenhower Library）提供我數百本關於各種相關學門的書籍。傑瑞米・納森（Jeremy Nathans）、多倫・盧里（Doron Lurie）、蓋瑞・以色瑞里安（Garik Israelian），以及埃倫－泰瑞瑟・拉姆（Ellen-Thérèse Lamm），他們引介我與關鍵人士進行訪談。感謝瓊・費曼（Joan Feynman）、大衛・古德斯坦（David Goodstein）、朱迪絲・古德斯坦（Judith Goodstein）以及維吉尼亞・特林布（Virginia Trimble），他們提供了有關理查・費曼事蹟的珍貴第一手資料。

杰奎琳・高特里布（Jacqueline Gottlieb）、勞拉・舒茲（Laura Schulz）、伊莉莎白・波納威茲（Elizabeth Bonawitz）、馬瑞基・傑瑪（Marieke Jepma）、喬丹・利特曼（Jordan Litman）、保羅・西爾維亞（Paul Silvia）、莎莉斯・基德（Celeste Kidd）、阿德里安・巴拉內斯（Adrien Baranes）與伊莉莎白・斯佩爾克（Elizabeth Spelke），這些人提供了他們在心理學與神經科學不同領域研究計畫的工作內容（有時甚至是一些尚未發表的資料），其目的都是希望更加了解好奇心的本質，這些資訊非常有價值。書中對於他們研究成果的詮釋若有錯誤，那責任一定在我。約恩納・昆齊（Jonna Kuntsi）與邁克・米漢（Michael Milham）協助我釐清好奇心與注意力缺失過動症（ADHD, Attention Deficit Hyperactivity Disorder）之間的概念和潛在連結。凱瑟琳・阿什伯里（Kathryn Asbury）和我討論了有關雙胞胎的各種研究對於好奇心本質的意義。蘇珊娜・賀庫拉諾－胡賽（Suzana Herculano-Houzel）詳細向我解釋了她關於大腦不同部分的開創性研究，及其對人類大腦特殊性質的重要性和影響。諾姆・撒東－格羅斯曼（Noam Saadon-Grossman）幫助我了解大腦的解剖結構。我想表達對弗里曼・戴森（Freeman Dyson）、斯多里・馬斯格雷夫（Story Musgrave）、諾姆・杭士基（Noam Chomsky）、瑪麗蓮・沃斯・莎凡（Marilyn vos Savant）、維克・穆尼茲（Vik Muniz）、馬丁・芮斯（Martin Rees）、布萊恩・梅伊（Brian May）、法比奧拉・吉亞諾提（Fabiola Gianotti）以及傑克・洪納（Jack Horner）的感謝之意，感謝他們提供關於個人自身的好奇心，是非常有趣且富洞察力的專訪。

最後，我要感謝優秀的經紀人蘇珊・拉比納（Susan Rabiner）永不疲倦的鼓勵和建議。我很感謝編輯鮑勃・本德（Bob Bender），他仔細閱讀了手稿並給予敏銳而深思熟慮的建議。總經理喬安納・李（Johanna Li）、美術設計保羅・迪波利托（Paul Dippolito）、文編菲爾・麥凱佛（Phil Metcalf）以及西蒙與舒斯特出版社（Simon & Schuster）

整個團隊在製作本書時再次展現了他們的奉獻與專業精神。

自不待言，若是少了內人蘇菲（Sofie）的耐心和一路走來的支持，這本書是無法順利完成的。

第一章　好奇

人類為了探索和試圖了解周遭世界所做的努力，總是遠遠超過單純為了生存所需的努力。人類似乎是一種會無止盡產生好奇的物種，甚至我們當中一些人的好奇已經到了迷戀的程度。南加州大學的神經科學家爾文·比德曼認為人類生來就是一種「食訊動物」，意思就是吞食資訊的生物。若不是這樣，你怎麼解釋為何有時人們甘冒生命危險，只為了一解好奇之癢？

不論篇幅是長是短，有些故事總能讓人印象深刻。十九世紀作家凱特・蕭邦（Kate Chopin）曾寫過一篇名為〈一個小時的故事〉（The Story of an Hour）的極短故事，以驚人的句子作為開頭：「鑑於瑪拉德夫人罹患心臟病，得要非常小心且盡可能溫和地告訴她丈夫的死訊。」失去性命以及身而為人的脆弱全都納入了故事的第一個句子裡。隨後，讀者得知是瑪拉德夫人她丈夫的好友理查茲帶來這個壞消息，他透過電報證實了布倫特利・瑪拉德的名字出現在鐵路事故的罹難者名單中。

在蕭邦的故事情節裡，瑪拉德夫人第一時間的反應相當自然。從姊姊約瑟芬那裡得知這個令人悲傷的消息後，她開始哭泣，然後回到自己的房間，希望大家不要打擾她。然而，房間裡卻發生完全令人意想不到的事。在靜靜坐著啜泣了一會兒後，瑪拉德夫人抬起頭，目光望向遠方的藍天，開始喃喃自語，說出令人驚訝的話：「自由、自由、自由！」然後又更加激動地說：「自由！身體和靈魂都自由了！」

心急如焚的約瑟芬在門外一直央求瑪拉德夫人開門，最後她終於回應了約瑟芬，打開房門。走出房門的瑪拉德夫人「眼神帶著勝利的激情」，摟著姊姊的腰，平靜地走下樓梯。她丈夫的好友理查茲則站在樓梯下等著她們。就在這個時候，聽到有人正用鑰匙打開前門。

到這裡，蕭邦的故事距離結束只剩八行字。我們有可能在這裡喊停，不再往下閱讀嗎？毋庸置疑，就算我們想停大概也辦不到——至少要知道誰正在開門吧？正如英國散文家查爾斯．蘭姆（Charles Lamb）曾寫道：「我敢說，不分身處城市或是鄉村，敲門聲總能引起人們的興趣。」這就是故事的力量，它吸引你的注意力，你甚至根本不想擺脫這股力量。

就跟你猜想的一樣，正要走進屋子的正是布倫特利．瑪拉德。實情是，瑪拉德先生離事故現場很遠，甚至不知道發生了鐵路意外。蕭邦生動地描述了神經質的瑪拉德夫人在一個小時的時間內，情緒上不得不經歷雲霄飛車般的起伏。蕭邦的故事鋪陳引領讀者經歷了引人入勝的閱讀體驗。

〈一個小時的故事〉的最後一句甚至比第一句更令人不安。「醫師到診後，聲稱她死於心臟病——因為過度喜悅所引發的。」到底瑪拉德夫人內心真正的想法是什麼，這仍是個謎，只能留待讀者自己去玩味。

在我看來，蕭邦獨特的寫作天賦，最厲害之處在於她所創作的每一行文字幾乎都能令人心生「好奇」，即使在那些單單只是描述、顯然沒發生任何事的段落也一樣。這種類型的好奇心會讓人背脊發涼，有點類似我們聆聽非凡音樂作品時體驗到那種全身起雞皮疙瘩的感覺。這些都是微妙且能營造緊張氣氛、展現扣人心弦場景的要素。這些要素是建構引人入勝的故事講述、學校課程、激發靈感的藝術作品、電玩遊戲、廣告活動，甚至是簡單談話中不冷場的必要手段。蕭邦的故事啟發了「能產生共鳴的好奇心」（empathic curiosity）——也就是當我們試圖去理解主人公的欲望、情感體驗和想法，以及不停思索她或他「為什麼」會這麼做之際，所採取的立場。

蕭邦巧妙使用的另一個元素就是「驚訝」。這是一個藉由提高覺醒和注意力，進而點燃好奇心的可靠策略。紐約大學（New York University）神經科學家約瑟·拉度（Joseph LeDoux）和同事嘗試釐清我們大腦在驚訝或恐懼時的反應途徑。當我們遭遇意想不到的事情時，大腦會認為可能需要採取一些行動。這會導致交感神經系統的快速活化，呈現出的相關熟悉表現有：心跳加速、盜汗和深呼吸。同時間，注意力會從其他無關緊要的刺激因素移開，將重點放在真正的關鍵要素上。拉度的實驗結果顯示，在驚訝和恐懼反應中（尤其是後者），快速和慢速的訊息傳遞路徑會同時被活化。快速活化的路徑從負責傳遞感覺訊號的丘腦（thalamus）直接進入杏仁核（amygdala）。杏仁核是杏仁狀的細胞核簇，功能是賦予情感意義並主導情緒反應。而丘腦與杏仁核之間的慢速活化路徑，則需要通過大腦皮質的漫長迴路。大腦皮質是大腦外側的一層神經組織，對於記憶和思考具有關鍵作用。慢速的間接路徑讓我們對外在刺激能進行更謹慎且有意識的評估，好做出周全的反應。

好奇心分好幾種「類型」，而且還有更多類型持續被發現。英籍加拿大心理學家丹尼爾・伯利恩（Daniel Berlyne）以兩個主要象限或軸線來描述好奇心：一軸的兩端分別是知覺好奇心和認知好奇心，另一軸則從特定好奇心往多元好奇心延伸。知覺好奇心（perceptual curiosity）是由極端的離群值（extreme outliers），由新穎的、模稜兩可或令人費解的刺激所引起，激發我們使用肉眼去觀察，就像住在亞洲偏遠村莊的兒童第一次見到高加索人的反應。知覺好奇心通常會隨著持續接觸相同的外在刺激而逐漸減弱。相對於知覺好奇心，伯利恩描繪了認知好奇心（epistemic curiosity），這種好奇心可說是對知識的真正渴望（也就是哲學家伊曼努爾・康德〔Immanuel Kant〕所描述的「求知欲」〔appetite for knowledge〕）。這種好奇心一直是所有基礎科學研究和哲學探索的主要推動力，也可能是驅動所有早期心靈探索的力量。十七世紀哲學家湯瑪士・霍布斯（Thomas Hobbes）稱之為「大腦的欲念」，並補充「藉由堅持不懈的知識產出，保有持之以恆的喜悅」，它超越了「任何肉體愉悅的短暫激情」，只因為好奇心會讓我們生出更多好奇。霍布斯在「渴望知道『為什麼』」（原文沒有強調「為什麼」，只是我在此特別強調）這一點中，見到區分人類與其他生物的特徵。我們將會在第七章看到，正是詢問「為什麼？」的獨特能力，將人類帶到今天這個地步。認知好奇心是愛因斯坦在對他的一位傳記作者提及的好奇心類型，他說：「我沒有什麼特殊天賦，只是擁有熱切的好奇心。」

對伯利恩來說，特定好奇心（specific curiosity）反映了對特別訊息的渴望，就像試圖解決填字遊戲或是記住前一週看過的電影片名。特定好奇心可以促使研究人員檢驗不同的問題，以便更進一步了解問題的本質並找出潛在的解決方案。最後，多元好奇心（diversive curiosity）指的就是永不休止的探索欲望，也是指尋求新的刺激來避免一成不變所造成的乏味無聊。現今，這種類型的好奇心可能體現在不斷檢查是否有新的簡訊或電子郵件上，或是引頸期盼新款智慧型手機的推出。有時候多元好奇心可能促成特定好奇心，因為尋求新奇的行為可能會引起特定的興趣。

雖然伯利恩對不同類型好奇心的區分在許多心理學研究中被證明具有相當成效，但在對好奇心形成機制有更全面的理解之前，這些類型只能視為一種可能的分類，而非絕對。此外，還有人提出其他型態的好奇心，例如前文提到能產生共鳴的好奇心，這些類型並不能完全歸類於伯利恩所制定的類別中。又或者是病態好奇心（morbid curiosity）讓人們喜歡看熱鬧，導致汽車駕駛放慢車速、觀看高速公路上的交通事故，驅使人們聚集在暴力犯罪以及大樓火災現場圍觀。就是這種類型的好奇心，讓二〇〇四年英國建築工人肯．比格利（Ken Bigley）在伊拉克遭到斬首那段令人毛骨悚然的錄影畫面，在Google上出現超高點擊率。

除了潛在的不同類型，各種好奇心還有強度上的差別。有時只要一點點訊息就能滿足好奇心，以特定好奇心為例，像是單純回答「任何地方的不公平都威脅著全天下的公平」這句話是誰說的？在其他情況下，好奇心可以驅使一個人懷抱熱情投入一段旅程，這確實會發生，像是問及「地球上的生命是如何出現和演化的？」，這種認知好奇心會引領科學探究，進而走上終身探索的道路。從好奇心發生的頻率、強度等級、人們準備投入一探究竟的時間長度，以及總體上對嶄新體驗的開放和偏好等方面來看，好奇心明顯存在個體差異。德國北海沿岸阿姆魯姆島（Amrum Island）上出現一支被沖上岸擱淺的舊瓶子，對某人來說可能只是汙染的象徵，但是對另一個人來說，這樣的發現可能是窺探早期且迷人世界的機會。這樣的事情就發生在二〇一五年四月，當時一支被沖上岸的瓶子裡有張信紙，上面的訊息經查證，確認來自一九〇四至一九〇六年間，這是至今發現最古老的瓶中信[①]。調查瓶中信源於何處，也是研究洋流實驗的一部分。

類似的故事發生在紐約市，一位已經工作二十二年的清潔隊員愛德·謝夫林（Ed Shevlin），他每週有五天的早晨必須負責收運垃圾，但因為對愛爾蘭蓋爾語（Gaelic lan

---

① 二〇一八年一月二十一日，在澳洲西部伯斯（Perth）以北一百八十公里的韋奇島（Wedge Island）海灘上，發現了距今一百三十二年（一八八六年六月十二日投入海中）的瓶中信，比作者在這裡所描述的（之前的金氏世界紀錄）還要古老。

guage）的高度熱衷，驅使他參加了紐約大學開設的愛爾蘭美國研究碩士學位學程。

大約二十年前，一樁罕見的天文事件完美地呈現出那些據認為是不同類型的好奇心——例如受新奇事物激發以及代表求知欲的好奇心——可以相互結合與作用，形成不可抗拒的吸引力。一九九三年三月，一顆過去不為人知的彗星被發現繞行木星。發現者是幾位經驗豐富的彗星獵人，包括天文學家夫婦卡羅琳（Carolyn）和尤金・舒梅克（Eugene Shoemaker），以及天文學家大衛・李維（David Levy）。由於這顆周期彗星是該團隊發現的第九顆，因此命名為舒梅克－李維九號（Shoemaker-Levy 9）。詳細分析運行軌道後發現，這顆彗星可能是數十年前被木星的引力所俘獲，並且在一九九二年歷經過一次與木星災難性的接近，受到強勁的潮汐（拉扯）力扯碎。圖一的影像是哈伯太空望遠鏡在一九九四年五月所拍攝，可以看見被扯碎的彗星變成二十餘個碎片，這些碎片沿著原本彗星的繞行路徑持續運行，看起來就像太空中的一串閃亮珍珠。

當電腦模擬指出，這些碎片可能在一九九四年七月與木星大氣碰撞並掉進木星時，不僅是天文學界感到興奮，就連外界的關注也逐漸升溫。這種碰撞是相對罕見的（大約六千六百萬年前地球上曾發生過這種碰撞，也被證實對當時的恐龍而言是極為不幸的災難），而且從來沒有人直接目睹過。全球的天文學家都以渴望期待的心情等候著。沒有人知道能否從地球觀看到彗星衝擊的影響，也許彗星碎片會被木星的大氣層平靜地吞

圖一

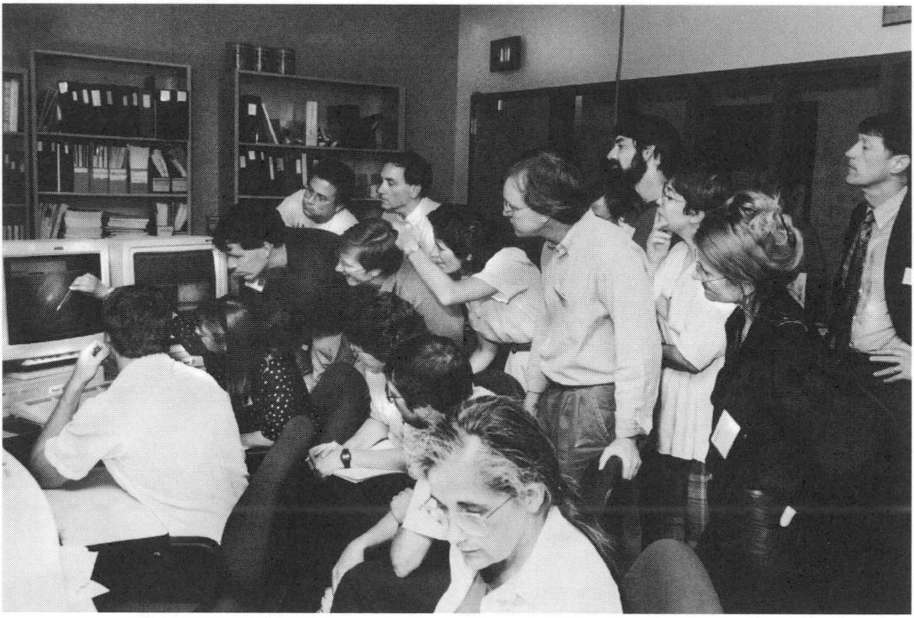

圖二

噬，就像丟一顆小鵝卵石進巨大的池塘，完全看不出動靜一樣。

第一塊冰冷的彗星碎片預計於一九九四年七月十六日晚間撞向木星，當時地球上幾乎所有的太空望遠鏡都瞄準了木星，包括哈伯太空望遠鏡。事實上，很少有這麼戲劇性的天文現象能夠被即時觀察（光線從許多人感興趣的天體出發到達地球需要走上許多年，但從木星到地球大約只需要半個小時），因而此一天文事件給人「一生僅此一次」的感覺。不意外地，一個包括我在內的科學團隊當時也圍繞著電腦螢幕，等待即將從天文望遠鏡傳輸下來的資料（圖二）。每個人心中都懷抱相同問題，那就是：我們會看到什麼嗎？

如果要給圖二下標題，我很明確知道會寫什麼：就是「好奇心」！要感受好奇心的傳染力，只需檢視照片中科學家的姿勢和臉部表情就能略知一二。當我隔天看到這張照片時，聯想起約四百年前的非凡藝術作品：林布蘭（Rembrandt）的《尼古拉斯・杜爾博士的解剖學課》（*The Anatomy Lesson of Dr. Nicolaes Tulp*，圖三）。這幅畫和剛剛的照片在捕捉人物的好奇與激情方面，幾乎如出一轍。我覺得特別引人注目的，是林布蘭的重點既不在解剖屍體的解剖學（儘管他相當精確地描繪肌肉和肌腱），也不在死者的身分（名叫阿里斯・吉特〔Aris Kindt〕的年輕人，因為偷了外套在一六三二年被吊死），因為他的部分臉孔被遮住了。相反地，林布蘭主要感興趣的是準確表達出參加本

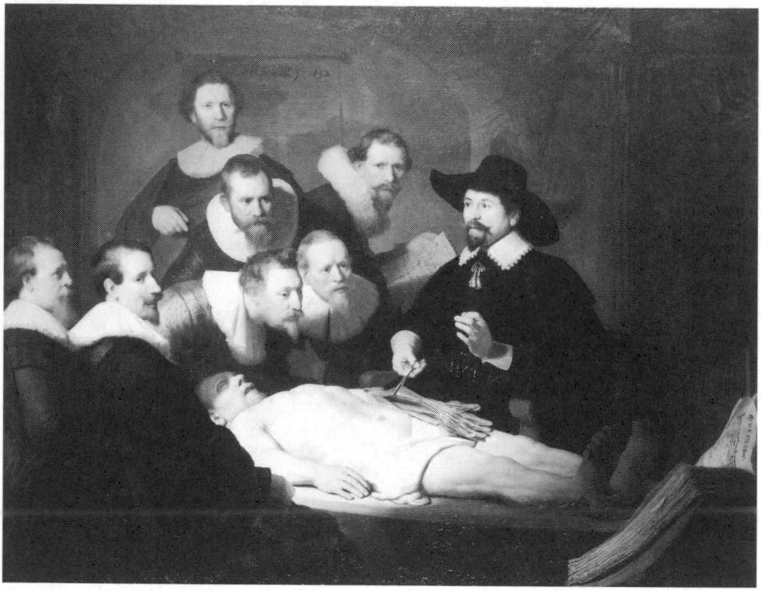

圖三

課程的每位醫療專業人員和學徒的個人反應。好奇心才是他畫作的焦點。

好奇心的力量超越其在實用性或帶來好處的潛在貢獻，本身就是個勢不可擋的驅動力。舉例來說，人類為了探索和試圖了解周遭世界所做的努力，總是遠遠超過單純為了生存所需的努力。人類似乎是一種會無止盡產生好奇的物種，甚至我們當中一些人的好奇已經到了迷戀的程度。南加州大學（University of Southern California）的神經科學家爾文．比德曼（Irving Biederman）認為人類生來就是一種「食訊動物」（infovore），意思就是吞食資訊的生物。若不是這樣，你怎麼解釋為何有時人們甘冒生命危險，只為了一解好奇之癢？偉大的羅馬演說家和哲學家西塞羅（Cicero）將尤利西斯（Ulysses）航行經過賽蓮島（island of the Sirens）解讀為有能力按捺住認知好奇心的誘惑。「並非她們的天籟之音，也不是歌曲內容的新奇多變，而是她們具有吸引過往船隻上的航海者的專業知識；那就是渴望學習的熱情吸引著航海者，令他們將船隻航向賽蓮島的岩石海岸。」

法國哲學家米歇爾．傅柯（Michel Foucault）精闢描述了一些好奇心的固有特性：「好奇心喚起了『關心』；它喚起人們關心現存和可能存在的東西；一種對現實的敏銳感，在滿足好奇心之前，人們總是焦躁不安；隨時準備好去發現我們周遭奇異的事物；一種下定決心拋棄熟悉的思維，並且用不同的方式來看待相同的事物；熱衷於理解現正發生的事情和正在消失的事物；對傳統階級所認知的重要性與根本性不屑一顧。」

正如我們將在本書後文看到的，現代研究顯示，好奇心對於兒童早期的知覺和認知能力的正確發展可能至關重要。此外，好奇心在成人階段毫無疑問仍是表現智慧和創造力背後的強大力量。這是否意味著好奇心是天擇的直接產物？如果是這樣，為什麼即使看似微不足道的事情，有時也會引發我們強烈的好奇？為什麼我們在餐廳用餐時，偶爾會想知道鄰桌正在低語說著什麼？相較於聽到兩個人面對面交談的內容，為什麼我們對一個正在講電話的人所談論的（當我們只聽到一半對話時）更有興趣？好奇心究竟完全是天生的，還是我們經由學習所獲得的？相反地，成年人是否會失去童年時擁有的好奇心？好奇心是不是在三百二十萬年間隨著時間演化，將露西（Lucy，在衣索比亞發現的化石遺骨，證實是早期的類人類）與智人（*Homo sapiens*，現代人）區隔開來？是哪些心理過程以及大腦中哪些結構參與了好奇心的產生？好奇心有理論模型嗎？諸如注意力缺失過動症（ADHD, Attention Deficit Hyperactivity Disorder）這種神經發育疾病，病患的好奇心是被激發而源源不絕地產生，或是像暴衝的車輛停不下來？

在認真深入探究好奇心的科學研究之前，我決定（出於我自己的好奇心）先短暫岔開來仔細檢視兩個人——在我看來，這兩個人擁有至今最具好奇的心靈。我相信大家都會同意我所指的這兩號人物：李奧納多．達文西（Leonardo da Vinci）和物理學家理查・費曼（Richard Feynman）。達文西無窮盡的興趣真的是包羅萬象，涵蓋了藝術、科學和技術，至今仍是文藝復興時期的精髓與代表人物，藝術史學家肯尼斯・克拉克（Kenneth Clark）就恰如其分地稱他為「歷史上最能無止盡展現好奇心的人」。費曼在眾多物理學分支當中的天才表現和學術成就已經充滿傳奇色彩，但是他也追求並迷戀生物學、繪畫、破解保險箱、演奏邦加鼓、研究漂亮女性及馬雅的象形文字（Mayan hieroglyphs）。費曼因身為「挑戰者號」太空梭爆炸災難的調查委員，以及充滿了個人軼事的暢銷書而聞名於公眾，當被問到他認為什麼是科學發現的主要動力，費曼回答：「這與好奇心有關。這與想了解事物的前因後果有關。」他的說法呼應了十六世紀法國哲學家米歇爾・德・蒙田（Michel de Montaigne）的觀點，蒙田敦促他的讀者要去探索日常事物的奧祕。我們將在第五章發現，針對孩童的研究指出，好奇心往往是因為想要理解周圍環境的因果關係所引發。

我並不認為仔細審視達文西和費曼的個人特質，就一定能進一步揭開關於好奇心的深刻見解。過去無數次嘗試了解歷史上許多天才人物所擁有的共同特徵，結果都只是找到一些更令人困惑的多樣性，這些多樣性與每位天才的生活背景和心理特徵有關。以科學巨擘艾薩克・牛頓（Isaac Newton）和查爾斯・達爾文（Charles Darwin）為例，牛頓以其無與倫比的數學能力聞名，達爾文則自稱數學能力有待加強。即使在一群特定科學學門的大師人物之中，似乎也存在一系列模糊不清的特質。物理學家恩里科．費米（Enrico Fermi）十七歲時就能解開非常困難的物理習題，愛因斯坦（Albert Einstein）則相對大器晚成。即使如此，這並不是說天才其實沒有共同特徵。舉個例，芝加哥大學（University of Chicago）心理學家米哈里．契克森米哈賴（Mihaly Csikszentmihalyi）在創造力極強的領域中，發掘出一些似乎與大多數異於尋常的創造性人物有相關的傾向（第二章結尾處簡要描述了這些傾向）。我認為這是個值得深入的練習，至少可以探究達文西和費曼迷人的個人特質，也許能提供一些線索讓我們了解他們難以被滿足的好奇心的根源。對我來說，達文西和費曼除了都擁有好奇心之外，他們是否有共同點其實不大重要，關鍵是兩人在各自環境都以居高臨下的眼光觀看全局，從他們的角度來看待事物，一定會引發一探究竟的好奇心。接下來我將先從達文西開始說起，達文西曾經優雅地表達自己對理解力的熱愛，他說：「除非先去理解，否則不可能真正愛或恨任何人事物。」

順道一提，如果你好奇當舒梅克－李維九號彗星的第一個碎片撞擊木星大氣時，我們是否看到了什麼？——是的，我們真的觀察到了！一開始，在木星的邊緣出現一個光點，當碎片穿過大氣層時，它便爆炸進而生成類似核子武器引爆時產生的蘑菇雲。所有碎片都在木星表面留下可見的「疤痕」（含硫化合物的區域，圖四）。這些汙點持續存

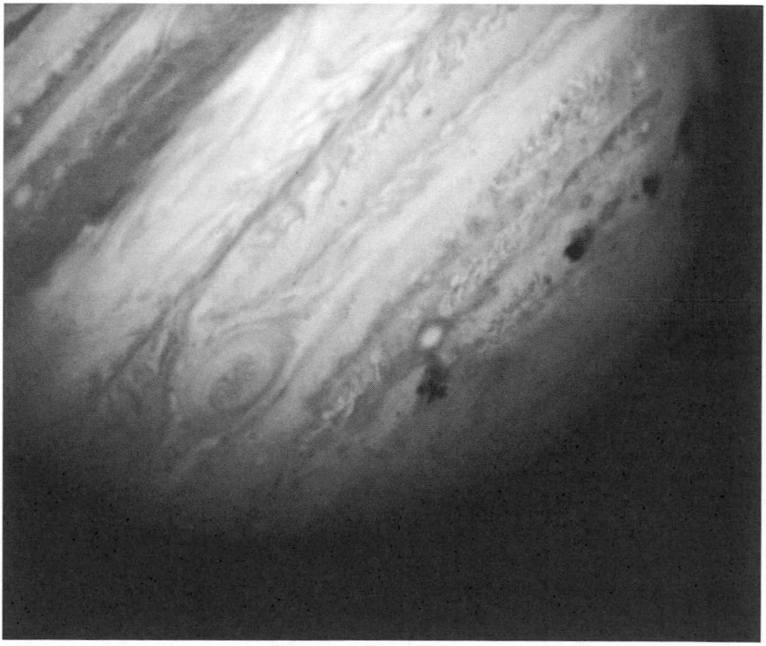

圖四

在好幾個月，直到它們被木星大氣層中的氣流和湍流抹滅，或是向下擴散到木星大氣更低的地方。

第二章　更好奇

達文西自己很快補充說：「那些只會研讀古人撰述、不知向大自然學習的人，只是大自然的繼子而不是大自然的子嗣。大自然是所有出色作者的母親。」為了駁斥批評者，他繼續說：「雖然我不像他們那樣懂得旁徵博引，但我依賴的是更加偉大和更有價值的東西，也就是經驗。經驗就如同大師的情婦。」

目前我們所知對達文西最佳的描述，大致囊括在喬爾喬・瓦薩里（Giorgio Vasari）所撰寫的兩個簡短句子中。瓦薩里欽佩地寫道：「除了身體之美沒有得到足夠的讚美外，他的一切行動都充滿無限魅力；最重要的是他的天才，以及其不斷的增長，如此一來無論面對任何難纏的問題，他都能輕易地迎刃而解」。瓦薩里是著名的《藝苑名人傳》（*Lives of the Most Eminent Painters, Sculptors and Architects*）作者，當達文西去世時，瓦薩里才八歲。對於這樣的描述，我想我可以做一點小小的修改，那就是「最重要的是他的天才和好奇心，以及它們不斷的增長」。

瓦薩里在詳細闡述這些出色的特質時，強調達文西所涉及的學科種類多到令人驚訝，還有他對各種不同新學科的迅速學習所展現出的強大能力。「在研究算術運算的幾個月當中，他的學習進展神速，並開始對教授他的老師提出疑問與難題，常常讓老師不知所措。他只撥給音樂一點點注意力，卻很快就學會彈奏七弦琴，因為他本質上擁有崇高而精緻的靈魂：為此，他以神聖的方式對那樂器哼唱，隨即開始即興演奏。」鑑於這些情感橫溢的讚譽，最近的研究結果可能會讓人大失所望，因為達文西的數學筆記實際上包含了一些令人尷尬的錯誤和疏漏，例如在開根號運算上出錯。同樣地，達文西看不懂希臘文，甚至連閱讀拉丁文也有困難，常常需要藉由知識淵博的朋友協助才能讀懂。從表面來看，獲得新知識的超強能力與基礎教育不足之間，似乎存在嚴重衝突，然而這兩個事實至少能為解釋達文西的廣博學識提供一個起點。首先，達文西在文西（Vinci）這個地方接受的早期教育相當粗淺，當時在佛羅倫斯（Florence）的安德烈．德爾．委羅基奧（Andrea del Verrocchio）大師工作室當學徒時，目標是成為一名藝術家，而不是科學家、數學家或工程師。他學習了基本的閱讀和寫作，輔以繪畫、雕刻技巧和一些實用的幾何與力學理論，以及金屬加工所需的熔鑄技術。沒有人能預料從這樣不起眼的學徒生涯起點，達文西會鹹魚翻身成為文藝復興時期萬能通才的理想象徵。所有最終看似無所不包的博學都是他自學成才，或是在很長的時間內不停藉由實驗和觀察所獲得。事實上，由於他並不擅長經典學科，達文西時代的傳統人文主義學者常引用達文西原本謙遜地用來自我描述的話來諷刺他，像是「目不識丁」或是「孤陋寡聞」。然而，達文西自己很快補充說：「那些只會研讀古人撰述、不知向大自然學習的人，只是大自然的繼子而不是大自然的子嗣。大自然是所有出色作者的母親。」為了駁斥批評者，他繼續說：「雖然我不像他們那樣懂得旁徵博引，但我依賴的是更加偉大和更有價值的東西，也就是經驗。經驗就如同大師的情婦。」達文西毫無疑問是「經驗門徒」的原型。

瓦薩里還為我們提供了第二條線索，有助於揭開達文西的教育中產生矛盾點的祕密，那就是「達文西設定了很多想要學習的東西，但有些在剛開始學習不久就決定放棄」。換句話說，達文西對某些研究並沒有堅持到底。這也引出了另一個謎團：為什麼達文西會放棄一開始很感興趣的研究主題？這是我們在後文會回頭探究的一個重要問題，因為它可以提供一些見解，讓我們了解驅動達文西的好奇心的運作方式。

如果只是簡單描述達文西的成就是出於一顆好奇心，那實在太小看他的成就了。我們只需注意一件事就知道達文西如何不簡單：光是一五〇三至一五〇四年間，達文西在自己的藏書中至少蒐集了一百一十六本書，涵蓋的主題包羅萬象，從解剖學、醫學與自然史，到算術、幾何、地理和天文學，還包括哲學、語言、文學作品，甚至是宗教專著。總之，這就是那個據大家所說喜歡做實驗勝過閱讀的人所擁有的藏書——事實上，科學史學家暨達文西學者喬治・德・桑蒂拉納（Giorgio de Santillana）就曾以「達文西和他沒閱讀過的書」為題發表過演講。

達文西個人特質最吸引人的一面，就是在分析自然的祕密時，同時具備富有同情心的美學敏感度以及不帶情緒而敏銳的眼睛之間所產生的明顯衝突。是醫師也是歷史學家的保羅・喬維奧（Paolo Giovio），在一五二七年（達文西去世後八年）針對達文西認為「科學與藝術之間有著不可避免的關連」的獨特觀點提供一種解釋。喬維奧寫道：「達文西……為繪畫藝術增添了無限光彩，他認為繪畫學徒必須同時具備高尚的科學和人文藝術程度。」為了說明達文西與眾不同的策略，喬維奧繼續描述一些這位繪畫大師所進行的許多科學活動：「光學對他來說至關重要……他在醫學院裡解剖罪犯的屍體……以繪畫呈現脊椎神經作用引起的四肢關節活動時，應該按照自然規律來呈現。」

喬維奧的描述精準傳達一個重要事實，那就是達文西在早期工作中將大自然當作是藝術的僕人：他審視大自然，好讓他的藝術表現盡可能準確。然而在後期，藝術成為逢迎他科學調查的助手：他用獨特的藝術能力來描繪自然現象，並試圖弄清楚原因。

早在瓦薩里之前的二十年，喬維奧也評論過達文西顯然無法完成任務，或說他對於完成某些研究項目變得興趣缺缺。「即使他花時間密切研究其他次要的藝術工作，也只完成了少數作品。」達文西傾向接下繪畫任務最終卻沒完成，即使在當時也是出了名的。當教皇利奧十世（Pope Leo X）聽說達文西正忙於調製各種不同保護畫作的清漆、而不是實際埋首作畫時，他便開始抱怨：「唉！這個人永遠不能成事，還沒開始動工就想著怎麼結束了。」

表面上，對達文西而言每幅畫都是一個科學實驗，無論是正確呈現描繪的主題或是作畫的過程。這也是一種好奇心的體現。「研究藝術的科學、研究科學的藝術，並且學習觀察。」達文西說。考量到繪畫技術的實際執行，他的一些繪作，例如《最後的晚餐》（*The Last Supper*，圖五），其實並沒有完成，甚至可能在達文西還在世時就已經出現斑駁脫落。然而從另一個角度來看，《最後的晚餐》其實是件相當成功且非凡的傑

圖五

作，是有效利用透視和光影的傑出研究作品。觀畫者甚至可以從這幅畫真實感受到耶穌基督正在說「你們其中一個將會背叛我」時，現場所產生且傳達出的情緒波動，這是達文西從他對水波傳播的觀察中所學到的。

不過，此處也存在著另一個矛盾。達文西能如此微妙捕捉到最幽微的人類心情和情緒（也見於《聖母子與聖安妮》〔*The Virgin and Child with St. Anne*〕，以及著名的《蒙娜麗莎的微笑》〔*Mona Lisa*〕），但在他的大量書寫中卻幾乎沒有表現出一丁點他的個人感受。如果達文西對自己的內心世界和對外部世界一樣充滿好奇，那就表示是他選擇不讓任何人接近他的內心世界。

驚奇與好奇

許多優秀的研究都試圖採用達文西為數眾多的筆記、詳細的評論以及精心設計的圖畫，來評估他的實際成就，藉以衡量他在科學和技術方面真正的創新程度。因為當時的現有知識不足，所以另有研究人員據此為標準來檢視他作品的原創性。我則是對不同但卻同樣誘人的問題感興趣：是什麼讓達文西產生好奇？為什麼？他做了什麼來滿足他的好奇心？他會在什麼時間點真的失去對某個特定主題的興趣（如果真有這種情形發生的話）？與其考慮到達文西的科學成就以及在藝術和工程研究計畫的成功與失敗，或者他是否對科學進程或藝術史歷程產生影響，我更好奇是什麼抓住達文西的注意力、驅動他行動，以及他如何回應這些刺激。

達文西的個人筆記是回應這些問題的理想出發點，主要原因分述如下。首先，現存的六千五百頁筆記和繪畫可能僅代表他想法中的一部分而已，據一些研究人員估計，他的筆記應該要有一萬五千頁。由於達文西僅保留三十五歲左右之後的筆記本，表示在三十年間，他平均每天所記下的筆記就有一頁半！以精心繪製的圖紙和複雜的筆記來描述他的想法、興趣和沉思（行文主要從右到左、以左手撰寫，呈現左右相反的鏡像字），看似是達文西最珍視的工作之一。令人驚訝的是，單是達文西現有的繪圖作品，就大約是十六世紀最多產的製圖員所生產作品數量的四倍。其次，除了明顯痴迷於分析和記錄每一個合理思想，達文西筆記的實際內容涵蓋解剖學、視覺和光學、天文學、植物學、地質學、自然地理學、鳥類飛行、運動和重量、水的屬性和運動，還有以和平或戰爭為目的的各種想像發明。最後，將筆記內的大量科學與技術材料實際應用到現實世界，達文西會用筆記本上記載實際應用的那一頁，來補充看似永不間斷的說明與評論藝術相關的問題，像是色彩、光線和陰影、視角、畫家的準則以及雕塑和建築等等。整合而成的畫面如同達文西繪畫本身的一些元素一樣清晰，也一樣神祕莫測。

達文西對周圍複雜世界中幾乎「所有事物」都感到好奇，而且他強迫性的筆記和繪畫展現他嘗試去理解一切事物的特質。可以肯定的是，他對歷史、神學、經濟學或政治學從未特別感興趣（這可能是明智的選擇，他生活的年代正是以放縱又殘忍而臭名昭著的波吉亞〔Borgias〕執政期間），但是他試圖藉由「閱讀」去擷取知識並解密自然，這些觀察和創作正是一個世紀之後的伽利略．伽利萊（Galileo Galilei）所稱的「自然之書」（book of Nature）。然而，達文西的「自然之書」篇幅比伽利略的還要厚，因為包括了解剖學和植物學，這些都是伽利略沒興趣的主題。總的來說，達文西筆記中絕大多數記載的作品，並沒有打算用來作為最終成為特定商業量產機會的實作藍圖、預備草圖或工程計畫之用；相反地，它們是達文西的好奇心化身。用他自己的話來描述：「大自然充滿了無限多且從未在經驗中闡述過的事件……一個完備之人對於大自然的欲望是獲取知識。」達文西死後五百年才出生的精神科醫師赫曼．寧伯格（Herman Nunberg）提及的觀念也與達文西呼應，他說：「藉由滿足好奇心，人們獲得了一定的知識儲備，這又可能導引出新難題、形成新提問。好奇心因此也可被稱為『渴望得到知識』。」

筆記當中還以圖形方式展示了達文西頭腦中的科學、技術和藝術之間強大的相互依存關係。「一張圖勝過千言萬語」（a picture is worth a thousand words）這個英文片語被認定源於一九一一年的一篇報紙文章，不過達文西在四個世紀之前就清楚地表達這種觀點：「如果你想要用文字來闡述一個人的形象……你必須屏除這種念頭，因為你越想描述得更仔細，就越會讓讀者的思緒更混亂，也會讓你想要描述的人物形象更加偏離真實狀況。因此，你需要同時描繪和描述。」

然而，對於描述不同主題，繪畫所能做到的遠遠超越文字，有時我們更能藉由這些圖來探究達文西產生好奇心的曲折旅程。皇家收藏基金會（Royal Collection Trust）的作品中提供一個很好的例子（圖六）。研究達文西的學者卡羅・佩德雷諦（Carlo Pedretti）評論道，光是這張繪圖就能「完整呈現他（達文西）的科學好奇心以及藝術方面的多才多藝」。

乍看之下，筆記上似乎只是一系列互無關連的塗鴉：圓形和曲線的各種幾何結構、雲、爬上百合花的雜草、螺旋壓機、著衣的老者、池中的波浪、樹的分支。仔細檢查就會發現，幾乎所有的塗鴉，從波浪狀的雲朵到男人捲曲的頭髮，都涉及幾何曲線、曲面或是分支現象。因此我們可以推測，一旦達文西開始思考一種特殊的現象，比如波浪在水池中的傳播，他的視覺靈感立刻會將問題轉化為幾何形狀，伴隨而來的是漫遊的好奇心開始引導他聯想到各式各樣類似的曲線或幾何結構，包括自然現象或是人造裝置。舉例來說，要是我們放大這張圖，便會發現老人斗篷上的樹形分支變形為靜脈網絡。

達文西不只一次檢視分支系統。他注意到河川支流、植物莖稈到人體血管，都有類

圖六

似的結構。圖六所示的創作是使人眩暈的心靈旅程的極致表現，顯示一系列看似毫不相干的觀察中所擷取出的共同特徵。用達文西自己的話說：「繪畫迫使畫家的思想轉化為以自然界作為思考出發點的思維，並成為大自然與藝術之間的詮釋者。繪畫即是描繪自然界遵循自然定律後所展現的結果。」

考量到達文西作畫時的科學背景，最後這項聲明確實不同凡響。他主張大自然受某些定律所支配！這個想法比伽利略闡明慣性定律還要早一個世紀，比牛頓制定運動和引力定律還要早兩個世紀。達文西是不是也真的好奇到想了解那些定律是什麼？我敢打賭他是。遺憾的是，他生存的那個年代的科學傳統尚未納入具有連貫性的假說陳述，以及必須藉由一系列精心設計的實驗或觀察來驗證假說。有別於後代發展出嚴謹的科學，達文西傾向於列出他能想到的所有問題，這些問題的順序也許是依他腦中無止盡的好奇心所一一想到的來排列，接著他會進一步詳細檢視其中一些問題。有時他發現的東西是他對藝術和科學看法的融合，例如他描繪的水流通常很像是頭髮的麻花辮，如同他畫的吉內薇拉·班琪（Ginevra de' Benci，圖七），波浪狀的頭髮看起來就像湍流的水。此外，達文西確實從大量不同的研究中整理出兩個主要的領悟。首先，他認為要檢測與自然現象相關的模式時，必須進行重複的定量實驗和觀察。他是這樣說的：「必須多次重複實驗，以免出現意外而妨礙或扭曲了證據，因為實驗本身就有可能出錯，無論研究人員是

圖七

否意識到。」這也許是達文西的筆記包含如此多重複的原因之一，儘管他的定量測量幾乎已經是最優秀的了。他的第二個令人印象深刻的推論，是人類可能藉由數學語言一窺主宰自然的定律。因此，達文西在生命最後二十年大部分的工作上，都在致力追求一般的幾何定律，這些定律適用於河川的水流、光影明暗變化以及複雜的人體解剖等。

跟隨柏拉圖（Plato）和新柏拉圖主義者（Neoplatonists）的腳步之後，要在人類觀察者以及解釋和詮釋宇宙之間建立連結，幾何學便成為達文西的指路明燈，即使這些連結在當時更像是信仰問題，而不是依靠在堅固的經驗基礎之上。首先有與視覺呈像相關的幾何，接著是自然界理論上遵循的幾何規則或法則，最後則是數學語言的本質，這些對達文西來說的基本幾何，正是我們在學校所學習到的歐幾里德幾何（Euclidean geometry）。舉例來說，關於光線的傳播，達文西畫了一系列三角形（以他的專業術語來說是「金字塔」）並得出結論（使用的定量術語有誤）——光亮度與距光源距離成反比遞減；也就是說，距離光源兩倍遠的距離時，亮度會減少一半。實際上光亮度是隨著距離平方成反比遞減：在兩倍距離處會比光源原來的亮度暗四倍，三倍距離的話就是暗九倍，以此類推。他將類似的定律應用於自己定義的自然界四種「力量」：運動、推力、重量以及碰撞。

對於類似樹木分支的系統，達文西引介了一個原創定律，根據該定律，每一平面的截面積總和必須是相等的。例如，他推斷周邊最小樹枝橫截面積的總和必須等於樹幹的橫截面積。雖然這個推論背後的想法很巧妙也正確（達文西推斷流入的總量必須等於流出的總量），但他卻忽略了不同部位的流速可能會有差異，因此他推導的定律並不準確。然而對我們來說，重點不是達文西的推導正確與否，或者他的數學知識是否好到能制定精確的定律；真正的關鍵是，他完全仰賴幾何規則來描述這些現象。此外，他聲稱「任何無法以數學或與數學相關的學門所表示的現象，就是無法被確定的現象」。這種特殊見解可與伽利略著名的格言相比：「如果我們不先學習它（宇宙）的語言並掌握它所寫的字符，我們便無法理解。它是用數學語言寫成的，當中的字符即是三角形、圓形以及其他幾何圖形。」但別忘了，伽利略是數學家。令人驚訝的是，數學能力相當薄弱的達文西，大概只懂得某些曲線幾何學（以及他從數學家朋友盧卡．帕喬利〔Luca Pacioli〕那裡學到的一些元素），卻認定要能正確理解宇宙的唯一方法就是透過數學。也因此，他大膽地寫道：「如果不是數學家，就不應該閱讀我作品中的元素。」這句短語很容易讓人聯想起名聲顯赫、被認為應該要懸掛在柏拉圖學院門外的銘文：「不懂幾何學，就別想進門。」

達文西的關鍵領悟之一，就是不管那些定律是什麼，它們在某種意義上都是「統一概念」。也就是說，這些定律適用於所有的「力量」，無論這些力量是作用在宏觀如整個世界的尺度、微觀如人體內部，或是人造機器的運轉。他寫道：「比例不僅存在於數字和度量衡當中，也存在於聲音、重量、時間、空間以及任何存在的力量。」同樣地，他也正確預測了牛頓第三運動定律（作用力與反作用力大小相等、方向相反），達文西寫道：「一個物體對空氣提供的阻力與空氣對物體的阻力一樣大。」他緊接著繼續描述：「這也適用於水中。」

最終，由於期盼找到一般定律或廣泛特徵，並將其應用在特定情況上，達文西將注意力轉向人體。達文西在這個領域的表現正如多倫多大學（University of Toronto）解剖學教授詹姆斯．普萊費爾．麥克默里奇（James Playfair McMurrich）所寫：「如果……解剖學新運動的推力來自藝術家，達文西應該就是公認的創始人，而維薩里（解剖學家安德烈．維薩里〔Andreas Vesalius〕，生於達文西死前五年）則是偉大的倡導者。」

你的靈魂全心全意向我開放

也許描述達文西好奇心的最佳例子，就是他對人類心臟運作不屈不撓的研究過程。自古以來，這種胸腔內神祕的持續跳動總是令人著迷。儘管中國早在西元前二世紀就出現部分正確的觀點，認為心臟是血液循環的幫浦，但西方盛行的理論一直沒有納入這些概念，反而是追隨西元二世紀帕加馬（Pergamum）的希臘醫師蓋倫（Galen）流傳下來的教導，這個情況一直延續到十六世紀才改變。蓋倫認為，心臟並非是個幫浦，而是作為身體活力來源的火爐，讓體內產生熱量。諷刺的是，蓋倫本人其實是非常好奇的人，他的解剖學觀察是基於對猴子、豬和狗的實際解剖，但大多數追隨他的人卻盲目接受其結論超過一千年之久。就像亞里斯多德（Aristotelian）的觀點在物理科學的至高無上，以致於一直無人敢挑戰托勒密（Ptolemaic）的太陽系天動說（geocentric model）。這樣的情況也發生在解剖學，蓋倫的理論被認為神聖不可侵犯。好奇心在中世紀彷彿凍結了。但在另一方面，達文西將蓋倫的建議銘記在心：「我們必須勇於追求真理，即使我們沒有成功找到它，至少會比現在更接近它。」

根據蓋倫的理論，心臟擴張時會從肺部吸入空氣。空氣進入左心室，在那裡與血液混合，憑藉「先天熱」的效力產生「生命精氣」。當心臟收縮時，血液和生命精氣透過動脈排出，到達所有組織並讓它們「生氣蓬勃」。

達文西對心臟的興趣相當深厚，筆記本裡記載心臟的篇幅比任何器官都還要多（圖八是他的兩幅心臟圖，可能是牛的心臟）。遺憾的是，達文西一方面無法完全擺脫蓋倫的思想，一方面還是延續前人的知識，包括十世紀波斯博學家阿維森納（Avicenna）（伊本－西那〔Ibn-Sina〕的拉丁文書寫形式）和十三世紀義大利醫師蒙迪諾・德・盧

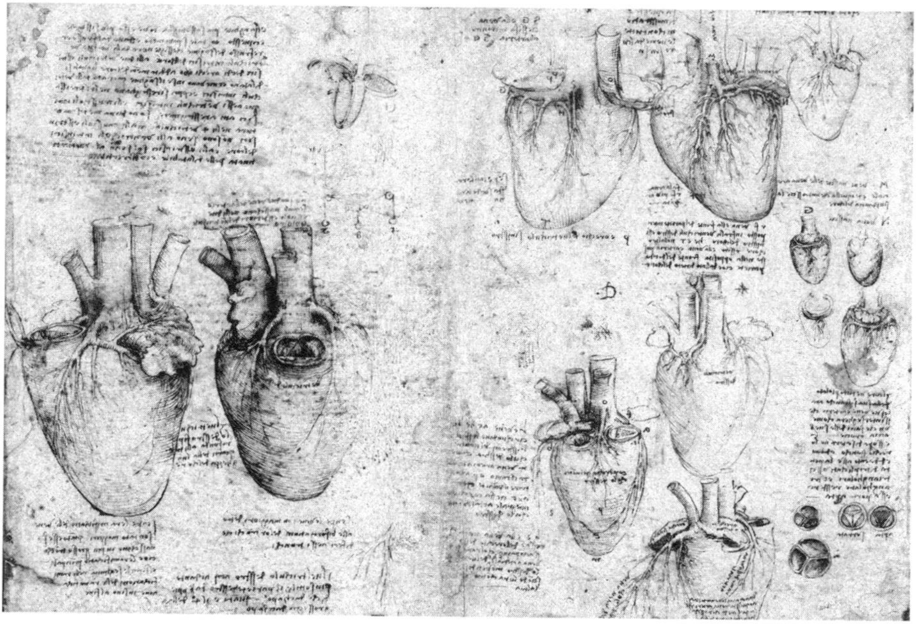

圖八

齊（Mondino de Luzzi）的研究。

可惜達文西是以阿維森納的《醫典》（*The Canon of Medicine*）和德・盧齊的《人體解剖學》（*The Anatomy of the Human Body*）為自己探索心臟的出發點，這種因襲舊文本的行為會導致他誤入歧途，或是引導他犯下不必要的錯誤——即使這樣的情況並不常發生。儘管如此，達文西藉由自己細緻的研究和實驗，設法釐清了大部分蓋倫提出的晦澀難懂概念，例如「先天熱」和神祕的「自然和動物精氣」，並以物理現象裡的標準流體運動來取代。對達文西來說，「心臟本身並不是生命的起始點；它是由厚肌肉組成，由動脈和靜脈賦予活力和提供養分，就像其他肌肉一樣。」

達文西從這些單純但基礎的理解中，繼續挖掘連蓋倫都沒有提及的心臟部位，其中最著名的就是心房。達文西正確理解心房是將血液推入心室的收縮腔室，甚至探究到其中更基本的物理過程，認定作為生命特徵的熱量是由血液規律的漲落摩擦所產生。隨後他用這個想法來解釋身體產熱與脈搏跳動變快之間的關係：「心臟跳得越快，身體越熱，因此我們了解到心臟跳動會發熱。」

本著探索的精神，達文西結合了巧妙的實驗和嚴謹的觀察來拆解心臟各個部位的功能。在一些測試裡，他很有創意地利用玻璃模型模擬主動脈，用有彈性的袋子代替心室。在觀察方面，他利用觀察種子在流體中的運動來推想血液流動的狀況，就像他先前研究河川中的水流一樣。

最終阻止達文西發現和理解完整血液循環概念與機制的主要障礙，應該是他從未看過活人的胸部解剖，因此錯過親眼目睹人類心臟跳動的機會，否則他肯定會認為這是一部很棒的機器。因此，對心臟循環系統的全面了解，只能留給一百多年後的英國醫師威廉·哈維（William Harvey）去發掘了。即使如此，達文西藉由不屈不撓的仔細觀察而達到的成就，依然相當卓越。他僅靠一己之力就幾乎移除所有蓋倫描述生命過程的非自然元素，並將生命直接置於一般物理定律的範疇之內。達文西清晰而有先見之明的判斷，成為即將到來的科學覺醒的一道曙光。他說：「正如我在這本書中展示的一樣，由大自然創造的動物，其運動方式闡明了大自然必須讓動物擁有機械構造，以便展現這些運動力量。基於這個原因，我制定了四種自然力量的規則。」

簡單地說，達文西用他物理力量中的運動、推力、重量以及碰撞（建構機械的要素），來取代散布在蓋倫、阿維森納、德·盧齊與其他人的許多著作裡神祕的黑膽汁、官能以及精氣。他進一步使用這些機械運作原理來揭開許多生理現象的神祕面紗，例如他正確描述脈搏為「它們（血管）接收到過量血液時會擴張，而過多血液流開就會導致收縮」。

儘管達文西的許多研究方法以現代標準來看都很不科學，但毫無疑問，他努力藉由物理而非超自然的方式來解釋各種現象，正是現代科學研究本質的啟蒙。他以觀察為基礎進行經驗探索，最終引領伽利略、牛頓、法拉第（Michael Faraday）和達爾文這些充滿好奇心與地位崇高的科學家，以及像約翰·洛克（John Locke）這一類經驗主義哲學家，他們認為知識是透過感受和理性認知而生成，並非由神聖的力量植入內心。

我見到的是充滿好奇心的小孩

那麼，是什麼讓達文西與在他之前的解剖學家、水力學家、植物學家和技術專家，產生明顯的區隔？為什麼被訓練成為藝術家的他，能夠成功創造科學和技術的新發現，即使偶爾出錯，但仍有部分成就甚至遠遠超越同一時代的專業？畢竟，他能夠參與其他學門的學習機會，例如解剖學的研究，他那個時代的其他科學家和藝術家也都能接觸到。這些問題的答案實際上非常簡單，聽起來甚至了無新意：達文西擁有無法抑制的好奇心，只能藉由自己直接觀察來滿足，而不是依賴權威人士的陳述。所以，達文西與同時代人的差異，並不是達文西在某個特定研究產生的成果，更不是任何具體研究中使用的方法。事實上，肇因於他認為幾乎每一個自然現象都很有趣，也都值得一探究竟。

要是他的觀察不符合主流想法呢？對此，達文西有個明確的答案：在那種情況下，該理論便需要修改或完全摒棄。用達文西自己的話來說：「人們錯誤地指責無辜的經驗，指控經驗會產生欺騙和虛假的結果……經驗本身不會有錯，是我們的判斷出錯，賦予不屬於那些經驗的結論！」

讓我們以解剖學領域為例。對許多中世紀的解剖學家而言，解剖僅僅是為了證明阿維森納的教導，但達文西則是以解剖來探索和驗證自己的推測。同樣地，在力學領域，儘管達文西於一四九四年的早期著作中，確實考慮過一些對於永動機（perpetual motion machine）的想法，但他後來自行透過實驗證實了其中有些設計是行不通的。他感嘆道：「哦！永動機的投機者，你們在類似的探索中創造了多少無意義的幻想。你們只是跟著淘金客到處亂挖！」

正如我先前指出的，達文西有些個性特徵特別值得關注。首先，他深居簡出的生活習慣以及對每個概念都迷戀般地以文件記錄之間，存在明顯的矛盾，因為這些紀錄據推測至少有一部分最終會為人所讀。關於他的鏡像寫作方式，有一種說法是他試圖讓別人難以一眼就看懂筆記內容，不過我們很快就會知道真實情況可能並非如此。

其次，達文西性格上的不同面向差異甚大。作為自然界分析家時他冷漠，似乎毫無情感，而作為細緻描繪人類情感的畫家時，他可說是溫柔細膩且浪漫。在所有作品中，他只在唯一一次寫作時真實揭露自己的情感（他繪畫時的情感表現則恰好相反）。他在描述爬山的旅程時寫道：

在幽暗的岩石間漫步一段距離之後，不知不覺走到一個很大的洞穴入口，並且在那裡站了一會兒。我將背弓成拱形，左手放在膝蓋上，右手舉至垂下並皺縮的眉頭；先弓起身子側往一邊，然後再側向另一邊，想看看洞裡有什麼東西。不過，深邃的洞穴被黑暗籠罩，我什麼也看不到。在那裡待了一段時間之後，兩種衝突的情緒油然而生：恐懼和渴望。恐懼於黑暗洞穴可能帶來的威脅，也渴望知道洞穴裡是否有任何奇妙的事物。

正如我們將在第四章討論到的，達文西在此正巧展現出一種好奇心的特徵：興奮和憂慮的矛盾組合。在一定程度上，對某一議題的不確定性會增強我們的好奇心；然而在激起好奇心之後，不確定的感覺會變得越來越強烈，讓我們開始產生不適感，甚至出現恐懼。

達文西對於挖掘世界上未知新事物的熱情，讓人聯想到另一個有著驚人頭腦但頗具爭議的人物：艾薩克·牛頓。牛頓在去世前不久說道：「我不知道這個世界將如何看待我。對我而言，我就像是在海邊嬉戲的小孩，時不時發現一顆更光滑的鵝卵石或一枚更漂亮的貝殼，就覺得很愉快，但是在我面前那片偉大的真理大海裡，還藏有許多未被發掘的。」同樣以好奇心聞名的愛因斯坦也曾談到：「這個廣闊的世界獨立於我們人類而存在，它就像個偉大且永恆之謎，不過至少有一部分是我們可以透過檢視與思考而一窺究竟。」

最後，達文西一直非常熱衷於獲取新的計畫，無論是為了研究或是繪畫，但卻很少完成它們。我們該如何解釋達文西個性中這些對立的特徵？這些特徵是否與他無止盡的好奇心有關？

達文西能從一個極端轉移到另一個極端，展現某一特徵的兩種面向。有趣的是，契克森米哈賴認定創造型人格與其他人的主要差異，正是這種異乎尋常的能力。他將這種特點稱為「複雜性」（complexity）。用他的話來說，「每一個有創造性特質的人物，都不是『個人』，而是『眾人』」。為了說明「複雜性」的含義，契克森米哈賴列出這些具備創造性特質的人物表現出看似矛盾的特徵。舉例來說，這些特徵包括從事大量消耗體力的活動卻又伴隨平靜和休息時段；負責任卻又不負責任；一方面流連在想像和幻想之間，另一方面卻又有根深蒂固的現實感；在外向與內向之間徘徊；甚至是「心理上同時擁有男女特質」——這種不尋常的怪癖，結合了通常不是被歸類為「女性化」（feminine）、不然就是「男性化」（masculine）的特質。

把這份清單拿來與達文西的個人特質對照，簡直是完全符合。關於最後一個古怪特性，達文西其實被許多研究者認為是同性戀，包括西格蒙德．佛洛伊德（Sigmund Freud）在內，儘管也許是潛在性的。在性慾方面，達文西似乎也經歷了極端的轉變，從嬰兒般強烈的性熱情到成人的性冷感。達文西與複雜人格特質描述的高度匹配並不令人意外，他顯然是個超級富有創造力的人。這是否意味有好奇心和有創造力指的是同一件事？雖然我們經常搞混這兩種特徵，但它們並不完全相同。富有創造力的人，其想法或活動會大大改變現有的文化領域或創建新的文化領域；只是擁有好奇心並無法造就創造力。然而好奇心似乎是創造力的「必要」條件。的確，契克森米哈賴也發現幾乎每一位他曾採訪或檢視過富含創造力的人士，都表現出比常人更強烈的好奇心。

在有關達爾文的軼事中，體現了富含創造力的人身上強大的好奇心。當達爾文在一八二八年抵達劍橋時，他成了狂熱的甲蟲收藏家。有一次，他剝下死樹的樹皮後發現兩隻步行蟲（ground beetle），於是兩隻手各抓一隻。就在此時，他瞥見一隻罕見的十字步行蟲。由於不想遺漏任何一隻，於是他將一隻手中的甲蟲咬在嘴裡，這樣就可以空出手抓那隻罕見的甲蟲——故事還沒結束，達爾文嘴裡的那隻甲蟲釋放出刺激性化學物質，他被迫吐出甲蟲，在這過程中另外兩隻也逃走了。雖然結果令人失望，但這個故事確實展現出好奇心不可抗拒的吸引力。

達文西的人格特質還有另一個有趣的面向。你可以想像一下，如果有人有以下「症狀」會是如何：

- 容易分心、忘東忘西，經常在不同活動之間切換
- 難以專注在一件事情上
- 除非是從事自己有興趣的活動，不然只要幾分鐘就會感到無聊
- 很難將注意力集中在組織運作和完成任務，或是學習新事物
- 很難完成或繳交指派的任務
- 橫衝直撞、喜歡動手或「把玩」所有看到的東西
- 持續躁動

有人可能會認為達文西在某種程度上表現出大部分症狀（如果不是全部的話），不過這其實是用於診斷病人是否罹患注意力不足過動症的部分症狀列表。難道說達文西在執行計畫時的興趣轉移和半途而廢，是他患有注意力不足過動症的一種表現？或者這僅僅是一種「網路慮病症」（cyberchondria，根據出現的症狀，透過網路搜尋資訊、自我診斷）？對我們來說，更重要的是去了解注意力不足過動症與強大的好奇心之間，是否

有什麼已知或是疑似的聯繫？

我們不能指望為一個已經死了近五百年的人進行可靠的診斷，我也不會假裝自己是心理傳記學家。儘管如此，我還是對最後一個問題非常感興趣，因此諮詢了一些專家。我尤其想知道注意力不足過動症患者是否能針對特定事物長時間保持專注，正如顯然達文西曾做過的那樣。

「當然可以。」倫敦國王學院（London’s King’s College）的注意力不足過動症研究員約恩納・昆齊（Jonna Kuntsi）告訴我。「罹患注意力不足過動症的成人，在面對他們真正感興趣的事物時，是可以集中注意力的。事實上，即使是患有注意力不足過動症的兒童，在玩吸引他們的電腦遊戲時也會非常專注。」昆齊指出，有些注意力不足過動症患者能將這種特質轉換為助力。其中一個例子是英國的奧運體操獎牌得主路易斯・史密斯（Louis Smith），他將注意力不足過動症和嚴格的體操訓練相結合，轉變成了獲勝組合。

紐約兒童心智研究所（New York’s Child Mind Institute）的神經科學家邁克・米漢（Michael Milham）與昆齊看法一致。「罹患注意力不足過動症的高智商患者，擁有『跳出框架』思考的能力。」他說。

好奇心與注意力不足過動症之間有任何已知的關連嗎？昆齊指導我進行了一系列研

究，證實過動衝動與追求新奇事物的特質之間有相關性，而追求新奇事物是多元化好奇心的關鍵表現之一。換句話說，注意力分散可被視為一種好奇心急劇過度表達的結果。這種相關性背後的理論和生理基礎又是什麼？昆齊和米漢都提到有不少研究指出，注意力不足過動症很可能與神經傳導物質多巴胺（dopamine）的含量有關。多巴胺是一種在神經細胞之間傳遞訊號的化學物質，在腦中的獎賞系統中扮演關鍵角色。因此，如果確實存在這樣的連結，也就意味著好奇與獎勵之間存有關聯。有任何研究支持這種關連性嗎？答案是肯定的，我們將在第五章和第六章進一步詳細探討腦中喚起好奇心和滿足感這兩個互有關連的路徑。

我們再回頭談談達文西和他的興趣，他似乎只要對一個研究題目還保有好奇就能堅持下去，不過這個情況維持不久。一旦他對某個研究題目的好奇心消退，就會認為沒必要繼續該研究。這樣可以說他患有注意力不足過動症嗎？我們可能永遠都不會知道，但是昆齊和米漢都並沒有對這種想法一笑置之。正如布萊德利．柯林斯（Bradley Collins）在《達文西、心理分析和藝術史》（*Leonardo, Psychoanalysis, and Art History*）中所寫的：「心理傳記的分析必須承擔雙重責任，它不僅要是真實的，也必須是相關的。」我認為，會猜想達文西可能患有某種形式的注意力不足障礙其來有自，但我不敢斷言他確實罹病。我們可以這樣思考：在行為抑制到行為衝動的兩端之間，注意力不足過動症可被歸類為尋求新奇事物的極端表現，而這的確是達文西所展現的特質。

波蘭裔美國數學家馬克·卡茨（Mark Kac）在自傳中指出天才有兩種：

> 在科學以及其他研究領域存有兩種天才：「普通天才」和「魔術師天才」。普通天才是那種如果我們比現在還要努力上好幾倍，也可能成為的人。普通天才的心智運作一點也不神奇，一旦明白他們是怎麼辦到的，我們會覺得自己也做得到。這與魔術師天才不同。套句數學術語來說明，他們站在我們所處位置的正交補餘（orthogonal complement），而且我們完全無法理解他們心智運作的意圖和目的。即使我們明白他們做了什麼，但卻無法理解他們是如何達成的。他們很少有徒弟，因為他們無法被模仿，而且對於一個聰明的年輕人來說，想要理解魔術師天才的神祕思維是如何運作，必定會感到相當沮喪。

你可能會以為卡茨在寫這篇有趣文章時心裡想的是達文西，不過他說的其實是理查·費曼。對卡茨來說，費曼是「最高級的魔術師」。

第三章　還要更好奇

也許在費曼想將物理學與其他學科做連結的壯舉當中，涉及最複雜和最有趣議題的就是心理學。他的好奇心在以下這個富有洞察力的問題中表露無疑：「當動物習得某件事時，牠可以做出與先前不同的行動，由原子組合而成的腦細胞必定發生了變化。『究竟發生了哪種改變呢？』」

理查．費曼在普林斯頓大學（Princeton University）研究所鑽研物理學的時候，有篇心理學文章引起他的注意。作者認為，我們大腦中的「時間感」，在某種程度上可能是由涉及鐵質的化學反應所決定。費曼很快就斷定這「簡直是胡扯」，因為對方推理過程的連結太模糊，而且涉及太多步驟，每一步都可能出錯。儘管如此，他倒是對這個問題本身充滿興趣，實際上究竟是什麼控制了時間知覺？於是他自己開始進行一系列研究，儘管這個問題與他當時正在進行的研究毫無關連。

他首先確認自己的腦袋能以標準且大致恆定的速度計時，接著他想知道會影響這個速度的因素。起初他認為可能與心跳速度有關，但重複在樓梯爬上爬下的實驗（為了加快心跳）之後，他確定心跳速度並不會影響時間感。隨後他嘗試在準備洗衣清單和閱讀報紙時計時，但這些活動似乎都不影響。最終，他意識到有件事他絕不能在計時當下進行：那就是說話。會有這種障礙是因為本質上他的計時方式是在自言自語。同時他也發現，與他討論過這個問題的某位同事是以不同方法來計時：在自己腦海中想像有條附有數字的移動帶。這位同事無法一邊計時一邊閱讀，卻可以輕鬆說話。從這些看似瑣碎的實驗中，費曼的結論是：即使自己在心裡計時這種簡單的行為，不同人之間就可能涉及大腦中的不同程序——計時對某個人來說可能代表「說話」，但對另一個人而言可能意味「觀看」。

順道一提，說不定你也感到好奇，截至目前的研究發現，大腦裡並沒有單一區域專門負責記錄時間的流逝或是管理人體的生理時鐘。相反地，腦中控制時間的感覺系統（以及常見的時差）分布得相當廣泛，涉及了大腦皮質、小腦和基底神經節。肝臟和胰臟等處的基因能讓身體的不同部位保持同步。舉例來說，帕金森氏症（Parkinson's disease）患者往往會在預估時間的試驗中誤判時間流逝的速度。這個課題至今仍是高度熱門的研究領域。

費曼終其一生都希望探索吸引他的每一個現象。他在理解電磁學和光的量子理論、超流體理論（可用來解釋液態氦沒有摩擦力的奇特性質），以及造成一些放射性衰變的弱核力等各個方面，做出了巨大貢獻，而他也熱衷解決看似平凡的日常謎團。只要是他選擇要解決的問題，充滿好奇心的腦袋顯然對這些問題的重要性一視同仁。有一天，他試圖尋找一種重力場的量子理論，這是個極為棘手的問題，連最出色的物理學家目前也都還在努力掙扎、尋找答案，但同時間他也正把玩著要把紙條摺成一個拐折六邊形（flexagons）。和達文西一樣，他對風吹拂在海面形成波浪的過程感興趣，也對拋光表面上的摩擦力感興趣。他鑽研資訊工程領域中的尖端概念，像是訊息和熵（混亂失序或隨機性的量測）的關連性，同時也研究某些特定晶體、比較平淡無趣的彈性特性。只要能以原創的方式理解，沒有任何問題是無足輕重，或是枯燥到讓人不願碰觸。這就是為什麼費曼被形容為「物理學界的夏洛克・福爾摩斯」的原因之一；他能以自己獨特的眼光來解決宇宙奧祕裡令人困惑的大小謎團。

吸引費曼的不只是科學。在與藝術家朋友吉拉爾（傑瑞）・左賜恩（Jirayr〔Jerry〕Zorthian）經歷過一系列有關藝術與科學之間差異的爭論後，費曼決定和左賜恩輪流在每個週日教導對方——他教左賜恩物理，左賜恩則教他如何畫畫。左賜恩在描述這個協議形成的過程時這麼寫道：有天早上費曼來拜訪他，「傑瑞，我有個想法。你完全不懂物理學，我則完全不懂藝術，但我們兩個都很欣賞達文西。要不我星期日給你上一天物理學，然後下一個星期日你教我一天藝術，這樣我們都可以變成達文西了。你覺得如何？」後來費曼解釋，他想要學習繪畫的主要動機是：「我想表達一種我對世界之美的感受……這是一種敬畏的感覺（對科學的敬畏），我覺得可以藉由繪畫來與曾有相同感覺的人進行交流。」

反過來說，從藝術的感性來看，這與達文西在表達以下論點時所擁抱的情感基本上是一樣的。達文西說：「繪畫迫使畫家的思維轉化成以自然界為出發點來思考，並且成為自然與藝術之間的詮釋者。」

藝術是我，科學是我們？

數週過後，期間費曼試圖向左賜恩學習如何畫畫並教導左賜恩物理，結果很明顯：費曼至少取得了一些進展，但是左賜恩沒有。費曼在那時寫道：「我放棄讓藝術家了解我欣賞大自然時的感覺，本來希望能讓他們描繪出來的。我現在不得不加倍努力學習畫畫，這樣我就可以自己將感覺畫出來了。」後來，費曼的第一張畫在加州理工學院（California Institute of Technology）的一場小型藝術展覽上售出，該畫作還有個頗具科學性的標題：〈太陽磁場〉（*The Magnetic Field of the Sun*）。他解釋了該幅畫的創作歷程：「我知道太陽磁場如何維持太陽表面的火焰（日珥），在創作期間也開發了一些繪製磁場線（類似女孩飄垂的頭髮）的技術。」這不是很吸引人嗎？達文西把湍急水流畫得跟麻花辮一樣，費曼畫的太陽磁場則像飄垂的頭髮！

費曼與達文西有同樣的信念：了解自然現象的科學解釋與其內涵，對於我們感受大自然所帶來的情感衝擊完全沒有影響。就算真的有，費曼認為也只會加強情感衝擊而已。他再度繞回這個話題：「詩人們說科學將星辰的美麗奪走，只剩下氣體原子的球體。」他引用一些貶低科學的評論，十九世紀英國浪漫主義詩人約翰・濟慈（John Keats）是其中一名批評者。濟慈憤慨地寫道：

哲學令天使折翼
所有奧祕皆臣服於規則與線條
趕走優游天空的鬼魅，也驅逐了躲藏礦坑的地靈——
並拆解了虹彩。

本質上，濟慈天真地責備科學殺死好奇心。與他同一時代的神祕主義詩人威廉·布萊克（William Blake）傾向認同濟慈的看法。「藝術是生命之樹，」他寫道，「而科學是死亡之樹。」布萊克透過視覺表達了類似的觀點。他在以《牛頓》（*Newton*，圖九）為題的繪畫中，利用筆、墨水和水彩描繪這位著名的物理學家手持指南針。對布萊克來說，這個指南針代表一種限制想像力的工具（他在水彩版畫《永恆之神》〔*Ancient of Days*〕描繪神的時候也使用了相同概念）。在《牛頓》這幅畫中，牛頓本人如此專注於他的科學圖表，完全無視背後精緻美麗的岩石，布萊克可能用這些岩石來象徵富含創造力的藝術世界。

對此，費曼一點也不同意。「我也可以在沙漠的夜裡仰望星空，感受它們，」他寫道，「但我看到的會是更少還是更多？浩瀚的天空延伸我的想像力，雖然被囚禁在這個旋轉木馬上（旋轉的地球），但我渺小的雙眼還是能捕捉一百萬年前的光線（從距離我

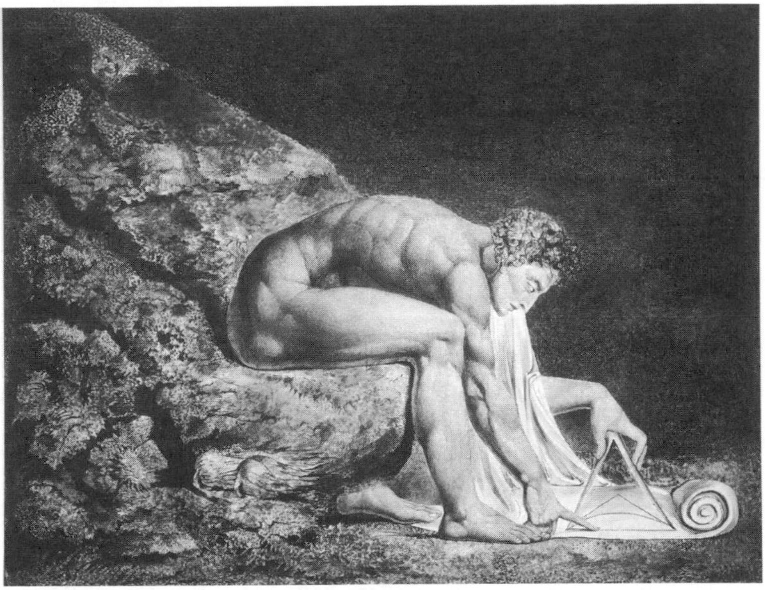

圖九

們一百萬光年的地方發出的）。似乎有個包含我的巨大模式，也許我的身體組成是從一些被遺忘的星星噴發來的……那個模式是什麼呢？又有什麼意義？『為什麼』是如此呢？知道一些關於它的訊息無損神祕的存在，因為真理比過去任何藝術家可以想像到的還要不可思議！」

費曼認為，了解宇宙天體、現象和事件背後的一些科學知識，能讓我們更懂得欣賞大自然之美，也大為增強（而非減弱）我們對這個宏偉宇宙如何運作的好奇心。「理解一朵花的科學知識，只會讓我們產生激動、神祕和敬畏的感受。」正如我們將在第四章看到的，現代心理學和神經科學研究都支持這個觀念，也就是當我們了解某個特定主題的一些內容時，會變得更加好奇，比起我們完全無知之時，更覺得還有許多未知等待我們去填滿。

希望你對費曼的印象，不是認為他只描繪像是磁場這類的物理相關主題而已。與大多數傳統學習藝術的學生一樣，費曼也會尋找願意擺姿勢讓他作畫的女模特兒。他曾在他異想天開的著作《別鬧了，費曼先生》（*Surely You're Joking, Mr. Feynman!*）中描述這樣的經歷：「我遇到的第二個女模特兒是加州理工學院的學生，我問她是否能裸體擺姿勢。『當然。』她說，然後她就脫個精光！」正如左賜恩所說：「他真的對作畫有興趣，不過當然了，附帶的好處是有這些女模特兒。」

圖十

　　我知道那個學生是誰。她現在是加州大學爾灣分校（University of California, Irvine）著名的天體物理學家，也是我的好朋友維吉尼亞．特林布（Virginia Trimble）。「費曼付給我時薪五塊五美金當模特兒擺姿勢，還會教我所能理解的物理知識。」特林布告訴我。他們就這樣會面了大約有二十幾次，其中一次還是費曼被告知他獲得諾貝爾物理獎的那一天。「他跑來告訴我必須取消原定的會面。」特林布笑著回憶道。圖十是多年後特林布的居家照，一幅費曼以她為模特兒的畫就掛在她身後的牆上。

我問特林布在與費曼的定期繪畫會面、物理課以及和費曼對話期間，是否觀察到他也會對那些與他熟知的基本物理學較無相干的議題感到好奇。「當然。」她回答。「有一度他對於究竟是什麼決定蠟燭的亮度感到非常好奇。他不在意以前別人曾經如何嘗試去理解這個問題，認為必須靠自己來解決。另外，」她補充，「他很喜歡講話。」

費曼的妹妹，天體物理學家瓊・費曼（Joan Feynman）為我提供了更多想法。「對他來說，自己思考一個問題比閱讀其他人曾寫過有關該問題的所有內容還要容易得多，因為後者有些是錯的。」

凱瑟琳・麥克阿爾派－邁爾斯（Kathleen McAlpine-Myers）可能是費曼最喜愛的模特兒，她也表達了類似的看法。「我不知道怎麼解釋最能符合實情，但他在任何情況下都表現得非常好奇。無論是什麼情況，對他來說都有極大的吸引力，而他必須知道接下來會怎麼發展。」這種想要靠自己探索一切的態度，讓人聯想起達文西所說的：「雖然我不像他們那樣懂得旁徵博引，但我依賴的是更加偉大和更有價值的東西，也就是經驗。」事實上，要不是上頭有縝密的數學算式，費曼在一九八五年的一張草稿（圖十一）看起來幾乎就像是從達文西的筆記本撕下來的一頁。

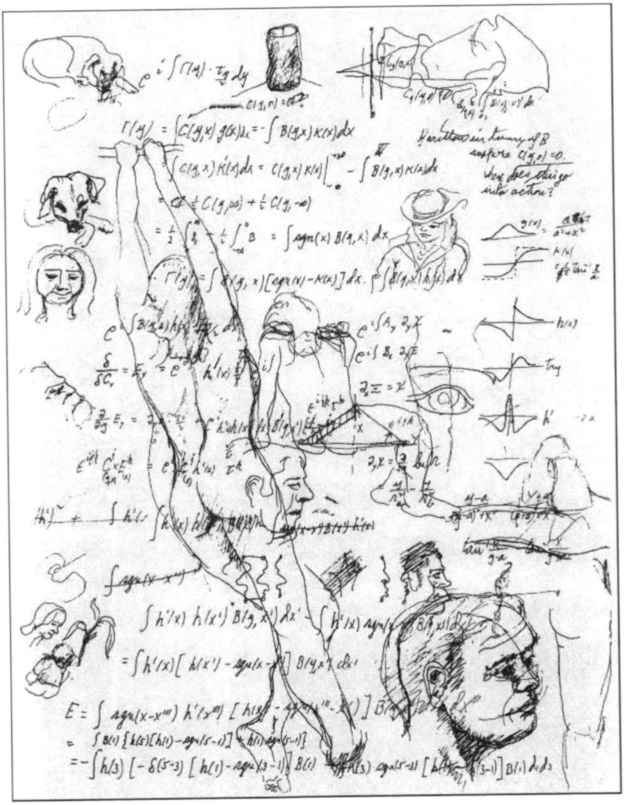

圖十一

儘管達文西和費曼之間相隔將近五個世紀的科學進展，不過他們感興趣的主題有時很雷同，例如兩人都對燭光背後的物理學感興趣。在《大西洋手稿》（*Codex Atlanticus*，可追溯至約一五〇八至一五一〇年）中，達文西花了相當長的篇幅書寫「火焰的運動」。該文件總結了達文西針對燃燒蠟燭實驗的詳細記錄，以及他對閃爍火焰的觀察（圖十二）。更重要的是，內文的描述強而有力地證明，達文西能將自己從一種現象中得出的深刻結論轉化為普遍的原則（他認為這些原則控制了所有自然程序）。用研究達文西的學者保羅・佳魯茲（Paolo Galluzzi）的話來說，達文西「從他桌子上的一盞蠟燭開始，引發出一連串非比尋常的想法」，大膽的類比能力讓他對人體和物理世界有了統一的看法。

一張「有趣的圖片」勝過千言萬語

費曼留給物理學界最讓人印象深刻的遺產，就是他所發明卡通圖表般的表達形式，以圖像表現亞原子粒子（subatomic particles）和光之間的相互作用。那些費曼曾描述為「有趣的圖片」，現在被稱作「費曼圖」。圖十三是兩個費曼圖的例子。讓我們先用非常簡單的詞彙來理解這些圖的真正含義。左圖呈現的是兩個相互靠近的電子（elec

圖十二

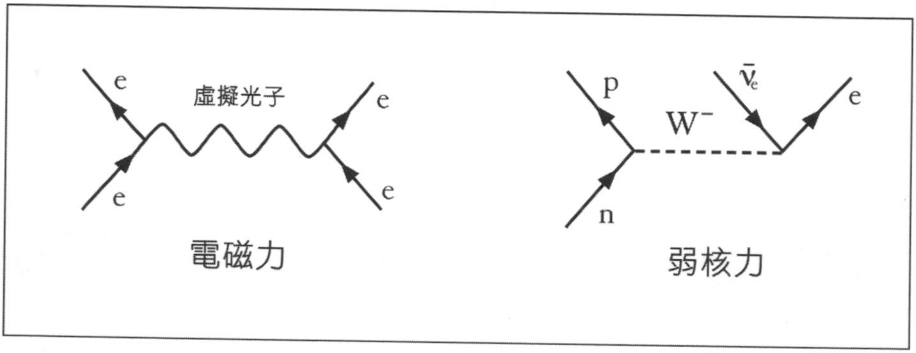

圖十三

tron），彼此之間藉由交換「虛擬」（未觀察到的）光子進行交互作用（光子是電磁力的載體）。也就是說，這張圖想要表達的事實是兩個帶負電荷的電子在時空下的相互作用產生互斥。右圖則是一個中子（neutron）以及一個非常輕（且相互作用非常弱）的微中子（neutrino），透過交換一個虛擬的W^-玻色子（弱核力的載體之一），產生一個質子（proton）和一個電子。

以視覺呈現這些基本物理過程，實在至為關鍵。就像達文西用他獨特的藝術能力來描繪我們眼見的現實（同時向我們揭露一些他的思想如何運作），費曼則是用他無與倫比的物理直覺，創造一種新的圖像方式來呈現看不見的亞原子世界。重點是，這些圖表不僅僅是象徵性的卡通圖，它們還為如何呈現和「計算」

所有「虛擬」過程的機率提供了精確的建議（這些虛擬過程可能有助於研究特定的交互作用），並產生了可直接與實驗結果進行比較的理論預測。這種嶄新思維最終引領了對電子相關的微小引力強度的預測，當中的理論架構與許多實驗測量結果一致，誤差只有兆分之幾！

費曼圖為物理學家提供了嶄新且強大的工具組。從費曼的觀點來看，這些圖表還提供了純粹計算無法表達的東西：關於每一步會如何進行的明確指導，這種功能只有靠視覺化才能達成。事實上，費曼認為要是愛因斯坦只是憑藉計算，也會失去他的魔力。費曼曾經告訴物理學家弗里曼・戴森（Freeman Dyson，而戴森也贊同），愛因斯坦偉大的工作成就源於物理直覺，當他不再思考具體的物理圖像時，也就無法繼續發揮創造能力，只能成為物理方程式的寫手。

多才多藝的費曼

儘管費曼大部分的開創性工作都屬於物理學領域，但他經常思索物理學與其他科學學門的關係。例如，他指出理論化學實際上是量子力學規則的應用，因此也是物理學的一部分，但由於涉及的系統很複雜，所以要在化學中進行精確的預測有時相當困難。任職加州理工學院物理系的費曼也將注意力轉向生物學，並且在教職員的幫助下認真研究了生物學問題大約一年。這一年他學習的生物學就足以為基因突變研究做出獨創性的貢獻。他喜歡指出，血液循環、訊息傳遞、視覺和聽覺的神經傳導運作等生命現象，其核心都受到物理定律的支配。本質上這正是達文西的觀點，儘管達文西當時並不知道這些定律到底是什麼。在著名的《物理講座》（*Lectures on Physics*）上，其中一場費曼嘗試詳細解釋酵素、蛋白質和DNA的基本運作原理。即使體認到生物組成以及各種反應程序中固有的複雜性，他還是很想強調從物理學的角度來理解生命是可行的。用他的話來說，「萬物都由原子組成」，因此「生物所涵蓋的一切，都可以利用原子的振動與擺動來理解」。這種斷言聽起來可能很模糊不清，但對於大多數科學家來說，這是個不爭的基本事實。

費曼深深著迷於天體物理學家的發現，他們指出驅動太陽和恆星運作的能量來源，是恆星核心中極端高溫的融爐產生讓輕原子結合以形成更重原子的核融合反應。時至今日，天文學和物理學已相當緊密合作進行實驗與研究，諾貝爾物理獎偶爾也會頒給天文學領域的發現。

天體物理學還為費曼提供了另一個機會來表達他的觀點：理解自然現象背後的科學能擴大自然現象的影響力。首先，費曼感嘆詩人似乎不懂得讚賞科學家在行星和恆星研究方面累積至今那些令人眼花撩亂的知識，他說：「把木星當成神話中的人物朱比特，詩人就會加以描述，但如果木星是一個由甲烷和氨氣組成的巨大旋轉球體，為何這時詩人就得保持沉默呢？」費曼甚至在《洛杉磯時報》（*Los Angeles Times*）上發表他對詩歌作品的抱怨。為了回應他的投書，羅伯特．韋納夫人（Mrs. Robert Weiner）寫信給費曼說，與他的指責相反，「現代詩人幾乎將任何事物都當作題材，包括星際空間（interstellar spaces）、紅移（red shift）和類星體（quasars）」。她還附上了奧登（W. H. Auden）的詩歌〈在閱讀了現代物理學的兒童指南之後〉（*After Reading a Child's Guide to Modern Physics*），不過費曼還是不為所動。他在一九六七年十月二十四日的回信中指出，這首詩只證實了他的觀點，也就是現代詩人「對過去四百年中科學家所揭露的自然面貌，完全沒有展現出情感上的讚嘆」。

在這種情況下，費曼總愛提到一個故事（可能是杜撰的），如今這個故事有時被認為與天體物理學家亞瑟．艾丁頓（Arthur Eddington）有關，有時則說是物理學家弗里茨．霍特曼斯（Fritz Houtermans），這兩位科學先驅發現了恆星是藉由中心「反應爐」的核融合反應釋出能量驅動運行。根據這個軼事，當艾丁頓（或霍特曼斯）和女朋友在仰望夜空時，她說：「閃爍的星星好漂亮啊！」艾丁頓（或霍特曼斯）回答：「是的，而此刻我是這個世界唯一知道它們『為什麼』閃耀光芒的人。」這位年輕女孩只是對著他微笑而已。這裡的重點不在於故事是否屬實。霍特曼斯的女友夏洛特・里芬斯塔爾（Charlotte Riefenstahl）後來成為他的妻子，她是位物理學家，也非常肯定解開恆星動力來源之謎的重要性。這個故事很有意義，因為費曼「認為」這個故事是真實的，對他而言，這個事件只是再次證明了人們對科學「詩篇」缺乏認可和重視，這現象令人感到不安。

不意外地，費曼認為對物理學家而言，氣象學和地質學也是「無法」很成功進行詳細預測的領域。關於天氣預報，他注意到我們對紊流（turbulent flows）的了解相對貧乏（這是他極感興趣的課題，目前也仍存在許多未知）；關於地球科學，他評論我們在火山活動以及地球內部環流方面的知識仍有不足。費曼在這方面展現出的特點，是他會毫不猶豫地承認自己的無知。「我們對地球本身的研究，還比為了理解恆星物質條件的研究更少。」關於這一點，他很快就補充道（混雜著些許失望和期望的情緒）：「迄今為止，其中所涉及的數學似乎有點過於困難，但也許過不了多久就會有人意識到這個問題的重要性，並且真正著手解決它。」換句話說，他希望有人會像他一樣持續保持好奇，去面對難題的挑戰並找出解決方案。

也許在費曼想將物理學與其他學科做連結的壯舉當中，涉及最複雜和最有趣議題的就是心理學。他的好奇心在以下這個富有洞察力的問題中表露無疑：「當動物習得某件事時，牠可以做出與先前不同的行動，由原子組合而成的腦細胞必定發生了變化。『究竟發生了哪種改變呢？』」費曼會這麼問，是因為他所處的年代還沒有可以提供大腦運作時圖像的功能性磁振造影（functional magnetic resonance imaging，fMRI）技術，或是跨顱磁刺激（transcranial magnetic stimulation）。費曼補充道：「當某些事情被記住了，我們其實不知道要觀察哪裡，也不知道要觀察什麼。」即使如此，他也半開玩笑但明智地看到了前進的方向，也就是先解決更簡單的問題：「只要我們能搞清楚一隻『狗』的運作方式，離成功就不遠了。」

費曼與許多同儕有很大的不同點，他不僅對物理學的許多領域感興趣，也對其他天差地遠的領域有興趣。費曼的藝術家朋友左賜恩寫道，他曾聽過出色的物理學家、亦是費曼在加州理工學院的同事莫瑞・葛爾曼（Murray Gell-Mann），抱怨費曼過於投入其他領域的研究。「我們需要他（費曼）投入在加州理工學院，我們需要他一起討論物理學。但他做了什麼？他跑出學校，把所有時間花在吧檯妹、邦加鼓手和藝術家身上。」

你也許會想到，像費曼這樣擁有廣泛知識、熱切好奇心以及對基礎物理學的各個領域感興趣的人，會是所謂「萬物理論」（theory of everything）的強力倡議者——萬物理論指的是一個可以總括並解釋所有基本亞粒子以及統一所有自然界基本力的理論框架。不過，費曼在這點持保留態度。他表示：「人們認為已經非常接近答案，但我不這麼認為。」他甚至懷疑是否真有這樣一個理論的存在。「大自然是否有一種終極、簡單、統一、美麗的形式，還是個懸而未決的問題，而我對此不抱有任何立場。」

後來，費曼意識到他永不滿足的好奇心總有一天會到達極限。正如達文西必須承認他在山上看到的山洞裡可能隱藏了一些無法造訪的「奇妙東西」，費曼也承認：「我不必一定得知道答案。我不會因為不知道而感到害怕，也不怕毫無目的地尋找而迷失在神祕的宇宙中……這嚇不倒我的。」

令人好奇的是，雖然在費曼和達文西所處時代之間有著巨大的科技差距，不過他們也都投身另一個課題，只是他們與這個課題之間的關係有著明顯差異——這個課題相當單純，就是「寫作」。

一個針頭可以容納多少天使在上面跳舞？

達文西在他大部分的筆記中都使用了著名的鏡像寫作，也就是從頁面的右側往左側書寫，唯有藉由鏡子反射影像才能顯示正常的內容。我們不知道達文西為什麼要選擇使用這種特殊的做法，但他在給其他人看的簡單筆記中，卻是用從左向右的正常書寫方式。關於這一點，至少有兩種理論被提出，一種是陰謀論，另一種是比較實際的理論。

第一種理論指出，達文西試圖隱藏自己的想法，為的是防止別人竊取他的發明，或是預防來自教會的麻煩事，因為教會的教義有可能與他的觀察不一致。第二種理論認為，由於達文西是左撇子，從左向右書寫可能會導致他的手弄糊了剛剛書寫好還未乾的字。

我想提醒讀者，佳魯茲深信陰謀論是一種轉移注意力的說法。他指出，從右向左的書寫方式對左撇子來說再自然不過了。「另外，」他評論道，「想透過鏡像書寫來隱藏任何東西，是非常愚蠢的方法，因為只要透過鏡子就能輕鬆閱讀內容。」

費曼在一九五九年的一次演講中表達了他對書寫這件事的興趣。他丟出一個令人驚訝的問題：「為什麼我們不能把《大英百科全書》（*Encyclopaedia Britannica*）全部二十四卷都寫在一個針頭上？」然後，用他犀利的邏輯分析了這個問題。他的評估簡單易懂。由於針頭直徑約〇．一五公分，所以針頭面積約是《大英百科全書》所有頁面總和的兩萬五千分之一。因此，費曼推論唯一要做的就是將《大英百科全書》所有文字都縮小兩萬五千倍。然而就跟達文西一樣，費曼指出問題所在之後，還會繼續打破砂鍋問到底。他立即根據物理定律開始研究該方案是否可行。他指出，即使縮小到這種程度，百科全書的精細網點印刷上的每一個小點區域內，仍包含了大約一千個原子，因此「毫無疑問，針頭上有足夠的空間」。他繼續論證說，即使採用一九五〇年代後期的技術，要閱讀這樣的文本也完全沒有問題。

費曼想知道，如果我們可以這樣處理《大英百科全書》，那為什麼不對記錄在書本之中、人類文化完整歷史的所有重要訊息，也做相同的事？他估計，所有已記錄的知識可容納在大約兩千四百萬個這樣的極小空間。他就此得出結論，即使沒有進行任何編碼處理，只是簡單重製現存的文件內容並予以縮小，全部的文史就可以塞進大約三十五頁、類似《大英百科全書》一樣的常規頁面。他承認以當時的技術不太可能達成這項任務，但他堅持這並非無法克服。為了進一步推動這個概念，他提供一千美金做為獎賞，給能夠將印刷頁面縮小兩萬五千倍、同時還保有可讀性的人。

費曼是對的。該獎賞最終於一九八五年被領走，當時史丹佛大學（Stanford University）的研究生湯姆．紐曼（Tom Newman）利用與印刷電腦晶片電路相同的技術，完成了這項縮小任務。他將《雙城記》（*A Tale of Two Cities*）的第一頁縮小到五．九公釐見方的正方形區域上。最終的文本可透過電子顯微鏡閱讀，此一成就再次強化我們對費曼傳奇直覺的信心。

奈米技術指的是在原子或分子尺度進行物質處理，如今已經是常被用來製作微型物件的奇妙技藝。新加坡科技與設計大學（Singapore University of Technology and Design）的楊光威（Joel Yang）成功創作了克勞德．莫內（Claude Monet）《印象．日出》（*Impression, Sunrise*）的微小副本。這幅畫是印象派運動的起源，楊光威以矽奈米柱交換油畫顏料，製作出一幅只有〇．〇二五公分大小的大師作品副本。同樣地，奈米聖經是一枚鍍金的矽晶片，大小就跟針頭一樣，整本超過一百二十萬字的《希伯來聖經》（*Hebrew Bible*）都刻在其上。

最後的好奇心

關於費曼驚人的好奇心，也許最令人震驚的例子，是他身為天體物理學家的妹妹瓊．費曼所提供的感人見證，那是她在費曼最後日子裡的所見所聞。描述那段難過的日子時，她寫道：「當時我哥哥已經昏迷了大約一天半（這段時間他沒有任何動靜），後來他舉起手，像魔術師會做的一樣，彷彿在說『此處空無一物』，接著他把手放在頭後面。這舉動像是要告訴我們，當你在昏迷時還是聽得到，還是可以思考。」

她補充說，費曼在昏迷後短暫醒來，幽默地說：「死亡太無趣了，我可不想再來一次。」這成為他臨終前的最後話語。對瓊而言，令人驚訝的是費曼在一息尚存時，「還在思考留給生者更多關於生命和自然以及什麼是死亡的資訊。當他逐漸邁向死亡之際，仍然關注著大自然」。

費曼在一九八八年二月十五日接近午夜時分辭世，以下這段話也許總結了他的個性：「我什麼都不知道，但我確實知道，如果你鑽研得夠深，一切都會變得有趣。」

一五一七年十月十日，阿拉貢的紅衣主教路易斯（Cardinal Louis of Aragon）造訪達文西。除了描述達文西向紅衣主教展示的三幅畫作外，紅衣主教的祕書安東尼奧・德貝亞提斯（Antonio de Beatis）寫下對達文西的驚嘆：「這位紳士編寫了一本特別的解剖學論文，不僅是給學會會員看的草圖而已，精細的程度還包含肌肉、神經、靜脈、關節、腸子，還有所有關於男性和女性身體的詳盡論述，從未有人這麼做過。這些圖就像我們自己親眼所見一樣……他還撰寫了有關水的性質、潛水機器和其他事物的文章，全都收錄在他多到數不清的卷宗之中。」

達文西於一五一九年五月二日在法國的克盧斯城堡（Castle of Cloux）去世。他曾寫道：「雖然我認為我是在學習如何活著，但其實我一直在學習如何死去。」儘管瓦薩里生動地描述達文西死在弗朗索瓦一世國王（King François I）的懷抱裡，但這可能只是富含詩意的傳說而已，不過國王無疑認可達文西代表的偉大價值。根據弗朗索瓦一世後來雇用的雕塑家兼金匠本韋努托・切利尼（Benvenuto Cellini）的說法，國王告訴他，他「不相信從古至今有任何人可以像達文西一樣，不僅在繪畫、雕塑和建築領域表現出色，還是一位非常偉大的哲學家」。

在擁抱好奇心的人群光譜中，達文西和費曼顯然代表極其罕見且處於尖端的那一群。他們都有能力將人類（當然也包含他們自己）的弱點，轉變成一個個拼湊宇宙這個巨大謎團的有趣拼圖。然而，基本上所有人都擁有好奇心（除了可能患有嚴重抑鬱或腦損傷的人），儘管其深度和廣度可能因人而異。事實上，每當新生兒出生時，世界上就又多了一道好奇心的強大泉源。

從達文西和費曼的檢視中，我們能獲得一些關於好奇心直接又具體的教導嗎？至少有一點很清楚：產生好奇心的腦中機制顯然與負責成就強大數學能力（達文西所沒有的）的腦區域無關，也不是那塊負責傑出藝術才能（費曼所不具備）的區域。相反地，擁有熱切好奇心的必要條件，似乎是一種訊息處理能力。要像達文西和費曼這樣對許多課題都充滿好奇（「他在擁抱對大自然的好奇心時感到欣喜。」瓊・費曼向我這樣描述她的哥哥），不僅需要卓越的認知能力，還需要能夠大量學習以及獲取知識的大腦機制。因此，擁抱熱切好奇心必定需要能高效處理各種資料。

那麼，當代科學對於好奇心的實際性質、媒介和最終目標，又抱持什麼觀點呢？在第四章和第五章裡，我將描述現代心理學進展中的一些概念和實驗，在第六章我則會簡要介紹神經科學領域引人入勝的初步研究結果。就其本質而言，這三章比本書其他部分更具技術性，它們包含了真正令人興奮的最新發現，這些發現能明顯幫助我們進一步理解好奇心。

第四章　對好奇心的好奇：資訊差距

無論是在阿嘉莎·克莉絲蒂、丹·布朗或羅勃·蓋布瑞斯的小說，或者是亞佛烈德·希區考克的電影，我們都會在他們營造的謀殺謎雲中，渴望知道到底「誰」是凶手？凶手「為什麼」及「如何」犯罪？同樣地，如果你最要好的朋友對你說：「我有一件非常重要的事要告訴你。」然後又將話吞回去：「哦，其實沒事。」你一定會非常生氣。很明顯其中出現了資訊鴻溝，此時好奇心便產生了，因為我們意識到所知與想知之間的確切區別。

北卡羅來納大學格林斯伯勒分校（University of North Carolina at Greensboro）的心理學家保羅．西爾維亞（Paul Silvia），用以下這段清晰的觀察作為某篇關於好奇心動機文章的開頭：「好奇心是研究人類動機的古老概念之一，就像是許多令人敬重的心理學問題；好奇心似乎因為易於理解而引發人們的興趣，另一方面卻又過於複雜難解。」令人驚訝的是，西爾維亞這篇評論的發表時間是相當晚近的二〇一二年。不過大約二十年前，南佛羅里達大學（University of South Florida）的心理學家查爾斯．斯皮爾伯格（Charles Spielberger）和勞拉．斯塔爾（Laura Starr）已提出過類似看法：「儘管已有許多關於好奇心和探索行為的研究，仍持續出現觀點不同且相互矛盾的研究成果。」事實上，為了探討好奇心的動機本質，已催生出不同的理論與方向，由此可知這在心理學研究領域仍未有定論，發展出全面且令人信服的好奇心理論之前，我們還有很長一段路要走。再者，好奇心常常與人類意識等心理因素綁在一起，而人類意識就像認知科學家暨哲學家丹尼爾．鄧奈特（Daniel Dennett）所說：「這將成為最後一個未解的奧祕。」鄧奈特的意思是，儘管我們已經知道該如何思考諸如空間、時間和自然定律等複雜的概念（雖然這些概念至今還沒有明確的理論），但「意識」卻是「常使最聰穎的思想家啞口無言且滿心困惑的研究主題」。

另一方面，想要全面了解好奇心的本質，我們還需認清另一個事實，那就是到目前為止，還沒有任何一個好奇心的定義能被所有人接受。這就像是探索深海的渴望以及看益智電視節目《危險邊緣》（*Jeopardy*）而有的情緒，兩者如此分歧的現象也常歸類為同一種好奇心的範疇。此外，神經科學是一門比心理學更年輕的學科，我們對好奇心確切的神經作用原理甚至比對心理學的了解還要少。

儘管有這些困難，多虧近年來認知心理學的進展和神經影像技術的成熟，研究人員在刺激好奇心及其構成機制，以及在好奇心陡升與緩和時精確定位大腦的活躍區域等方面，已經有重大進展。

為了避免一開始就講得太細太深、澆熄諸位讀者的熱情，我應該先從好奇心的廣泛定義開始談起，意即好奇心是一種資訊驅動的狀態，這個觀點由羅徹斯特大學（University of Rochester）的認知科學家莎莉斯・基德（Celeste Kidd）與班傑明・海登（Benjamin Hayden）所提出。換個更淺顯易懂的說法，好奇心就是一種想要知道為什麼、究竟是誰或採用什麼方式的欲望。我們接下來會進一步介紹更清晰、更明確的定義，特別是在認知和神經科學研究方面。

在深入「科學領域如何探討好奇心的本質」之前，我想從（至少看似）更簡單的問題開始：人們在日常生活中，通常會對什麼感到好奇？為了回答這個問題，我先試著對幾位同事做個不太科學的小小調查。我請他們告訴我，除了各自的專業興趣之外，最讓他們感到好奇的是什麼。我跟他們說，我並不特別想知道他們會不會忍不住偷看別人擺在桌上的日記；相反地，我想知道那些他們實際花費一些時間、深入研究的主題，不論是透過閱讀、聊天談話、上網瀏覽或觀看電視節目。

這十六位受訪者的回覆相當有趣，因為他們之間沒有任何好奇的事物是彼此重複的。有人對「天性與教養」感到好奇，想知道影響人類發展和人格養成的主要因素是遺傳還是環境（只有兩個人提到了相關主題）。有人好奇兒童學習時大腦裡的確切運作過程；也有人好奇「開明」的人與看法極其守舊的人的大腦之間，是否有清晰可辨的生理差異。這兩個主題其實都與好奇心直接相關，因為「最大化學習」被視為好奇心的主要「目標」之一，而「開明」的眾多面向中也被認定包含了好奇心。因此，從某種意義上來說，這兩位同事都對好奇心很好奇。

另有兩個人好奇的是運動方面：其中一個很想知道各項運動中使用興奮劑的情形，另一個則對運動背後的科學原理感興趣。有兩個人對與地球相關的主題感興趣：一個好奇我們所處星球的地質歷史，另一個則好奇海底大部分還未被探索的世界。有兩個人關心的主題是歷史：一人的好奇心集中在二次世界大戰，另一人則是對我們如何自工業革命一路走到現在充滿興趣。其餘同事都有自己獨特的好奇心，例如古董、葡萄酒、描繪人們生活的資料、室內設計運用的色彩和形狀、航空公司、蜂群崩壞症候群（colony collapse disorder of bees），以及著名社運人士的豐功偉業等。

即使是這種欠缺系統規畫的實驗，我們也能從中看到一些有趣的觀點。首先，部分主題反映出所謂的個人興趣，主要是為了樂趣或休閒，其中包括室內設計、葡萄酒和古董；有的似乎是因為令人驚訝或意外的特性才引起好奇，例如全球蜂巢裡的工蜂突然消失的蜂群崩壞症候群，以及在自行車、棒球或甚至網球比賽中運動員服用興奮劑的狀況驚人地氾濫。另外，天性與教養的疑問、開明和守舊在人類大腦是否有能實際觀察到的差異，這些都似乎帶著好奇心鼻祖的特徵，也就是麻省理工學院（Massachusetts Institute of Technology）認知科學家勞拉．舒茲（Laura Schulz）所稱「混淆不明的證據」，意即在不同且相互對立的假設或想法之間，或在現有資訊不足以得出可靠結論的模糊情況下，難以做出決定。

美國人最感興趣的又是什麼呢？為此，我查看了二〇一二到二〇一五年間維基百科（Wikipedia）被瀏覽最多次的文章，名列前茅的是科技公司及其社群媒體或資訊產物，如臉書、Google、YouTube、Instagram與維基百科；賣座電影與電視節目，如《飢餓遊戲》（*The Hunger Games*）、《絕命毒師》（*Breaking Bad*）、《復仇者聯盟》（*The Avengers*）、《黑暗騎士：黎明昇起》（*The Dark Knight Rises*）、《星際大戰：原力覺醒》（*Star Wars: The Force Awakens*）；名人的去世，如尼爾．阿姆斯壯（Neil

Armstrong）、惠妮・休斯頓（Whitney Houston）、迪克・克拉克（Dick Clark）、柴契爾夫人（Margaret Thatcher）、曼德拉（Nelson Mandela）、羅賓・威廉斯（Robin Williams）、奧利佛・薩克斯（Oliver Sacks）、尤吉・貝拉（Yogi Berra）；名流的生活，如凱特王妃（Kate Middleton）、金・卡戴珊（Kim Kardashian）、麥莉・希拉（Miley Cyrus）；以及運動事件，如二〇一四年世界盃足球賽。

這個簡單的網路調查暗示了某些可能引發好奇心的因素。對新技術產品的興趣反映了尋求新奇和學習的動力；對名人的生活（和死亡）狀況的迷戀可以大致歸類為「八卦」，而八卦（我們將在第七章談到）可能是人類演化過程中的關鍵角色。不過我應該特別一提，維基百科所列的很可能是較年輕族群的興趣。截至二〇一五年十二月，美國地區使用Instagram的網路「成癮者」中，年齡在十八至三十四歲間占四八・五%，六十五歲以上僅占五・五%。

乍看之下，好奇心的主題似乎極其多元而難以掌握，但心理學家已經設計了巧妙的方法，將這些主題整合成數個類別。丹尼爾・伯利恩更將好奇心畫在一個二維座標平面上，其中一軸從一端的「特定」好奇心（對特定資訊的渴望或需求）到另一端「多元」好奇心（為了擺脫無聊而不斷尋求刺激）；另一軸則是從「知覺」好奇心（由驚奇、不確定或新穎的刺激所引起）一路延伸到「認知」好奇心（純粹渴望新知識）。伯利恩的分類雖然頗具洞見但並非獨到，不過仍能幫助我們定位好奇心。例如，因混淆不明證據而引起的好奇心與激發基礎科學研究的動機相同，兩者應該畫在同一象限內，這表示會為了下決定或為了解開謎團而搜索資訊，科學家就常常因為想要找到釐清特定問題的答案而進行研究調查。另一方面，在推特上不斷瀏覽、緊追小報頭條或急切地查看新簡訊的好奇心，則比較屬於「多元－知覺」好奇心的象限區域，意即尋找一些可以令人分心、興奮或驚喜的元素。我們將在第六章看到「知覺」好奇（由新奇的事物引起）與「認知」好奇（對知識的渴望）如何在大腦不同的區域表現。

將好奇心概念投入心理學領域，伯利恩貢獻良多。相較於一九六〇年之前發表在《心理學摘要》（*Psychological Abstracts*）月刊上的文章，伯利恩在一九六〇年出版的《衝突、激勵和好奇心》（*Conflict, Arousal and Curiosity*）則包含更多他對這個領域造成重大影響的新研究。伯利恩晚年還是個出色的鋼琴家，對藝術與美學都擁有濃厚的興趣及好奇，特別好奇為何某些藝術品尤其具有吸引力。然而私底下的他內向害羞，某位朋友說他曾在心理學機構舉辦的正式聚會上，一個人安靜地站在角落享用自己調的琴通寧，但他的心理學實驗以及對整個心理學領域的巨大影響，是無庸置疑的。

伯利恩另一項最具開創性且影響久遠的貢獻，便是點出一系列引發好奇心的幾個要素，他認為「新穎性、複雜性、不確定性和矛盾衝突」讓人們決定某件事是否有趣並值得探索。「新穎性」是指無法輕易依照經驗和期望加以分類的主題或現象，例如發現新的生物物種或首次亮相的新款智慧型手機。「複雜性」則是不遵循常規的事物，但包含了各式各樣鬆散地整合在一起的元素；舉例來說，「複雜性」可以用來描述經濟領域，許多個人和公司會根據任何手邊擁有的資訊試著去理解市場行為，並對必須迅速做出反應之處歸納出結論。「不確定性」（下一節將有更詳細的說明）描述無論有多少替代方案，每一種方案都有其可能性；常看氣象報導就能知道什麼是所謂的不確定性，雖然氣象學家擁有先進的電腦運算模型和新穎的技術，但偶爾還是會預測錯誤。最後，「矛盾衝突」則是描述新資訊與現有知識或趨勢不相容（例如發現伊拉克其實沒有大規模毀滅性武器），或者不確定應該採取行動還是完全不做反應。一九七八年，心理學家弗拉迪米爾．科內奇尼（Vladimir Konečni）在伯利恩的訃告上寫道：「伯利恩想知道為什麼人們會好奇、為什麼人們會探索周遭環境、為什麼會尋求知識和資訊、為什麼會欣賞繪畫或聆聽音樂，以及到底是什麼導引人們的思路該往哪個方向前進。」

有趣的是，即使是我向同事們進行的既天真又主觀的調查，其中仍出現了至少兩個驅動好奇心的因素：驚奇（知覺好奇）和混淆不明的證據（知識或認知好奇）。

那麼，探討好奇心的成因和心理過程的主要心理學派又是什麼呢？（我們將在第六章討論神經科學方面的研究。）

請小心鴻溝

就像許多現代心理學的研究方向，部分關於好奇心的早期概念同樣受到哲學家兼心理學家威廉・詹姆斯（William James）啟發。早在十九世紀後期，詹姆斯就對「哲學大腦」在面對「知識存在不一致或有落差」（就像音樂大腦處理聽到不和諧的聲音那樣）時，提出了「形上學的奇蹟」或「科學的好奇心」。他進一步認為，好奇心就是想要了解更多不了解的東西。一個世紀之後，卡內基・美倫大學（Carnegie Mellon University）的心理學家喬治・魯文斯坦（George Loewenstein）據此進一步提出了當代版本，這是極具影響力的理論架構，稱為「資訊鴻溝理論」（information-gap theory）。

這個版本認為好奇心的基本理念很簡單（一旦發現了好奇心的存在！）。首先，此版本先做了一個合理的假設，即個體對於周遭世界有一些先入為主的概念，或者我們會因此試圖讓任何特定主題與這些先入為主的概念彼此一致。當我們遇到某些似乎與先前認知（真實或想像的）、內心的預期或偏見不相容時，就會產生「鴻溝」。這種落差會讓我們感到厭惡與不愉快，因此被迫著手研究、尋求新見解，以減輕不明朗和無知的感覺。此時，好奇心和隨之而來的探索行為本身並不是目標；相反地，它們是一種手段，為的是減少不確定性和混亂帶來的不舒服。以魯文斯坦的說法來看，好奇心是「從認知誘發的匱乏感，由於見識和理解上的差距而生」。簡單地說，如同資訊鴻溝理論，好奇心就像是以搔抓來解決精神或知性的癢處。

因此，資訊鴻溝理論自然會認為「不確定性」（對現有資訊狀態與渴求的理想資訊狀態之間的落差），就是引發好奇心的主因。面臨人生挑戰的十字路口時，不確定可能的結果究竟為何，的確令人不安。無論是魯文斯坦的研究或伯利恩的類似觀點，不確定性的概念都是借用傳統框架下的資訊理論。簡單來說，資訊理論清楚描述當其他條件不變時，一旦替代方案或可能性越多，就會產生越高的不確定性。打個比方，當所有女子足球隊的實力都沒有顯著差異時，預測哪一支參賽隊伍會贏得世界盃，要比預測兩支球隊中哪一支會打敗對方還困難。同樣地，當可能性幾乎一致時，結果的不確定性也會更大；當兩支球隊的技術能力和獲勝動機相似時，想要預測哪一支會勝出就比其中一支球隊較優秀的情況還困難。看過二〇一六年美國職籃總冠軍賽克里夫蘭騎士（Cleveland Cavaliers）和金州勇士（Golden State Warriors）對戰的人，都可以為此說法作證。

過去幾十年來的部分心理學研究以及近年來的神經科學研究結果，都至少在某些層面支持資訊鴻溝理論。一些研究顯示，當面對不尋常、令人驚訝或複雜的事物時，人們會付出更多關注；部分研究顯示，只有當人們認為不確定性已經藉由獲得新資訊而解決時，渴望檢視和調查的想法才會停歇。魯文斯坦進一步認為，落差大小根據人們對自身知識深度及搜尋資訊能力的主觀判斷而定，這就是認知科學家所稱的「知曉感」（feeling-of-knowing）。魯文斯坦推測，具有更強烈知曉感的人可能會相信自己能夠跨越解決某些旁人無法克服的知識落差。這種自認可以克服知識落差的能力被假設能增強好奇心，因為他們會覺得自己有辦法不費吹灰之力就能消除不確定性、擺脫不愉快的焦慮。就像是當你覺得自己知道某部電影裡幾乎所有的演員時，可能會為了想起一個遺漏的名字而絞盡腦汁，但若完全不知道這部電影有誰參與演出，就根本不會費心思考。

魯文斯坦的資訊鴻溝理論提供了某些好奇心本質的有趣觀點，特別是可以藉此輕易看出資訊落差會激發哪些「特定」好奇心（渴望獲取資訊的零散片段）。無論是在阿嘉莎．克莉絲蒂（Agatha Christie）、丹．布朗（Dan Brown）或羅勃．蓋布瑞斯（Robert Galbraith，J. K.羅琳〔J. K. Rowling〕的筆名）的小說，或者是亞佛烈德．希區考克（Alfred Hitchcock）的電影，我們都會在他們營造的謀殺謎雲中，渴望知道到底「誰」是凶手？凶手「為什麼」及「如何」犯罪？同樣地，如果你最要好的朋友對你說：「我有一件非常重要的事要告訴你。」然後又將話吞回去：「哦，其實沒事。」你一定會非常生氣。很明顯其中出現了資訊鴻溝，此時好奇心便產生了，因為我們意識到所知與想知之間的確切區別。當聽到身旁某人講電話單方面的一半對話時，會比聽到完整對話內容更感到好奇、更引人注意且更令人分心，這也是一個證實資訊鴻溝理論的例子。康乃爾大學（Cornell University）的某項心理學研究中，研究人員發現聽到這種「半對話」（halfalogues）內容時，會導致需要專注力的認知測試表現較差。當我們錯過了故事的另一半，便無法預測談話的來龍去脈，若想要對半對話充耳不聞，簡直是不可能的任務。康乃爾大學這項研究的第一作者蘿倫・安柏森（Lauren Emberson）在每天乘坐巴士到學校的四十五分鐘車程中，浮現了檢驗這種現象的想法。她說：「每次聽到有人在講手機，我就會分心，根本什麼事都做不了。」

這可能部分解釋了為什麼有很多人在火車和巴士上都會戴耳機。系列電視劇、肥皂劇的製作人以及驚悚小說作者，會在每一集或每一章的結尾留下一個讓觀眾與讀者掛心不已的懸念，他們也都相當了解資訊鴻溝引發好奇心的力量。

資訊鴻溝狀態下的好奇心，至少在表面上看起來與滿足生理需求（如食物、睡眠和排泄）的差異不大，然而某些研究人員已明確點出簡單的生理欲望和好奇之間的重要差別。例如，我們已經確切了解飢餓通常是由身體發出的訊號所提醒，像是咕嚕叫的肚子或疼痛感；認清資訊鴻溝則需要以知識為基礎，要能確認和評估這個落差，人們必須真正掌握資訊的起始狀態與目標，以及自己渴望了解的程度。舉例來說，如果不知道神祕的暗能量（dark energy）、並了解這種能量會滲透到所有空間並推動宇宙加速膨脹，就不會對於暗能量的物理性質感到好奇。

但是，如果直接把資訊鴻溝當作是好奇心所有類型和形式的完整樣貌，將會發現資訊鴻溝面臨的第一個固有（潛在）難題。在某些情況下，個人不見得能正確評估自己起始或期望的不確定性程度，畢竟他們並未擁有範圍廣闊的完整知識。這種狀況在科學研究領域非常普遍，一次實驗、觀察或理論概念的結果可能會帶出未曾預料到的新問題。達爾文透過天擇結果提出的演化理論把問題一路引往核心，帶到了生命的真實起源，那是達爾文從未碰觸過的主題。同樣地，近期發現除了太陽之外，宇宙間還存在著數十億顆被行星環繞的恆星，我們的注意力因此轉移到另一個新問題：「人類是否孤獨地存在宇宙之中？」這個問題也讓許多天文學家為之痴迷。大腦究竟是如何意識到並適當地定義資訊鴻溝？我們又是如何評估自己的知識程度並確認未知程度的多寡？這個問題也明確點出生理欲望（在某些情況下，每個人都能感受到）與好奇心（在完全相同的條件下，可能會因人而異）之間的不同。另外，特定的好奇心也許會因為獲得特定期望的資訊而得到滿足，但一般的好奇心（特別是認知好奇心）以及想要開發探索的傾向，其實從未真正被滿足。

當把資訊鴻溝理論當作是涵蓋所有好奇心類型的理論時，心理學家在其中發現了另一個問題。首先，資訊鴻溝理論總是把好奇心與負面、厭惡及不愉快的狀態連結在一起，但許多關於探索行為的實驗都顯示，新穎性和多樣性經常歸類為正向且愉快的經驗，同時能點燃興奮和專注的感受。一項針對七年級和十一年級學生的研究中，被認為「具有好奇心」的學生會傾向覺得學校活動令人滿意且有其價值，不會令人不愉快。即使不確定性是驅動資訊鴻溝模式的關鍵因素，它也並非總是帶有負面感受。若非如此，就不會有人想要閱讀關於神祕謀殺劇情的故事，或是參與任何異想天開的活動。雖然不確定性確實可能令人感到不安（像是正在等待確認是否患有嚴重疾病的檢查報告出爐），但是不確定性的正向影響則可能會延長快樂。

最後一則實證來自心理學家提摩西．威爾森（Timothy Wilson）和丹尼爾．吉爾伯特（Daniel Gilbert）等研究人員，在二〇〇五年做的一項有趣實驗。研究人員告訴每位參與測試者他們是六名（三名女性和三名男性）來自不同大學的學生，並透過網路接受關於個人印象的實驗。研究人員對每位測試者說，他們必須評估其他三名異性，選出一位最可能成為朋友的學生並寫下原因。隨後他們告訴每位測試者（那三名異性其實都是虛構出來的人物），每一位都選擇了他或她作為最好的朋友。這時，他們將測試者分成「確定組」與「不確定組」兩組，「確定組」的測試者會被告知三名異性學生寫了什麼想必很好聽的選擇原因，「不確定組」則不會提供這些資訊。猜猜看哪一組測試者的高興時間比較長？所有測試者在聽到被選為最好的朋友的正向回應時都相當高興，然而

「不確定組」在十五分鐘後仍明顯地歡欣鼓舞。換句話說，如果人們知道某個事件是正向感受的，他們就會對此感到好奇。這就是為什麼某些準父母不想知道胎兒性別、為什麼戀愛剛開始總是令人非常愉快；也是為什麼某些錄下溫布頓網球錦標賽決賽的人，不想在觀看比賽錄影前知道結果——他們都享受著不確定性。只有當人們不確定該事件是正面或負面結果時，例如能否被心儀的學校錄取、或是某種治療是否有幫助，這種不確定性才會造成負面感受。

更迷人的是，浪漫主義詩人約翰・濟慈甚至用「負面能力」來形容忍受或甚至擁抱不確定性的能力，以及讓未知持續保持神祕的意志，他認為這是詩歌和文學成就的基本要素。對濟慈來說，「一位偉大詩人對於美的感受凌駕了所有想法，或是忽視了所有想法。」他的負面能力概念影響了部分二十世紀哲學家的觀點，包括將此觀點應用在社會事件起因的羅貝多・溫格（Roberto Unger），以及將此想法融入實用主義的約翰・杜威（John Dewey）。回想一下，認為解開自然現象只會增加美感的科學家費曼（他甚至不是詩人）也曾說過：「我不會因為不知道而感到害怕，也不怕毫無目的地尋找而迷失在神祕的宇宙中。」

資訊鴻溝理論的第二個問題是：由於人們有時會主動引發好奇，那麼從牛頓第一運動定律「靜者恆靜」的角度來看，為什麼人們在有可能會引起不愉快感受的情況下還是會感到好奇？即便如此，人們還是常會因為對某個主題的好奇而引發探索更多主題的衝動。畢竟，好奇心最基本的特徵就是冒著產生更多不確定性的風險仍渴望提出問題，而不確定性在資訊鴻溝模式中是令人不愉快的。

第三個問題與資訊鴻溝理論的假定普遍性有關。也就是說，即使這個理論的基本前提正確，但仍嫌過於簡化，尤其是面對眾多類型的好奇心時。我們擁有太多潛在的好奇心觸發因素，如果把它們全都歸結到「不確定性」，其過程勢必會丟失重要的資訊。打個比方，我們是否可以說對於重力波（gravitational waves）的本質好奇、對音樂喚起強烈情緒的原因好奇、對魔術師的表演好奇、對共進午餐的朋友正在想什麼好奇、對夢的作用好奇，以及對金．卡戴珊最新 Instagrams 貼文好奇，全都是因為簡單的資訊落差？

我們接下來將會討論到，目前的看法是，儘管資訊鴻溝理論為某些類型的好奇心提供了很棒的機制，但最一般的好奇心其實包含了一系列機制。不論正確的整體理論（如果存在的話）可能是什麼，在我們進一步討論其他理論之前，需要先解釋一下好奇心的另一個特徵。

已知的未知

在柏拉圖記載的蘇格拉底對話錄（Socratic dialogue）《曼諾篇》（*Meno*）中，曼諾是一位出身名門的年輕學生，企圖挑戰偉大的蘇格拉底，並證明探尋未知事物其實是不可能的。「蘇格拉底，你要如何探究？」曼諾問道，「你能探究那些自己還根本不知道其存在的東西嗎？」曼諾提出了這個著名的「未知的未知」問題，也就是我們連自己不知道什麼都不知道。

英文片語「未知的未知」（unknown unknowns）由美國國防部長唐納德・倫斯斐（Donald Rumsfeld）所創，在一場二〇〇二年二月舉辦的記者會上，他正在說明出兵伊拉克的可能性。當他回應為何在缺乏證據的情況下便指控伊拉克提供恐怖組織大規模殺傷性武器時，倫斯斐告訴記者：「我一向對報導尚未發生的事感興趣，我們都知道有些事是已知的已知；我們知道一些我們知道的事。有些事是已知的未知，也就是我們知道有些事我們並不知道。但是，還有一些事是未知的未知，也就是那些我們不知道自己不知道的事。」儘管這段發言完全符合邏輯，但仍以公眾人物最莫名其妙的發言為倫斯斐贏得了二〇〇三年的「不知所云獎」（Foot in Mouth prize）。

回到曼諾的謎題，蘇格拉底的回答更加令人困惑，這番回應被稱為「曼諾的悖論」。「我知道你的意思，曼諾，但是看看你提出的這個具爭議的論點吧：某人不可能探究所有他知道或不知道的；他不會探究他知道的，因為他已經知道了便無須再探究；他也不會探究他不知道的，因為他壓根不知道他要探究什麼。」

我們可以將蘇格拉底所說的話最後一部分改成好奇心：「人們不會對自己已知的感到好奇，因為已經知道了；也不會對不知道的感到好奇，因為壓根不知道要對什麼產生好奇。」這是否表示我們永遠不會感到好奇？當然不是。這就是為什麼曼諾的悖論不是真正的悖論。

據我所知，現代心理學家不會（至少不是經常）提及柏拉圖的《曼諾篇》。儘管如此，某些現代心理學家的確提出了類似的論點，認為我們對特定主題的好奇程度受到對該主題的現有知識影響，可以畫成一個看起來像倒U的函數曲線來表示（圖十四）。簡單來說，當你對一樁事物知之甚少時，就很難對此事物產生好奇。同樣地，當你知道很多關於某話題的內容時，可能會覺得沒有什麼值得好奇的。然而，當已經掌握了某個主題的部分資訊時，我們的好奇心就會變得強烈，因為我們會覺得需要學習的地方還有很多。在蘇格拉底充滿啟發性的答案中，他簡單地忽略了所有存在於中間的重要範圍，這就是所謂的「已知的未知」，意即知道或感知到你不知道的事情。

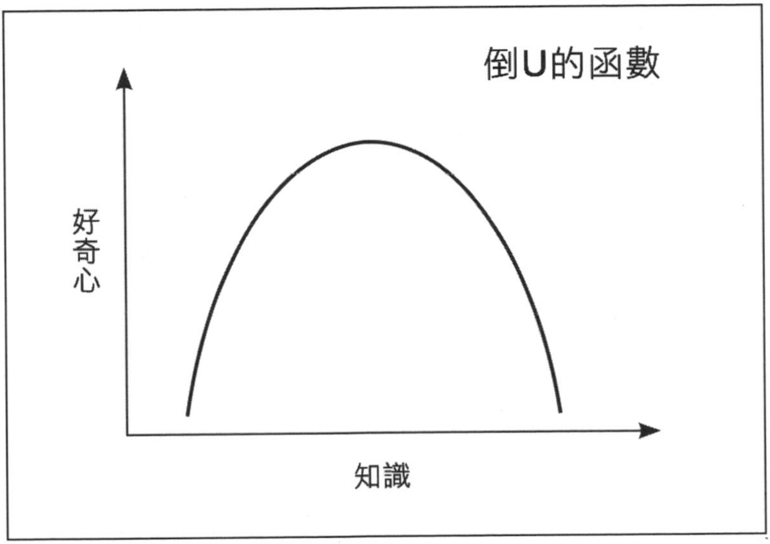

圖十四

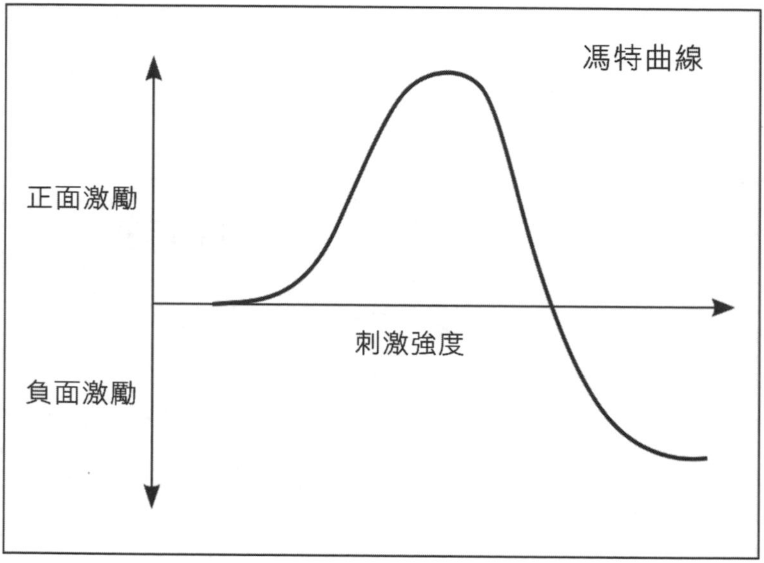

圖十五

某個版本的倒U曲線（圖十五）可以追溯到威廉・馮特（Wilhelm Wundt）的時代，他是十九世紀後期奠基心理學領域且貢獻深遠的人物之一。馮特建議，隨著刺激強度的增加，正向的激勵也會增加，但是程度有限。面對更強烈的刺激時，感受會開始變得過度，導致正向反應降低，激勵最終會轉為消極。

一九七〇年代，伯利恩提出的馮特曲線其實代表了兩個獨立大腦功能的相互作用：一個藉由獎勵機制鼓勵好奇心和探索行為，另一個則藉由創造不愉快的感覺警告好奇心和探索行為。伯利恩的想法也可

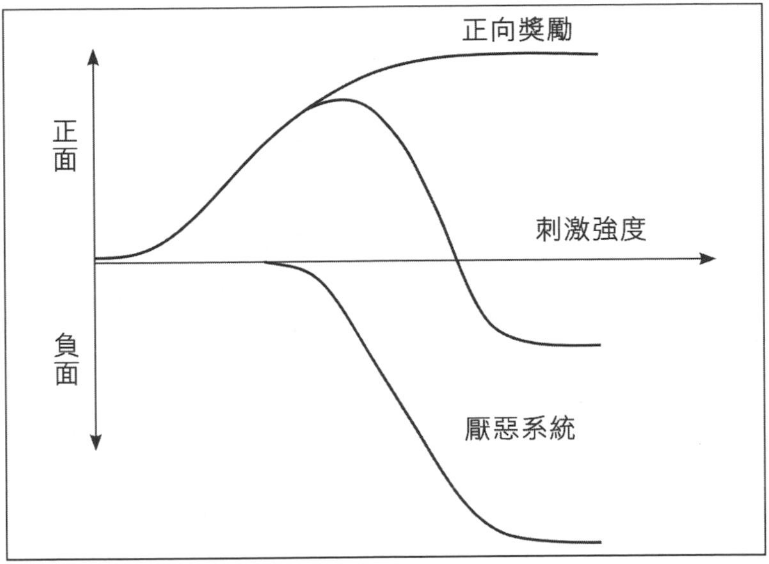

圖十六

以畫成圖形表示（圖十六）。正向的獎勵機制（圖十六上部曲線）會根據此模型發揮作用，在某個程度之前，我們的驚訝或困惑越多，好奇程度便會隨之增加。然而到了某個程度，好奇心會達到飽和，此後不管觀察到的現象多麼複雜、新奇或令人費解，我們的好奇程度都不會再增加且趨向水平（圖十六上部曲線進入平緩）。

伯利恩進一步說明，當刺激出現威脅或喚起恐懼時，產生厭惡反感的負面系統（圖十六下部曲線）只會在刺激強度更高時作用。當刺激更強時，負面情緒也會不斷增加（圖十六曲線下降的部分）。伯利恩認為，馮特曲線只是大腦認知總結兩個系統的正面與負面的結果，也就是說，只要令人沮喪的反應沒被活化，隨著激勵更強烈，好奇心就會增加。一旦大腦開始衡量潛在的負面影響，好奇心就會開始減弱，從而產生圖十五的倒U曲線。我們可以用一個簡單的比喻描述伯利恩的概念。想像一下，當你正在穿越黃石國家公園（Yellowstone National Park），突然發現遠處有一頭灰熊，此時你的好奇心和興奮感無疑會增加。之後，你又在這頭灰熊身旁看到另一頭雌灰熊與她的幼熊，你的好奇心再次因此增加。過了不久，你在同一地區又見到一大群懶洋洋的灰熊，於是激起了更高的好奇心，特別是因為熊往往是獨來獨往的動物。可是灰熊數量的增加不僅會引起好奇，恐懼感也會油然而生。同一地點一下子出現這麼多灰熊會使人驚恐，擔憂和恐懼感會隨著更多灰熊的出現而進一步增強。

也許你已經注意到了，伯利恩的認知反應幾乎恰好與達文西在山上發現洞穴入口時，混雜著探索和恐懼的反應一致。

伯利恩對倒U曲線的解釋為好奇心理論引入了新元素：「正向獎勵系統」。有趣的是，儘管伯利恩的觀點早於（其實很有可能是啟發了）資訊鴻溝理論，但該理論主要是為了連結好奇心與減少負面情緒的需求，其中僅有相對較小（基本上並不重要）的正面情緒。雖然魯文斯坦發現探索行為也可能由正向的興趣刺激驅動（而不是剝奪感），但他的資訊鴻溝模型隱約暗示了對知識的積極渴望本身並不構成好奇心。然而我們將在下一章看到，其他研究人員則認為好奇心的激發是因為好奇心本身所致，而不僅僅是減少不愉快的手段。

儘管發人深省，但伯利恩對馮特曲線的解釋也被證明具有爭議。首先，這個解釋需要強烈的對立情緒（愉快和恐懼）幾乎同時存在才可行。這種情況是否真的存在的意見各不相同，但大多數心理學家都覺得伯利恩的論點有個不合理的地方，即是正面影響應該在負面情緒出現之前發生。為此，伯利恩不得不假設愉快是走向令人厭惡狀態的必經之路（如圖十六所示，在正向獎勵系統高度刺激之後，厭惡就會開始現身）。至少在約瑟·拉度廣泛且深入恐懼情緒的研究中，沒有證據顯示獎勵系統會在感受到恐懼之前活化。此外在量化方面，伯利恩對於正面和負面情緒的相對優勢或激發的假設時間點，也沒有提供任何令人信服的解釋。儘管如此，伯利恩仍說對了一件事，那就是好奇心兼具令人愉快和不舒服的成分，這個概念對於好奇心的研究發展相當重要。這是一顆種子，萌發了好奇心可能是由一系列機制組成的想法，我們將在下一章詳細討論。

如前所述，當資訊鴻溝理論被視為好奇心的整體全貌時，會產生一連串難題。除了僅以不愉快的狀態判斷好奇心而衍生潛在的嚴重問題外，資訊鴻溝理論似乎（至少首度出現時）未能解釋常見的倒U曲線。如果好奇心一定會隨著不確定性的增加而持續加劇，那麼好奇心便不會隨著不確定性越來越強烈而開始減弱，最終導致無聊甚至焦慮。換句話說，就是根本沒有所謂的倒U曲線。然而這種特殊情況其實很容易彌補，只需直接修改最初的概念：並非所有與主觀認知不同的觀察（並非所有不確定性、疑慮或資訊落差程度）都會引發好奇心。當原本的認知與觀察內容資訊落差很小的時候，這種不一致（至少在某些情況下）似乎就不足以引起我們的注意，更不用說引發好奇了。另一方面，如果落差非常大（高度的質疑或衝突），就可能導致混淆和焦慮，而不是產生好奇，因為我們可能會出於直覺認為如此巨大的落差不太可能完全填補；唯有中間等級的不確定性才能創造和維持好奇心。換句話說，我們對了解透徹或全然未知的主題並不會特別感興趣；我們會特別感興趣的東西是已有某種程度了解，但覺得還有更多需要學習的事物（已知的未知）。加上了這個簡單的補充，資訊鴻溝模型便可以用來解釋倒U函數了。

我將在第六章詳細描述：所謂「期望」（與資訊鴻溝模型和倒U曲線相同），指的是適量增加資訊而提升好奇心的狀態，但是過多的額外資訊則會減弱好奇心。某項有趣的神經科學實驗便支持此一觀點。

儘管資訊鴻溝理論在好奇心本質探討的某些方面功不可沒，但其引發的問題（即使加入了倒U曲線的補充說明）也讓研究人員有了不同觀點。為了尋求其他可以解釋好奇心的方式，認知科學家開始探索好奇心本身即具有回饋獎勵的概念，也就是好奇心由新奇與有趣的愉快感受所驅動，而不是因為知識的欠缺和無知所產生的不愉快感所引起。

第五章　對好奇心的好奇：對知識的熱愛

人機認知研究所的心理學家喬丹．利特曼為了解決這個問題，並且額外把幾個概念（有時會相互矛盾）整合在一起，他在二〇〇五年提出好奇心擁有兩個面貌：一種稱為「I好奇心」，I即興趣（Interest），代表追求知識，其中帶有愉快的感受；另一種則是「D好奇心」，來自不確定性以及因無法取得某些資訊而產生的剝奪感（Deprivation）。

如果好奇心不是或不只是為了減少與不確定性相關的不愉快，那麼它又會是什麼？最近的心理學研究指出，好奇心自身就可能產生回饋獎勵。也就是說，好奇心本身可能就是一個強大的動機來源，一種內在的動機，不受任何外部或內部壓力控制，除了行動本身之外沒有其他明顯的回饋。若是如此，我們的大腦就應該會對資訊收集與知識獲取賦予獎勵。

此一觀點源於二十世紀初，克拉克・莫瑞（J. Clark Murray）和約翰・杜威等心理學先驅的研究。這個概念奠基於簡單的觀察，他們觀察到尋求新的刺激與趣味，以及新穎且意料不到的想法，似乎正是用來定義人類的獨有特徵。你可以想像一個少了探索浩瀚宇宙及自我內心的世界嗎？一個對小宇宙或大宇宙都漠不關心的世界嗎？達文西和費曼一定都無法想像。就在魯文斯坦發表深具影響力的資訊鴻溝模型同一年，心理學家查爾斯・斯皮爾伯格（Charles Spielberger）和勞拉・斯塔爾（Laura Starr）提出了最佳刺激（optimal stimulation）／雙重歷程（dual process）情境。他們的理論同魯文斯坦一樣，結合了部分伯利恩早期的想法，認為最佳激勵是經由兩個相互競爭的歷程所促成。新奇、複雜或不一致的現象既會引起人們的好奇，也會引發人們厭惡的焦慮。斯皮爾伯格和斯塔爾認為，當外部觸發刺激的強度較低時，好奇心就會占上風，並伴隨探索的欲望。中等程度的激勵下，高度好奇心（愉悅）和中等焦慮（不愉快）相融合，傾向於引發特定的探索行為，也就是尋找獨特的資訊。最後，當我們遇到非常強大的刺激時，例如看到一些完全出乎意料或極其混亂的事物，焦慮會高漲到反而驅使我們全然迴避，而不是繼續探索。

斯皮爾伯格和斯塔爾提出的模型（繼伯利恩之後），重新將好奇心概念化為一種興趣和驚奇的正面感覺。若是曾看過小孩睜大閃閃發亮的眼睛、瞪著業餘魔術師的表演，就能體會這種觀點。斯皮爾伯格和斯塔爾在某種意義上採用了與魯文斯坦截然相反的立場，他們認為不確定性引起的不愉快是「焦慮」而非「好奇」。還記得魯文斯坦認為好奇心只是為了緩解資訊落差帶來的不適感嗎？他的模型暗示了只因為純粹感興趣而尋找更多資訊的行為，不應該稱做「好奇心」。

簡單來說，魯文斯坦認為好奇心就像只是為了減輕難耐的搔癢，而學習的熱情則是另一回事；斯皮爾伯格和斯塔爾則認為好奇心是對知識的渴望，導致焦慮的是矛盾心理，不是好奇心。然而，重要的是這兩種假設都可以透過實驗加以測試。

也許你已經預料到，斯皮爾伯格和斯塔爾的最佳激勵模型同樣留下了一些未解的問題。問題就在於，最佳激勵狀態的「最佳」二字暗示著這是一種渴望進入的狀態。若真是如此，怎麼還會有人期望疑問、謎團與難題會有解決的一天？這樣的話不就使得好奇心的正向感受將低於「最佳」激勵狀態？

人機認知研究所（Institute for Human and Machine Cognition）的心理學家喬丹・利特曼（Jordan Litman）為了解決這個問題，並且額外把幾個概念（有時會相互矛盾）整合在一起，他在二〇〇五年提出好奇心擁有兩個面貌：一種稱為「I好奇心」，I即興趣（Interest），代表追求知識，其中帶有愉快的感受；另一種則是「D好奇心」，來自不確定性以及因無法取得某些資訊而產生的剝奪感（Deprivation）。

我應該強調一下，利特曼的模型並不是兩邊押寶。他準確地指出，許多動機系統在不同情況下都有可能同時包含愉快和不愉快的情緒。像是看到零食多力多滋的電視廣告，或《芭比的盛宴》（*Babette's Feast*）、《美味、愛情、甜蜜蜜》（*Mostly Martha*）、《美味關係》（*Julie & Julia*）等電影，飢餓感可能會在一片歌頌精緻美食的同時被激起；另一方面，飢餓感也可能因為空腹或感覺被忽視而想放縱大吃。同樣地，對性愛的渴望可能因為身旁深愛的伴侶而被自動且愉悅的情緒引起，也可能由於長期缺乏（例如在國外服兵役）而被剝奪感觸發。

換句話說，根據利特曼的猜想，好奇心既可以減緩厭惡的狀態，也可以誘發內在動機的愉快狀態。哪一種狀態占有主導地位則取決於刺激的類型，也可能取決於個體之間的差異。例如人類心臟的跳動使達文西產生知識的好奇心（探索動機），令他在無數頁面寫下難以被同時代許多人接受的眾多筆記。同樣地，有的人會因為記不起高中坐隔壁同學的名字而抓狂，但也有人毫不在意。或是動物園裡的陌生動物可能會引起一些遊客的知覺好奇心（他們會尋找動物的解說牌），以及少數遊客的認知好奇心（回家後還會廣泛閱讀資料，以便深入了解這種動物）。

這種好奇心並非單一過程，而是由一系列機制所組成，哥倫比亞大學（Columbia University）的杰奎琳・高特里布（Jacqueline Gottlieb）、羅徹斯特大學的莎莉斯・基德，以及法國電腦科學與自動化研究所（French Institute for Research in Computer Science and Automation）的皮艾爾－伊夫・烏德耶（Pierre-Yves Oudeyer），他們領導的研究團隊進一步深入此想法。他們認為，人們賦予好奇心不同組成部分和形式的權重，乃取決於刺激的事件、主題及個人本身（不同的知識基礎、偏見和認知等特徵）。我們將在第六章討論神經科學領域近期的研究，其結果顯示不同類型的好奇心涉及不同的大腦區域反應。

正如前頭所說，個體之間好奇心的差異可能非常大，像是達文西和費曼便幾乎對所有事情都很好奇，但有些人則是工作之外很少有其他興趣。這些差異在「經驗開放性」的一般特質中已經有了大量的傳統研究，此特質被視為「五大人格」（Big Five）之一。在心理學的定義中，五大人格是經驗開放性（openness to experience）、盡責性（conscientiousness）、外向性（extroversion）、親和性（agreeableness）和神經質（neuroticism），剛好可以縮寫成英文單字「海洋」（OCEAN）。其中的經驗開放性被認為包含了求知欲及對新穎與可探索事物的偏好，雖然「開放性」的確切定義還有些爭議，廣義來說胸襟開放的人不僅較一般人更好奇，也更能欣賞複雜的藝術形式，具有更高的抽象思維能力。

即使我們接受了這個非常合理的觀點，也就是接受好奇心（在所有表現形式中）同時包括不確定性引起的剝奪感，以及期待透過追求知識而產生的獎勵刺激，但仍然還有許多未解之謎。大腦究竟是如何量化並獲取知識本身的價值？搜尋和探索資訊背後的心理策略（如果有的話）是什麼？舉個例子，我們知道當訊號中斷時，電視螢幕出現的白雜訊（white noise）其實包含了大量資訊，可是我從未看過有誰會被那些閃爍的光點和嘶嘶作響的聲音吸引。我們的大腦到底是如何從轟炸般的資訊中篩選出哪一個值得好奇探究？

認知科學家正試圖釐清因好奇心引發的行為背後，是否有任何策略或最終目標。

探索所有可能性

日常經驗和許多研究都顯示，即使沒有任何金錢或其他明顯的外在獎勵，人們還是會積極地進行探索，一般咸認這也是好奇心的一部分。普遍認為人們會比較願意投入的活動有其特定模式：避免容易到感覺無聊或困難到令人退縮的挑戰。那麼，人們又是如何引導好奇心？如果眼前有大量的選項可供自由選擇，人們又是如何組合出探索的主題與方向？我們知道，許多活動最終可能會走到認知的死胡同，變得無法理解消化。年輕男孩不應該選擇詹姆斯．喬伊斯（James Joyce）的《尤利西斯》（*Ulysses*）作為第一本閱讀書籍；就像對大腦功能如何運作感到好奇的年輕女孩，不應該直接從腦部手術開始滿足好奇心。

為了看看我們的大腦在出自內在動機的開放式探索中，是否有某種引導好奇心的通用策略，神經科學家杰奎琳．高特里布和她的團隊進行了一些迷人的實驗。研究人員詢問五十二名受試者（二十九名女性和二十三名男性），讓他們選擇想玩的電玩遊戲。遊戲共分兩組，每一組遊戲的難度各不相同。

結果非常驚人。高特里布的團隊發現，儘管沒有外來指示也沒有實際獎勵，但受試者皆自動組織出一致的探索模式。首先，受試者對任務的難度非常敏感，他們會勤奮地從最簡單的遊戲開始，再進入更困難的遊戲。其次，受試者有興趣探索所有選擇：他們試遍了整套遊戲，包括那些難度高到根本無法掌控的。第三，受試者傾向重複中等到高難度的遊戲。最後，受試者表現出喜歡新穎的偏好：他們會選擇體驗新遊戲，但更喜歡挑熟悉遊戲中的高難度關卡來玩。

研究結果對認知好奇心的本質（對知識的渴望）帶來了有趣的啟發。首先，受試者挑戰了即便是難度最高的關卡，而且嘗試了一系列新遊戲，這表示人們確實會試圖了解所有選擇的整體樣貌。他們試著在腦中增加知識同時為知識編碼，並試著提升準確預測新機會的能力。這稱為「以知識為基礎的內在動機」，降低預測誤差便是主要功能之一。當高中生決定要就讀那一所大學之前，會先審視許多學校的相關資訊，以知識為基礎的內在動機便在此時驅動。另外兩項發現即是上一段提到的受試者會重複挑戰遊戲，選擇新遊戲時僅會挑選自己表現良好的系列，這表示內心渴望藉由練習而擅長某事，稱為「以能力為基礎的內在動機」。

高特里布的研究結果讓我們了解部分認知好奇心在開放式情境下重要的運作方式。也許最令人驚訝的發現是，即使在沒有提示、線索或指導方針的狀況下，人們也傾向遵循類似的路徑。就擬定策略而言，認知好奇心似乎瞄準了兩個目標：激勵我們了解潛在選項的極限，以及更重要的，將知識和能力最大化。

高特里布是少數（數量少到驚人）將研究焦點放在好奇心方面的研究者，我自然很想知道到底是什麼吸引了她。「一開始，我試圖了解注意力的機制，」她告訴我，「接著有兩股力量分別將我的研究推向了好奇心。首先，從行為方面，我對注意力在操縱行為時扮演的角色感興趣。」

「你的意思是？」我問道。

「比方說，大多數研究注意力的實驗都是以眼動做為指標，要求受試者注意螢幕上出現的紅色方塊之類的東西，研究人員以此觀察這種目標受控的注意力、如何修正反應時間等等。他們通常不會研究實際策略是如何擬定的，也就是說，是什麼使某物變成值得關注。」她停了一下，繼續說：「於是我開始研究引導這種選擇的邏輯。雖然我們的選擇經常與預期獎勵有關，也就是目標導向的行為。可是很多有趣的東西不一定都會給予我們獎勵。這就是好奇心的來源。」她接著補充：「我想知道哪一個過程涉及好奇心，還有，到底是什麼讓我們學習一件甚至不知道學了之後會有什麼確切後果的事。」

「第二個讓你開始研究好奇心的推動力是什麼？」

高特里布笑了起來。「你沒忘記還有第二個呀。第二個推動力來自神經科學。我想知道大腦皮質（大腦神經組織的外層，為意識的中心）哪些區域選出受到注意的刺激。許多大腦反應的模型常根據受試者心中原本就有的目標或獎賞而定。就像在第一個行為案例，我對於『與目標無關』的選擇更感興趣。行為方面和神經科學兩個領域一起將我推向了好奇心。」

聽完之後，我還是對高特里布的研究之路感到好奇，於是我問道：「在你的成長背景中，有沒有任何影響你決定成為科學家的事物？」

「歸根究柢，我認為這是最能讓我發揮所長的職業。高中時，我想成為鋼琴家，後來發現我的鋼琴天賦應該落在常態分布中的中間位置，實在很難有傑出表現。接下來，就讀麻省理工學院期間，發現自己有分析的天分，我喜歡科學帶來的創造力和自由，而且對無聊的容忍度很低，科學領域總是不斷面臨新挑戰。」她沉默了一會兒，說：「我最大的喜悅來自學到新東西的時候。」

這番話精確定義了何謂知識好奇者。

高特里布的受試者為成年人。研究領域曾有個笑話：心理學實驗的受試者全是大學新鮮人或大二生，因此所有研究結果和發現其實都只適用於這類人口結構。不過，近年來許多研究已經開始注意到像是小小「好奇機器」的兒童、幼兒甚至嬰兒，企圖找出嬰兒和兒童的好奇與成年人的好奇是否相似。知覺、認知、多元及特定的好奇心，是否在整個生命歷程中保持不變？還是會隨著年齡產生變化？雖然直接比較兒童和成人垂直年齡分布的研究尚且不足，但過去二十年的研究正逐步描繪出一幅更完整的兒童好奇心樣貌。以下是我在這個迷人的研究領域裡選出的幾項令人信服的實驗。

童言有道

如果你看過十個月大的嬰兒玩搖鈴球，就知道他會左右搖擺玩具，把它放進嘴裡，再敲敲地板，然後滑動搖鈴球上每一個色彩鮮豔的零件。他可能會玩上幾分鐘，直到瞥見一旁的某本書。這時，他的注意力一下子就跑到這本書上，他會把書放到嘴裡，笨拙地翻動厚厚的書頁。點燃孩子好奇心的究竟是什麼？

勞拉・舒茲是麻省理工學院兒童早期認知實驗室（Early Childhood Cognition Lab）的認知科學家，她和研究夥伴花了大約十年的時間，想盡辦法弄清楚「為什麼孩子能快速地學習如此大量的事物」。孩子能在短短幾個月內就學會豐富的運動技能、認識父母，並以各種方式互動和溝通。嬰幼兒的注意力機制裡，一定有某種方式能讓他們從複雜的環境中選擇容易學習且有效率的部分。舒茲和其他認知科學家正試圖找出兒童設法「從零散、繁雜的資料產生豐富推論」的方式。

哈佛大學（Harvard University）心理學家伊莉莎白・斯佩爾克（Elizabeth Spelke）的開創性實驗發現了相當多證據，顯示嬰兒會從一些簡單的啟發或自己找出解決問題的辦法來展開人生，開始人生最初的探索行為。「成年人的腦袋已經裝進了太多現實，」斯佩爾克在電話中告訴我選擇研究嬰兒的原因，「最好能打從一出生就觀察我們人類已經知道了些什麼。」為了深入了解寶寶在想什麼，她觀察到寶寶盯著一件事物的時間長短是一種很好的好奇心指標。會移動的東西能吸引他們的目光，具有高對比特徵以及人臉也是，這些都擁有豐富的資訊價值。注意移動的物體是生存必備的演化產物，對比則能幫助區分不同物體與識別形狀。此外，嬰兒知道抓著玩具娃娃的腿時，娃娃身體的其他部分也會跟著一起移動，於是他們曉得一個獨立物體的所有部分會一起移動。他們也知道固體無法穿過其他固體，天生就具有數量感及周遭空間的幾何感，對人臉的偏見則是發展社交技巧、情感關係及語言能力方面不可或缺的部分。斯佩爾克及同事凱瑟琳・金斯勒（Katherine Kinzler）、克麗絲汀・舒特（Kristin Shutts）還發現，嬰兒特別喜歡懂得使用嬰兒已熟悉的語言和口音說話的人。美國和南非的孩子都是如此，儘管南非的孩子生活在更加多元的語言環境裡。

另外，在嬰兒必須能預期且重複遇到相同事件的條件測試中，也表現出他們會尋找能幫助他們想出預測策略的資訊。可是，這些注意力的偏見能稱為「好奇心」的第一個跡象嗎？這答案與「好奇心」的定義有關。如果是用我們之前討論的好奇心廣泛定義（「資訊驅動狀態」）來論定，這些嬰幼兒的啟發肯定有資格稱做好奇心，就像對「躲躲貓」，或是「噗！黃鼠狼跑掉啦」遊戲的反應一樣。然而，有人認為這種定義不只包含了真正感到好奇的狀態，還囊括我們出生睜開眼那一瞬間發生的一切。因此，好奇心應該來自對資訊有初步的了解，並且渴望進一步認識，這些在早期發生且層次較低的注意行為雖不能視為好奇心，但也許能當作好奇心的前身。若真是如此，如果孩子在這些先天基本的好奇心前身之外也感到興趣呢？他們在認知這個世界的過程中，又是如何選擇好奇心的方向呢？

羅徹斯特大學的莎莉斯・基德等研究人員在針對七至八個月大嬰兒進行的實驗中，先利用觀看一系列螢幕顯示的複雜圖像，測量嬰兒的視覺注意力。研究人員發現，在面對複雜度非常低或非常高的事件類型時，嬰兒將視線移開螢幕（表示興趣缺缺）的比率可能最高。換句話說，研究人員發現了一種「金髮女孩效應」（Goldilocks effect）：嬰兒將好奇心導向既不簡單也不太複雜的一系列事件（倒U型偏好）。回想一下，高特里布的電腦遊戲實驗亦有相同的發現。

基德的研究結果似乎表示嬰兒的大腦採取了一種策略，這種策略可以不讓寶貴的認知資源浪費在不可簡化的複雜或太容易預測的現象。即使是嬰兒，好奇心的表現似乎同樣會依賴知識的初始狀態和個人期望，而且讓個人學習與解讀的潛力最大化。

另一項源自麻省理工學院的實驗展現了兒童好奇心的另一個有趣面貌。孩子也像成人，他們會組織遊戲，會為了減少不確定性而去探索並揭開某些現象的真正謎底。認知科學家勞拉・舒茲和伊莉莎白・波納威茲（Elizabeth Bonawitz）設計了一種簡單的玩偶盒（jack-in-the-box，打開盒蓋就會跳出玩偶的玩具盒）式實驗。研究人員先給學齡前兒童一個裝上兩根槓桿的紅色盒子，接著一名研究人員會和一名兒童同時各按下一根槓桿，兩個小木偶就會同時從盒頂中心應聲跳起，因此無法確定究竟是哪一根槓桿會讓小木偶彈出，也有可能只要按下其中一根就可以讓兩個小木偶都跳出來；這是證據「混亂」的情況。研究人員對第二組兒童重複一樣的實驗，不過這次的證據並不混亂，孩子和研究人員會輪流按下槓桿，或是研究人員在孩子面前分別按下每一根槓桿，孩子因此完全清楚哪一根槓桿可以操控木偶。兩組小孩各自完成紅色盒子實驗後，研究人員拿出另一個黃色盒子，讓孩子獨自一人玩耍。實驗結果相當迷人，「證據混亂組」的孩子往往會繼續探索之前的紅色盒子，直到弄清楚操作方式為止；「不混亂組」的孩子如期展現對新穎事物的喜好，注意力立刻轉往新的黃色盒子。

這類實驗結果似乎表示了兒童的好奇心往往與最大化學習和發現因果關係（主宰兒童周遭環境的現象）有關。換句話說，孩子會尋找逐一解釋每一個事件的方式。若真是如此，我們還能因此得到一個非常清晰且有趣的結論：小孩的好奇心會特別受到與預期不同的事物激起，然後專心地探索這些事物。這個結論同樣可以透過實驗檢驗，觀察當孩子發現證據與先前看法相互矛盾時，探索和學習會如何改變。

波納威茲、舒茲等人進行了一系列研究，試著確認此想法。在這個精心策畫的實驗中，研究人員要求兒童仔細檢查九塊「不對稱」但可以穩定放在平衡柱上的保麗龍磚。實驗一開始先進行「信念分類」測試，研究人員密切觀察孩子是否會試圖以保麗龍磚的幾何中心（保麗龍磚的中間位置）、或是保麗龍磚的重量中心（接近較重端的位置），讓保麗龍磚穩定地放在平衡柱上（圖十七）。在孩子可以穩穩地把保麗龍磚放在平衡柱之前，研究人員始終抓著這塊保麗龍磚，所以孩子們從未看到這塊保麗龍磚真的穩定放在平衡柱上的樣子。研究人員在「信念分類」的過程中，訓練出一組相信平衡點偏向幾何中心的兒童（平均年齡六歲十個月）；另一組則是相信平衡點位在重量中心，他們是年齡較大且經驗更豐富的兒童（平均年齡七歲五個月）；還有一組孩子年齡較小（平均年齡五歲兩個月），他們先前並未接受過任何有關平衡點「理論」的訓練，因此傾向單純反覆測試找出平衡保麗龍磚的方法。

進入第二階段，研究人員讓所有小組的孩子都親眼看到保麗龍磚完美穩定地擺在平衡柱上的樣子。此時，實驗開始變得有趣。「幾何中心組」和「重量中心組」的兒童表現出與信念一致的行為，他們會以各自習得的理論尋找保麗龍磚的平衡位置。當孩子看到一個以重量中心平衡的保麗龍磚（與「重量中心組」想法一致，但與「幾何中心組」的想法相違背）時，堅信原本理論的兒童會花更多時間探索保麗龍磚，而其他人（平衡方式與自己想法一致的兒童）則會開始玩新玩具。可是當保麗龍磚在幾何中心平衡時，兩組受過不同平衡理論訓練小孩的表現會逆轉（「重量中心組」會持續探索，但「幾何中心組」則開始玩起新玩具）。對於沒有預先接受理論訓練的小孩而言，不論看見什麼證據（幾何中心或重量中心），他們都會直接玩起未嘗試過的新玩具。

此實驗還有進一步的深入測試，研究人員先向孩子展示了完美平衡的保麗龍磚（其實是用磁鐵固定）。不同組別的反應同樣非常有趣。幾何中心組和重量中心組都試圖以新方式（也就是磁鐵）解釋保麗龍磚會平衡的原因，但只有在狀況與先前學到的理論不同時，才會使用新方法。也就是說，幾何中心組見到保麗龍磚以重量中心保持平衡時，會認為這只是因為保麗龍磚用磁鐵固定住。見到保麗龍磚以幾何中心平衡的質量中心組也會覺得都是因為有磁鐵。此外，當沒有磁鐵時，孩子會試著用與原本理論不同的方式平衡保麗龍磚，重新考慮和修改原本的預測結果。可是一旦輔助說明的磁鐵出現，他們就不覺得有必要改變自己原有的信念。

整體而言，所有關於兒童的研究都可以看出，新奇、不熟悉或純粹愉悅刺激（也就是多元與知覺好奇心）等好奇心的組成因素，有時會被認知好奇心擊敗，也就是說孩子有時會更渴望最大化學習、理解因果關係、探索世界結構及減少預測誤差。

研究顯示，在寶寶九個月大之前，他們擅長以玩耍和咀嚼物體區分熟悉和陌生，他們也對視覺和聲音非常敏感，很少會對別人的願望或意圖感興趣。然而，在很短的時間

重量中心的情況

與「重量中心組」的看法一致

與「幾何中心組」的看法不一致

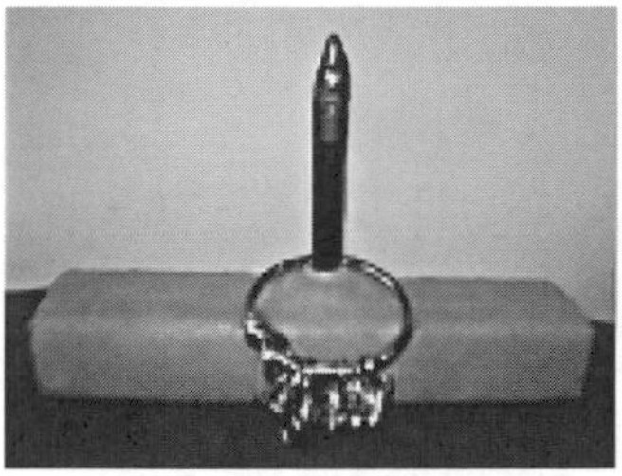

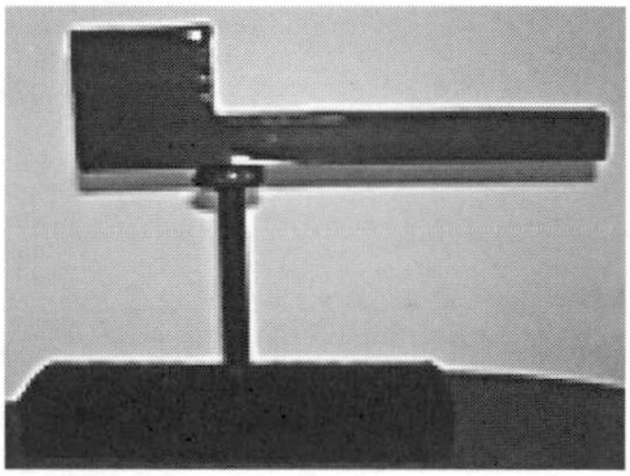

幾何中心的情況

與「幾何中心組」的看法一致

與「重量中心組」的看法不一致

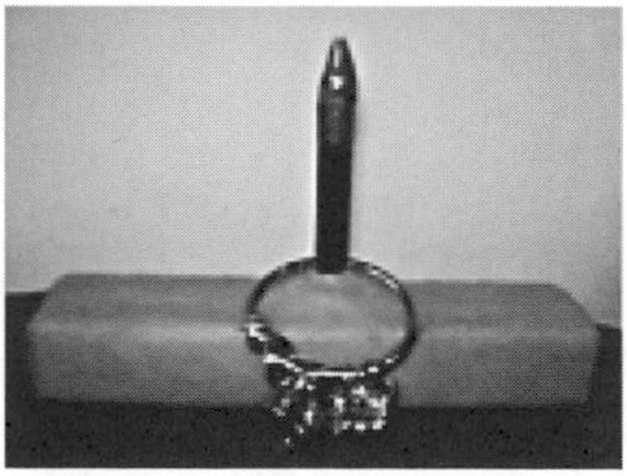

圖十七

內，嬰兒會開始與外界發展出新的心智關係，這種新的心智關係還會進一步轉變成主要興趣。

針對年齡介於十七到九十二歲的一千三百五十六名男性和一千零八十名女性的實驗顯示，尋求新奇（廣義而言，也許就是部分多元與知覺好奇心）會隨著年齡增長而下降，但是特定與認知好奇心似乎會在成年後保持穩定，甚至到了晚年依舊不變。換句話說，成為「求知若渴」並且「想要」學習是人類不變的特徵之一，但隨著年齡增長，為新奇、刺激或探險而甘願冒險的意願以及感到驚訝的能力，則會逐年降低。

認知科學家和心理學家試圖了解當我們感到好奇時，大腦錯綜複雜的運作方式。然而，如果沒有對人腦相關的生理過程有所理解，我們對好奇心的了解就不可能完整。

第六章　對好奇心的好奇：神經科學

他們比較了非常好奇答案是什麼的一組，以及對答案不感興趣的另一組，結果發現兩組受試者在試驗中的大腦活動過程，正好與大腦傳遞多巴胺訊號的路徑相同。多巴胺是一種由大腦神經細胞釋放的神經傳導物質，其作用是向其他神經細胞傳送訊號，多巴胺在大腦獎勵系統中相當重要，格魯伯團隊因此證實了認知好奇心正是嵌在腦部的獎勵迴路上。

自一九九〇年代早期，神經科學家添加了一項讓我們得以親眼看見大腦如何產生好奇心的新研究工具，這個強大的工具就是功能性磁振造影，讓我們可以看見大腦在特定心理歷程中不同區域的活化過程。這項技術的原理是利用大腦某個區域在密集運作時的血流量會增加，因為神經活動需要能量，於是我們可以透過血氧濃度（blood-oxygen-level dependent，BOLD，利用含氧血與缺氧血具有的不同磁性，將此差異成像）的訊號差異，畫出大腦運作時血流的變化。進一步與其他認知研究結合後，功能性磁振造影便可以將好奇心的研究帶到另一個嶄新的層面。自此開始，我們在好奇心的神經生理學基礎方面創造了許多別具創新和影響力的實驗。

大腦中的《危險邊緣》

二〇〇九年，加州理工學院的研究人員姜敏貞（Min Jeong Kang）和科林．卡梅萊（Colin Camerer）等人完成了一項意義深遠的研究，他們以功能性磁振造影畫出了確切的好奇心神經路徑。這個研究邀請了十九名受試者，研究人員會在詢問受試者四十個瑣碎問題的同時，以功能性磁振造影掃描他們的大腦。問題囊括了各種領域，並且精心挑選了各種程度的認知好奇心，從特定領域的知識到廣泛常識型的問題皆有，例如「哪一種樂器是故意設計成像是人類的歌聲？」、「地球所在星系的名稱是什麼？」，受試者必須依序先閱讀一個問題、猜測答案（如果他們不知道的話）、評估自己對正確答案的好奇指數，最後再寫下對猜測答案的自信指數。第二階段中，每名受試者會再次看到相同的問題，接著螢幕會出現正確答案（如果你也略感好奇，第一題的答案是小提琴，第二題則是銀河系）。結果好奇心呈不確定性的倒U型函數曲線。

當受試者回答標示好奇指數高的問題時，功能性磁振造影圖像中顯示腦部左側尾狀核（left caudate nucleus）和後側前額葉皮質（prefrontal cortex，PFC）明顯活躍，這些區域都是已知會在預期有正向刺激時活化（圖十八）。這種感覺就像是某齣期待已久的舞台劇開演前，布幕正要拉起的那一刻。左側尾狀核在做慈善捐贈以及看到不公不義之事受到應得處罰時也會活化，這兩者都被視為正向獎勵。因此，姜敏貞團隊的研究結果與認知好奇心的想法一致，也就是對知識的飢渴會引起對正向獎勵的期待，這表示獲得知識和資訊對我們的大腦而言是有價值的。然而，一般認為在獎勵和愉悅迴路扮演核心角色、也是預期獎勵時最常被活化的腦部區域之一伏隔核（nucleus accumbens），卻意外地沒有在姜敏貞團隊的實驗中活化。研究人員還發現，當受試者看到正確答案時，大腦明顯活躍的區域通常與學習、記憶、語言的理解和產生有關，如前額葉腦回區（inferior frontal gyrus）。值得注意的是，當受試者知道自己猜測的答案是錯誤時，腦部的活化程

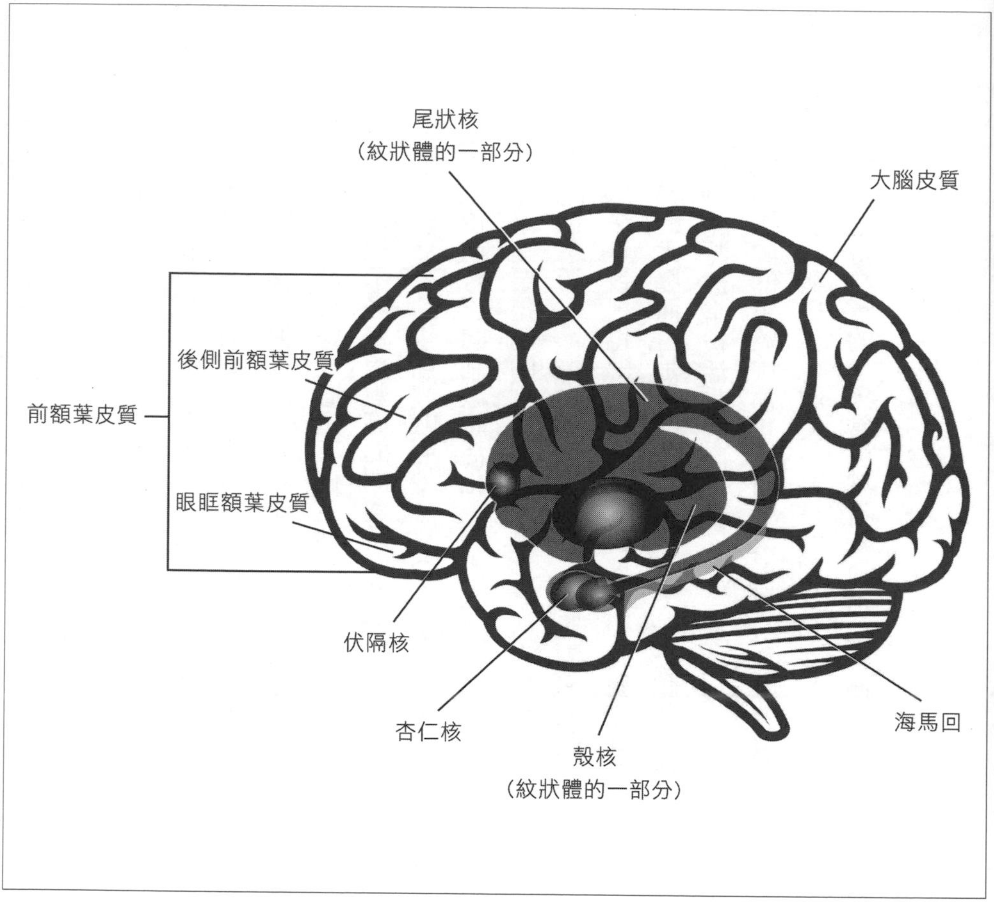
尾狀核
（紋狀體的一部分）
大腦皮質
後側前額葉皮質
前額葉皮質
眼眶額葉皮質
伏隔核
杏仁核
殼核
（紋狀體的一部分）
海馬回

圖十八

度比答對時還更強烈。另外，當猜錯的受試者知道正確答案時，會將這個答案牢記在心，即使十天過後，第一次測試時回答有誤的受試者依然牢記著讓他意外的答案。這個現象也許不難預期，因為當真正感興趣的主題出錯被糾正時，自然會覺得這個資訊比較有價值、進一步學習的潛力也較高。不過，正確答案卻沒有讓傳統認為會因正向獎勵而活化的大腦區域產生明顯反應，此一現象有點令人費解。

雖然如此，我們仍應記住所有神經影像學研究都有模糊地帶。雖然某些形式的認知好奇心被激發時，功能性磁振造影確實可以指出哪些大腦區域（也就是剛剛所說，與預期獎勵有關的區域）正活躍，但是這些大腦區域（如左側尾狀核和前額葉皮質）同樣會因為其他腦功能而活化。因此，如果不是來自認知心理學的證據予以支持，好奇心和預期獎勵之間的推斷連繫就會相當脆弱。

為了進一步確認這項發現，姜敏貞團隊進行了另一項測試，目的便是為了區分預期獎勵以及僅僅只是簡單的注意力提升（某些研究發現，注意力提升也會活化左側尾狀核）。這項新實驗分為兩個部分，第一部分研究人員會給受試者二十五枚代幣，一枚代幣可以換得五十個問題中的某一個正確答案（從上一個實驗的四十個問題又增添了十個）。由於代幣數量只有問題的一半，因此受試者決定在某個問題花費一枚代幣的同時，等於選擇放棄了另一個問題的答案。第二部分則是受試者也可以等待五到二十五秒後讓答案自動浮現，或是放棄等待、直接跳到下一題（這也代表會錯過這題的正確答案）。兩種規則（花費一枚代幣或等待答案）都需要付出一定的代價，代價可能是資源或時間。實驗結果顯示，花費代幣或時間與好奇心的表現密切相關。由於人們通常比較傾向在期望可以獲得回報的事物或行動上投資時間或金錢，因此這項實驗結果大大增強了好奇心與預期獎勵的關係。

儘管好奇心整體與預期獎勵之間的關係仍不很明確，但姜敏貞團隊的開創性研究確實表明特定認知好奇心與預期獎勵的資訊有關。另外，他們的實驗也發現，人們會對一開始感到好奇但原有答案錯誤的事物產生深刻記憶，這也證明了好奇心會增強學習的潛力。我們將會在後面的章節進一步討論，此發現可能是改進教學方法和進行更有效溝通的重要線索。

即便如此，姜敏貞團隊的突破性研究還是留下了許多未解之謎，特別是這項研究只探討了特定認知的好奇心，這是一種目前被認為以知識為基礎等冷知識問題而觸發的好奇心，與大腦因為新奇事物、驚喜或單純只是想要避免無聊等欲望而產生的反應類似嗎？反應是否會被刺激的形式影響？比方說因為觀看圖片而非閱讀文字時產生的好奇，大腦內部運作的過程是否相同？一項二〇一二年發表的研究便試圖解決這些有趣的問題。

模糊的圖像

在人們感到好奇時，掃描大腦確實得到了令人興奮的研究成果，但究竟要怎麼做才能讓某人感到好奇呢？再者，要求受試者對自己的好奇心評分（比如一到五分），肯定會有一定程度的主觀誤差。荷蘭萊登大學（Leiden University）的認知科學家馬瑞基・傑瑪（Marieke Jepma）等人使用了另一種刺激受試者好奇心的方法。整體來說，傑瑪決定把研究重心擺在「知覺」好奇心，也就是由新奇、令人驚訝或模稜兩可的事物引起的反應。他們的實驗概念就是利用模稜兩可（也就是開放式的解釋）煽動好奇心。研究人員分別提供十九名受試者觀看一些常見物品的模糊圖像，同時以功能性磁振造影掃描他們的大腦，這些圖像包括巴士或手風琴，但都是難以辨識的模糊樣貌。為了控制知覺好奇心的觸發與緩解，傑瑪的團隊巧妙搭配了四種參雜模糊和清晰影像的組合（圖十九），依序為一張模糊的照片後接著出現相應的清晰照片；一張模糊的照片後接著出現完全無關的清晰照片；一張清晰的照片後接著相應的模糊照片；一張清晰的照片後再呈現一模一樣的清晰照片。因此受試者永遠不知道該期待什麼，或永遠不知道是不是能看到物品的真實樣貌（這份好奇心是否終將得到緩解）。

由於傑瑪的研究是首批試圖證明知覺好奇心與神經反應相關的實驗之一，實驗結果眾所矚目，而且也沒讓人失望。首先，傑瑪團隊發現，知覺好奇心活化了我們已知大腦中對不愉快情況敏感的區域（但這不是唯一對不愉快情況敏感的區塊），結果與資訊鴻溝理論一致，也就是知覺好奇心似乎會產生需求和剝奪的反感，有點像是口渴的感覺。

其次，研究人員觀察到知覺好奇心的緩解會活化大腦已知的獎勵迴路。此研究結果再次與一個觀點相符：大腦認為終止知覺好奇心的焦慮狀態（藉由提供渴望獲得的資訊）或至少降低強度是有益的。簡單地說，當知覺變得好奇，就有點像產生被剝奪、衝突或飢餓的感覺；滿足好奇心因此媲美享用美食、品嚐高檔美酒以及擁抱美妙的性愛。

傑瑪團隊還有第三個發現：知覺好奇心的誘導和削減會增強非刻意記憶（incidental memory，未實際嘗試記下但仍被儲存的記憶），還會伴隨海馬回（hippocampus，被認為與學習有關的大腦結構）的活化（圖十八）。這項發現另外也支持了以下這個推測：點燃好奇心不僅是激勵探索動機，也是強化學習的有力策略。

傑瑪與姜敏貞團隊研究結果之間的差異其實更發人深省。傑瑪團隊的發現（雖然還未經證實）與好奇心基本上是不愉快狀態的想法一致，而姜敏貞團隊的研究結果（同樣也未經證實）卻與好奇心主要是愉悅狀況的想法一致。該如何解釋這樣看似矛盾的結論呢？首先，正如我先前強調的，傑瑪團隊的研究明確地設計為研究知覺好奇心，也就是由模稜兩可、怪異或令人困惑的刺激激發的好奇心，更精確的說法就是模糊圖像引起的

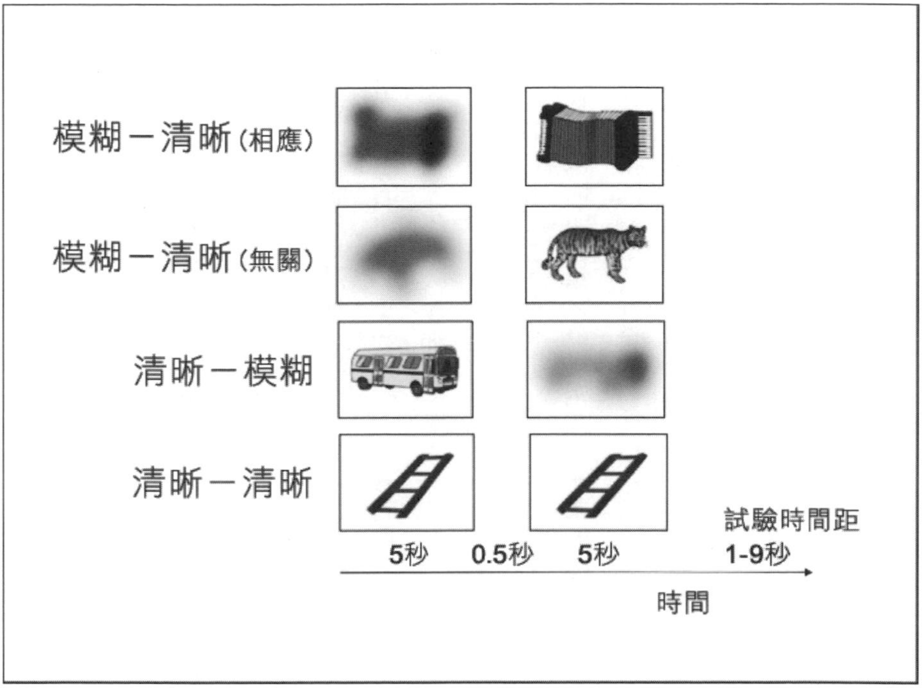

圖十九

好奇心可以代表「特定知覺」好奇心，因為受試者會很好奇模糊的圖像到底是什麼。另一方面，在姜敏貞團隊的研究中，冷知識引發的好奇心主要是探討「特定認知」好奇心的基礎，也就是大腦對特定知識的渴望。因此，兩項研究表面上看似代表不同方面或機制的好奇心，實際上可能涉及（至少是部分）不同的大腦區域，而且也可能以不同的心理狀態呈現。

如果兩方研究都得到了證實，便可以支持喬丹．利特曼的二元或雙重情況。回想一下利特曼提出的所謂「I好奇心」（感興趣的愉悅情感）及「D好奇心」（由於無法取得某些資訊而產生令人厭惡的剝奪感）。結合神經科學與利特曼的概念，便可以得到知覺好奇心主要分類為D型，而認知好奇心基本上是I型。這種新概念也與認知科學家高特里布、基德和烏德耶的假設一致：「好奇心並非單一最佳化程序，而是由一系列機制組成，其中包括與新穎／驚喜相關的簡單啟發，並且需要更長時間取得學習進展。」這不一定代表不同類型的好奇心會使用各自完全獨立的大腦區塊。不同類型的好奇心可能涉及一些常見的腦部核心區域（如負責預測感覺的區域），另外，儘管所有大腦運作都具有一定程度的功能連通，但好奇心也可能活化某些獨立的迴路和化學物質。

傑瑪團隊謹慎地指出，他們和姜敏貞團隊的研究都有一些不確定性，目前還無法歸結出明確的結論。例如姜敏貞團隊的實驗中，冷知識問題的後頭總會跟著正確答案，因此特定大腦區域的活化並不能清楚分辨到底反映的是大腦對一般反饋的期待，或是對特定答案的好奇，還是兩者兼有。這正是為什麼傑瑪團隊選擇不減輕模糊圖像引起的不確定性，以及提供完全不相關的清晰圖像的原因。這種蓄意的分化讓研究人員能獨立分開有關圖像物體本質引起好奇心所產生的活化，以及僅是由於期待某種形式的反饋（反饋可能來自模糊圖像變得清晰）所造成的活化。

傑瑪團隊也承認，由於僅有一半圖片會提供清晰版的圖像，反而為結果添加了額外的模糊性。具體而言，我們不可能確認受試者因圖像的真實樣貌而產生多少不確定性（並且因此感到好奇），相反地，最後是否會出現清晰圖像（或兩者混合）的狀態，則一定會產生不確定性。

姜敏貞和傑瑪團隊實驗的內在限制，告訴我們認知和神經科學的研究有多麼困難。大腦是如此複雜的硬體，而思維又是非常絕妙且難以看透的軟體，即便是最精心策畫的實驗也總會留下一些無法預期的空間。

儘管如此，我仍然相當佩服傑瑪團隊的實驗，因此非常好奇此實驗的來龍去脈與未來可能的方向。我在某次 Skype 視訊時問她：「你為什麼決定要研究好奇心？」

「我正在研究開發和探索之間的難解困境，」她解釋，「我們會開發已經知道的東西，也會探索所知很少的事物。我對開發與探索如何指引決策的過程感到興趣。」

聽起來很有道理，但依舊沒回答完我的問題，所以我繼續追問：「然後呢？」

「嗯，我發現，探索的主要動機是好奇心，這就是為何我會一頭栽進去的原因。而且，儘管神經科學方面的好奇心研究非常重要，卻鮮少人實際投入，這讓我很驚訝。」

「有沒有你已經完成、但還未發表的研究？」

她笑了笑。「你是怎麼猜到的？我做了一項初步研究，測試個體是否願意忍受身體上的疼痛，以減輕他們的好奇心。」

「結果他們願意嗎？」

「並不是所有人都願意忍受痛苦，」她說，「但有一些人會。影響滿顯著的。」

我腦中能想到的只有一個字：「哇！」

這兩項神經影像學研究還有另一個有趣的結論。這些發現不僅表示好奇心、記憶力和學習能力之間有某種誘人的連結，也指出好奇心和獎賞之間的腦部迴路有所重疊。你可能還記得，認知研究也暗示了我們的心智會為了收集資訊而賦予獎勵價值。除此之外，功能性磁振造影實驗引出了一整套全新且層次更深的問題：好奇心究竟如何影響記憶？工作記憶能力（working memory capacity）是否會影響好奇心？在獎勵系統累積的資訊價值與其他像是巧克力、水或藥物等實體物品的價值是否相同？主動探索的好奇心與神經科學實驗的人工誘導和被動降低的好奇心是否一樣？

好奇心、獎勵與記憶

就某個意義層面而言，我們並非真的需要神經影像學的研究才能發現在無聊與好奇時學習效率的差異。我們應該都曾被迫聽一場乏味的演講，或坐在餐桌上兩個無聊至極的人之間，伴隨而來的是混雜著疲憊的感覺；大家也都知道學習自己感興趣的課題會容易得多。可是，好奇心是否會影響我們記住的內容？如果是，又是透過什麼機制？加州大學戴維斯分校（University of California, Davis）的神經科學家馬提亞・格魯伯（Matthias Gruber）、伯納德・格爾曼（Bernard Gelman）與查蘭・蘭加納特（Charan Ranganath），他們不僅提出這些問題，更試著回答。

最初，他們的研究方向類似姜敏貞團隊，要求學生以自己的方式想辦法解決一系列冷知識問題，然後引導受試者對答案做信心評分，並為每個問題的正確答案的好奇程度評分——這裡就是格魯伯將此研究帶入新轉折的地方。最初的過程讓格魯伯團隊為每名學生建立了量身定製的問題列表，表中排除了所有學生已經知道答案的問題。此表由各種好奇程度（從「極度」想知道答案到一點也不在乎）的問題組成。

接著，在量身定製的問題依序出現在螢幕上時，研究人員同時以功能性磁振造影掃描每名學生的大腦。每個問題會有十四秒作答時間，期間螢幕會隨機出現兩秒鐘臉部影像，接著問題的答案就會出現。相同過程不斷重複。完成腦部影像掃描後，受試者還會突然被要求分辨測驗等待期間顯示的臉部影像，也就是隨著冷知識問題進行時冒出的記憶測試。

預期獲得有趣資訊而活化的大腦區域方面，格魯伯團隊與姜敏貞團隊的研究結果基本上是一致的，然而格魯伯團隊的研究有了迷人的新線索，他們將獎勵和記憶與好奇心連結。首先，他們比較了非常好奇答案是什麼的一組，以及對答案不感興趣的另一組，結果發現兩組受試者在試驗中的大腦活動過程，正好與大腦傳遞多巴胺訊號的路徑相同。多巴胺是一種由大腦神經細胞釋放的神經傳導物質，其作用是向其他神經細胞傳送訊號，多巴胺在大腦獎勵系統中相當重要，格魯伯團隊因此證實了認知好奇心正是嵌在腦部的獎勵迴路上。換句話說，渴望學習會產生自身內部獎勵。其次，正如所料，研究顯示當人們的好奇心被激起時，學習速度會更快，甚至在二十四小時後仍保留這些新學到資訊的記憶。更令人吃驚的是，這項研究發現好奇心被激起的受試者，對辨識螢幕隨機出現的臉孔（在好奇地等待問題解答時突然出現的影像）也有較佳的成績。這表示在高度好奇的狀態下，學習次要資訊的能力也會跟著提升。格魯伯猜測：「好奇心可能會讓大腦處於一種可以學習並記下任何資訊的狀態，它就像一個漩渦，將學習動機及周圍的一切都吸進去。」

格魯伯團隊的第三個發現也相當有趣。他們注意到學習過程活化的腦部區域，不僅與形成新記憶（海馬回）時重要的腦部區域活動增加有關，海馬回和獎勵迴路之間的相互作用也會增強。就好似好奇心主動尋求獎勵系統，以便協助海馬回吸收和保留資訊。

約翰霍普金斯大學的心理學家布萊恩・安德森（Brian Anderson）和史蒂芬・揚蒂斯（Steven Yantis）的實驗將這個想法提升到另一個層面。他們的研究指出，好奇心與獎勵系統之間還能反向進行，這表示即便原始資訊以不相干的紊亂方式呈現，因與獎勵相關的刺激而產生的好奇心在半年多後一樣能吸引關注。即使沒有持續補強，最初隨著提供獎勵而產生的刺激，似乎會繼續引起特別的注意並誘發好奇心。換句話說，好奇心和獎勵系統之間是相互協助且雙向進行的。

最後，格魯伯團隊的研究結果似乎暗示了儘管好奇心反映內在動機，它仍然可能藉由某些機制和大腦迴路（如冰淇淋、尼古丁或贏得撲克牌遊戲）讓人感到渴望。這是否意味好奇心和它尋求的資訊，只會調整大腦特定的主要獎勵價值，例如水或食物？或者資訊以及連帶獲得的知識，能在大腦某處擁有獨立價值？

為了研究此一問題，神經科學家湯米・布蘭查德（Tommy Blanchard）、班・海登（Ben Hayden）和伊森・布朗伯格－馬丁（Ethan Bromberg-Martin），最近利用了能幫助決策未來事件的預報資訊，來測試大腦哪些區域會實際參與評估潛在獎勵的假說。觀察猴子腦部的運作狀況，這些區域聚集在大腦額葉，是已知會參與決策認知過程的部位。他們記錄了眼眶額葉皮質（orbitofrontal cortex，OFC；圖十八）十三區的神經元活動。眼眶額葉皮質在傳達有關獎勵的資訊方面扮演重要角色。

研究人員試圖以此研究澄清以下幾點：大腦對資訊及主要獎勵（如食物或藥物）所認定的價值，最終無疑會整合成單一量值、指引一個特定行為，但是在兩者合而為一「之前」，究竟發生了什麼事？研究人員的目標就是區分在這類決策中，眼眶額葉皮質於兩種潛在可能性之間扮演了什麼角色。第一種可能性是眼眶額葉皮質代表一個階段，諸如資訊和主要獎勵等，在這個階段會分別保持完全獨立，到了稍後的某個階段才會合併；第二種可能性是眼眶額葉皮質正好就是資訊和主要獎勵因素融合成單一量值，並產生最終決策的位置。

布蘭查德團隊記錄了猴子大腦眼眶額葉皮質神經元的活動，實驗中猴子可以選擇兩種賭法：一是靠贏得賭注（主要獎勵）決定飲水量多寡，二是在賭局開始前獲知結果（資訊）。

實驗得出兩個特別重要的結果。首先，猴子經常犧牲飲水量以便換得預報資訊。這讓我想起傑瑪尚未發表的發現，也就是人們願意忍受疼痛以便滿足好奇心。其次，他們發現眼眶額葉皮質會獨立出編碼資訊和主要獎勵的價值，而不是將它們整合或單一量值。當哲學家湯瑪士．霍布斯提到好奇心就像「大腦的欲念」時，他顯然意識到了這一點。布蘭查德、海登和布朗伯格－馬丁推測，「正如眼眶額葉皮質會調節尋求滿足食慾獎勵，以便回應如飢餓與口渴的狀態；眼眶額葉皮質可能也會調節尋求資訊，以便回應像是不確定性與好奇心的狀態。」簡言之，眼眶額葉皮質調節的似乎是通往獎勵系統各部分的閘口，接著產生綜合評估過程的資訊，而非最終評估結果。而且，好奇心似乎與眼眶額葉皮質評估的其他因素是分開量化的。

這些實驗都說明了雖然我們離全面了解好奇心還有很長一段路要走，但神經科學家已經開始慢慢釐清好奇心、獎勵和學習機制之間的緊密關聯，並且在各種大腦機制的糾纏迴路中，確認出某些迴路扮演的具體角色。

意志力

姜敏貞、傑瑪、格魯伯與布蘭查德團隊的研究程序，無法讓研究人員查驗某些問題，例如被動接觸到能減少不確定性的資訊而產生的好奇心（例如冷知識問題的答案，或圖像清晰化讓模糊圖像的神祕感消失），以及主動探索所滿足的好奇心，兩者是否不同。為了補足這部分好奇心如何運作的謎題，伊利諾大學（University of Illinois）的認知神經科學家喬爾・沃斯（Joel Voss）等人，正在研究自由意志驅動下的主動探索過程，觀察我們的大腦裡發生了什麼事。

沃斯團隊觀察到，儘管大多數學習理論都強調個人對學習內容、學習方式和時間控制的重要性，但過去大多數關於好奇心和學習的實驗中，受試者都只能被動接收資訊。為了避免這個缺點，沃斯團隊設計出一種學習試驗，觀察視覺探索的意志控制（透過選擇）在學習效率方面的影響。受試者會先透過一個移動的窗口一次一個地查看一系列日常物件。實驗過程聽起來很傳統，但其實當中有個新做法。每名受試者都會進行兩種查看方式：一種是受試者可以主動控制窗口位置，另一種則是被動接收一連串圖像。沃斯團隊使用了一種巧妙的方式，將一名受試者主動控制的過程記錄下來，然後直接將此過程呈現給被動觀看圖像的受試者。整體來說，所有受試者都嚴格地按照相同的時間間隔、相同的順序觀看相同的圖片，但是第一受試者（憑藉主動意志）可以自由選擇觀看的順序。這個方式可以讓研究人員找出可能直接歸因於意志控制影響的差異。

實驗結果顯示，儘管資訊內容相同，但與被動安排相比，主動意志控制的後期記憶明顯增強了。對於所有用過滑鼠在網站尋找與推斷出某些資訊的任何人而言，這個結果可能一點也不令人驚訝。

也許更重要的是，海馬回的活化在從短期到長期記憶的資訊整合中發揮著核心作用。再者，海馬回的活化在主動意志的探索中變得更加強烈，因此研究人員認為，意志控制對記憶的影響可能歸因於海馬回和大腦其他皮質區域間的協調性增強。回想一下，傑瑪團隊發現了知覺好奇心的緩解與海馬回活化增強和非刻意記憶增加有關。沃斯團隊的研究進一步擴張且加深了此想法，指出主動意志控制可以強化學習。沃斯團隊推測，這種附加效應明顯是海馬回增強了與負責規畫注意力等功能的神經系統彼此的交流，而這種強化的交流產生了更有效的更新過程，使得大腦對可用資訊的明顯特徵感到好奇並且予以吸收。就某種層面而言，這便是我們大腦的災害應變中心，該中心負責協調應對災難機制之間的溝通。

在簡短總結我們從認知和神經科學實驗認識的好奇心本質之前，我想特別一提另外兩點值得注意之處。首先，在任務導向的功能性磁振造影實驗中，研究人員於規定的時間內檢查大腦活動的空間範圍（即位置）。這個做法等同於假設大腦的活動是採取「駐波」（standing wave/stationary wave，就像兩端固定的小提琴弦振動所形成的波形）的形式，波上每個點的訊號強度不會隨時間改變。然而，比利時魯汶大學（University of Leuven）的神經科學家大衛．亞歷山大（David Alexander）等人在二〇一五年六月發表的一項研究認為，大腦內忙碌進行的過程更類似「行進波」（traveling waves，大腦中活化和去活化的區域會迅速移動），這代表如果我們把時間和空間視為兩個截然不同的層面，就可能會遺漏大部分相關資訊。亞歷山大團隊總結說：「我們質疑現今認為神經實體是在某些位置和時間上發生事件的概念，應該是由在位置和時間延展的軌跡所組成。」換句話說，亞歷山大團隊認為，一小塊海洋的照片並不能讓我們綜觀整片海洋動盪的模樣，只藉由檢視特定時間內特定大腦區域發生的事件，會使我們錯失大腦內部傳遞活動極為複雜的事實。如果亞歷山大團隊的看法正確，那麼當我們擁有更複雜的成像和資料分析技術後，部分神經影像學的結論便可能再次修正。

第二個值得注意的與我們對心理學研究結果的信心有關。一項名為「可再現性計畫：心理學篇」（The Reproducibility Project: Psychology）的重要合作研究於二〇一五年八月發表，檢視了來自五大洲兩百七十名研究人員、一百篇於二〇〇八年發表在知名科學期刊上，有關認知和社會心理學的研究論文，發現其中只有四〇%的研究結果具有再現性（可被他人用相同實驗流程得出相同結果）。此研究計畫是科學方法應用之一，該方法主張持續測試、重新檢查並質疑假設的有效性。只有採取嚴格的審查程序，科學才能自我校正。雖然可再現性計畫在某種程度上有拿石頭砸自己腳的傾向（最近一項研究提出了關於可再現性計畫結果本身的問題），但在評估一般實驗結果時，我們應該始終保持謹慎並強調不確定性，特別是當研究人員發表的證據與自身偏好的理論相符時。另外，技術和資金相關的困境通常會使參與神經科學研究的受試者相對較少，姜敏貞和傑瑪等人的每個實驗都只掃描了十九名學生的大腦，結果的統計顯著性也因此有所局限。

將這兩項重要的觀念銘記在心的同時，讓我非常簡短地概述近期心理學和神經科學研究的好奇心是什麼模樣。

進入重點

好奇心的研究在相對近期才開始得到應有的重視，雖然背後許多機制的細節仍然未知，至少正慢慢浮現一個粗略的輪廓。那麼截至目前為止，我們學到了些什麼？

首先，隨著兒童接受了日益複雜的活動，他們開始探索新環境並吸收新知識。多數兒童的成長軌跡都非常相似，他們都有一個共同的基本機制。兒童的好奇心似乎帶領他們沿著同一條路徑前進，在這條路上增加知識，其中包含了最大化學習與促進發現因果關係的過程。兒童似乎在相對早期便了解每一種影響都與一連串不間斷事件的起因有關，他們的好奇心似乎根據是否具有發現新事物的潛力來確認不同任務的價值。

另一方面，即使是在開放式環境中以及存在著個體差異，成年人的探索行為似乎也依循相當一致的模式。人工智慧研究人員佛德瑞克・卡普蘭（Frederic Kaplan）和皮艾爾－伊夫．烏德耶表示，所有元素都可以囊括在同一個思維背景，在這個思維中，好奇心和探索行為的目標是為了盡可能縮小預測誤差的範圍。換句話說，根據這個觀點，人類（兒童與成人）會避開極度可預測以及極度不可預測的探索路徑，以便專注滿足好奇心，進而盡可能降低預測誤差。高特里布、基德和烏德耶進一步釐清並擴大了好奇心的主要「目標」：最大化學習（而不僅只為了減少不確定性）。

好奇心的真正本質又是什麼呢？在我的拙見中，認知和神經影像學研究似乎支持所謂的好奇心其實可能涵蓋大腦不同迴路驅動的一系列相互交織的狀態或機制，特別是由新穎、驚奇或令人迷惑的刺激，也就是知覺好奇心，似乎主要與不愉快及厭惡的狀況有關。在這種情況下，好奇心是減少消極情緒的手段，這類好奇心可用資訊鴻溝理論充分解釋，表現不確定程度強弱的函數通常呈倒U形曲線。

另一方面，具體表達我們對知識的熱愛與因獲取知識而驅動的好奇心（認知好奇心），則認為這是一種愉悅的狀態。在這種情況下，好奇心提供了自身的內在動機。輪廓一致但類型不同的知覺好奇心則被發現會活化對衝突敏感的大腦區域，而認知好奇心會活化大腦中與預期獎勵相關的區域。

任何類型的好奇心滿足度都與神經獎勵迴路密切相關，而且會因此提高記憶力和學習能力，特別是當獲得的資訊與先前期望不同，以及當主動及有意願探索的時候。另一方面，即使在缺乏提醒的狀態下，曾經得到的獎勵仍會引發更高層次的好奇心。

最近一項有趣的研究顯示，個體差異也可以使用功能性磁振造影評估。牛津大學（University of Oxford）神經科學家伊度・塔沃爾（Ido Tavor）和薩阿德・傑巴帝（Saad Jbabdi）等人指出，當個體處於休息狀態、完全不做任何事時的大腦功能性磁振造影成像，也可以預測其大腦在一系列活動期間哪些部分將會被活化。這些活動包括閱讀（涉及語言解釋）和賭博（與制定決策相關）。

正如前面提到的，這些新見解並不表示我們已經對好奇心瞭若指掌。好奇心是一個想法互相推擠、衝撞，而且一切都有可能、也都會改變的領域。以下是神經科學家和心理學家希望得到更完整答案的寥寥幾個基本問題：好奇心在成年期維持認知能力時，是否扮演了任何角色？好奇心和其他基本行為的驅動因素，如飢餓、口渴和性慾之間，確切相似與不同之處各是什麼？管理和引導好奇心的主要神經元和機制是什麼？大腦到底是如何結合不同部分以便構建清晰的決策過程？好奇心和探索驅動力的個體差異究竟是什麼？

這些都不是容易回答的問題，而且需要進行更多研究才能挖掘出更明確的答案。以最後一個問題為例，高特里布、基德、烏德耶等人正著手一項範圍廣泛的研究，旨在測試一個有趣的假設，他們假設個體好奇心差異主要與工作記憶能力及執行控制有關。研究人員推測，由於工作記憶直接影響資訊的編碼和維繫，因此可能影響我們認定學習和新奇的價值。為了了解假設的可行性，研究人員將測試兒童的好奇心與工作記憶之間的相關性。首先，他們會用探索測驗確定孩子的好奇心等級，再用標準的記憶測驗歸納兒童工作記憶能力的特性。這些召集了超過一百名兒童的實驗，將讓研究人員以統計的方式觀察好奇心和工作記憶是否確實相關。值得注意的是，早在一九六〇年代，心理學家薩爾諾夫・梅迪克（Sarnoff Mednick）就提出過類似觀點，認為創造力（好奇心為其必要成分）只是一個運作得非常好的關聯記憶，也就是一個可以記起無關事物之間關聯的能力。

好奇心還有另一個值得特別關注的層面。人類與其他動物不同的地方，在於我們建構和整合抽象資訊的認知能力，也在於我們能發明編造，分析假想甚至是虛構情景的力量，以及在於我們天生能將幾乎所有感知到的事物轉化為有意義的「為什麼」及「如何」等能力。最終，正是這種好奇心以及為了了解事件成因與影響的探究欲望，讓宗教誕生、讓邏輯秩序出現（從而有了數學和哲學）、讓追求理解大自然如何運作的行動迸現（也就是我們今天所稱的科學），隨後也讓多數研究付諸實際應用（又稱為工程與技術）。同時，複雜的人類語言得以出現和演化，而我們天生擁有一股獨特力量，這股力量不僅可以描述現實世界的事物，也能陳述只存在於想像世界的一切——正因為如此，催生出文學、藝術和音樂。

這種人類和其他動物的好奇心差異，是從什麼時候開始的？又是為什麼會出現明顯差異？下一章，我將探討為何我們問「為什麼」的能力是複雜好奇心的先決條件，又為何是人類獨有。

第七章　人類好奇心的興起

種種變化都讓智人屬譜系克服了因能量而限制的神經元數量，最終讓大腦逐漸成長為原先的兩倍，這也可能使大腦皮質的神經元數量暴增（雖然紋狀體的神經元數量沒有戲劇化的改變，不過比起過去還是有顯著增加），也因為如此，人類的好奇心才能在性質方面優於其他靈長類動物。也許當時的智人屬仍然沒有「能力」詢問「如何」以及「為什麼」，但是這種「智能」正開始發展。

現代心理學和神經科學領域的研究顯示，好奇心（至少是認知好奇心）是一個旨在最大化學習的心理決策過程。為了達到這個目標，好奇心會根據個人興趣的潛力，賦予不同問題答案的價值。因此，本質上啟動展開探索的真正火車頭，其實就是好奇心。

功能性磁振造影研究讓我們能定位大腦中好奇心的位置。研究人員已經知道，積極參與激發和滿足好奇心認知過程的大腦主要區域，不是大腦皮質（大腦外層的神經組織，也是記憶、思考和意識的指揮部，更是運動和感覺功能的控制中心）、就是紋狀體（striatum，前腦皮質下部，對獎勵系統至關重要，圖十八）。為什麼人類是唯一會不斷問「為什麼」的物種？某種程度上，這個問題相當於詢問為何人類的大腦皮質和紋狀體是動物物種中獨一無二的存在，同時我們也希望能從演化的視角了解人類大腦結構如何演變成現在的模樣。在開始回答這些問題之前，我們也許可以先回顧一下人腦的幾個簡單構造。

神經元是核心單位，創造大腦活動的計算標準組件，這些可被電流活化的細胞是處理和傳輸各種化學和電子訊號的單元。就像在一個龐大的電腦網路中，每個神經元都與數千個鄰近的神經元連接。這些連接發生在兩種分支上：將訊號從細胞核傳送出去的「軸突」（axons），和接收傳入訊號的「樹突」（dendrites）。在軸突和樹突間有個微小間隔，叫做突觸（synapse）。當神經元活化時，軸突分泌神經傳導物質（neurotransmitters）到突觸，讓電子訊號可以穿過間隔並導致另一個神經元激發。就像快速延燒的森林大火，許多神經元因此藉由一串連鎖反應，幾乎同時間被活化。

人腦有兩個半球，覆蓋著深灰色的皺褶組織，也就是大腦皮質（圖十八）。大腦皮質表面的每個凸起區域都是一個腦回（gyrus），每個凹陷則是一個腦溝（sulcus）。以本書的重點好奇心而言，大腦皮質的部分神經元相當重要，因為它們負責所有與智能概念相關的事物。

聰明與否有關係

奇怪的是，直到二〇〇七年左右，儘管以大腦平面切片為基礎的採樣方法（體視學〔stereology〕）已廣泛運用，我們對於人類大腦或其他物種大腦中的神經元平均總數還是無法準確掌握。雖然人們經常以一千億來描述人類大腦神經元數目，其實這個數字並不特別可靠，我們對大腦任何局部結構的神經元數量也同樣不確定。不過，巴西研究人員蘇珊娜・賀庫拉諾－胡賽（Suzana Herculano-Houzel）等人出色的研究工作改變了一切。賀庫拉諾－胡賽設計了一種巧妙的計算方法，把大腦直接溶解成「湯」（一種含有懸浮游離細胞核的液體），將這碗「湯」徹底振盪、混合成均質溶液，再統計液體樣本中的神經元數目，最後將數量乘以適當的體積比例，精確計算出整顆大腦及大腦任一部位的神經元數量。

二〇一三年，我第一次見到賀庫拉諾－胡賽，後來為了撰寫本章又與她深入談論她的研究工作。他們一舉以可靠的資料終結了這個多年來持續爭議不斷的猜想。你現在一定很想知道人腦到底有多少神經元吧？賀庫拉諾－胡賽的確給了我們一個很明確的答案：平均而言，年齡在五十到七十歲之間的巴西男性，大腦神經元約為八百六十億個。相較之下，一隻老鼠只有大約一億八千九百萬個神經元細胞（這也解釋了為什麼這本書的主角不是老鼠），而紅毛猩猩大約擁有三百億個。也許你會認為八百六十億其實已經很接近最初估計的一千億，因此這個更精確的數字似乎並不是很重要。賀庫拉諾－胡賽對這類評論的回應是，這兩個數字相差的一百四十億個神經元細胞，相當於一隻狒狒的大腦！研究團隊還計算了人腦主要部分的神經元平均數：對運動控制非常重要的小腦有六百九十億個、大腦皮質一百六十億個，大腦其餘部分略少於十億個。

然而，賀庫拉諾－胡賽的研究不只是神經元數量的單純統計，它為各種新觀點開啟了一扇門。尤其讓范登堡大學（Vanderbilt University）的神經科學家喬恩・卡斯（Jon Kaas）與賀庫拉諾－胡賽等共同合作的研究人員，能首次證明大腦並不是都由相同的比例規則所構建。例如，當嚙齒類動物的大腦皮質神經元數量增加十倍時，其質量並非直接增為十倍，而是約五十倍。相較之下，靈長類則成功地在相對較小的大腦與大腦皮質裡，塞進較多的神經元。事實上，靈長類動物的大腦質量與神經元數量大致呈線性關係，也就是大腦質量加倍時，神經元數量也跟著翻倍。例如恆河猴（rhesus monkey）的大腦重量約八十七克，是狨猴（marmoset）大腦重量的十一倍，而恆河猴的腦神經元數量也大約是狨猴的十倍。

身為靈長類動物，這種將大量神經元有效塞進較小質量的大腦皮質和前額葉皮質的包裝方式，讓我們人類受益不少。「神經元的密集，是我們人類第一個明顯的演化優勢，至少超越非靈長類物種。」德國神經生物學家格哈德・羅斯（Gerhard Roth）和烏蘇拉・迪奇（Ursula Dicke）的一項研究顯示，物種的智力與大腦皮質神經元的數量密切相關。然而，原因可不只與神經元數量有關。也許你可能仍想知道，為何其他靈長類動物沒有能力問（也經常沒有能力回答）「為什麼」。這個問題甚至可以是，為何不是牠們研究我們的大腦？

我們如何知道黑猩猩不會問「為什麼」？許多實驗證據顯示，黑猩猩不像人類會試著解釋無法直接觀察的力量或原因。路易斯安那大學拉法葉分校（University of Louisiana at Lafayette）的丹尼爾・波文奈利（Daniel Povinelli）和莎拉・鄧菲－雷利（Sarah Dunphy-Lelii）曾進行一項有趣的實驗，研究人員設計了一些內部鑲嵌了小鉛塊而無法穩定站立的積木。他們將這些動過手腳的積木與外觀一樣的正常積木，分別拿給三到五歲的兒童和黑猩猩觀察，結果非常驚人。六一％的兒童會至少用一種方式檢查動了手腳的積木底部，五〇％的兒童會對動了手腳的積木進行視覺和觸覺方面的檢查；另一方面，七隻黑猩猩卻沒有任何一隻會對動了手腳的積木進行任何形式的檢查。所有黑猩猩都不斷試著讓動過手腳的積木站立起來。牠們僅是單純無法思考「為什麼」。

二〇一五年，另一項迷人的實驗則可能確認了人類處理抽象資訊獨特能力的大腦特定區域位置。由認知神經科學家史坦尼斯勒斯・狄昂（Stanislas Dehaene）和王立平（Liping Wang）領導的一組研究人員，研究了人類和獼猴聽到幾個不同系列的音調後，大腦活化情況的差異。這些序列有兩個不同之處，其一為音調的總數（用以測試計數能力），另一則是音調的排列（識別抽象模式的能力）。該團隊使用功能性磁振造影監測大腦對一連串音調改變產生的反應，這些改變可能是從 AAAAB 變成 AAAB（模式保持不變，但數目改變），或由 AAAA 變成 AAAB（數目固定，但模式發生變化）。狄昂團隊也研究了數目和模式同時變化的狀態，例如從 AAAB 轉換成 AAAA。在人類和獼猴的大腦影像中，與數字相關的大腦區域通常會隨著音調數量的變化而活化，兩個物種的相應大腦區域出現了樣式重複的變化。不過，當數量和序列模式一同改變時，只有人類大腦的前額葉腦回區（與學習和語言理解有關的區域）顯示額外的強烈反應。實驗結果表示，雖然獼猴可以識別數字和模式，但牠們對兩者的抽象組合沒有表現出充分的興趣，也不足以驅動牠們更深入調查。這個結果可能也與其他獨特的人類特質相關，例如音樂欣賞。

為什麼人類和獼猴之間有這樣的差異？在探討這個問題之前，讓我們先討論一下人腦另一個看似相當複雜的特點，此特點與大腦的能量消耗有關。

儘管人類大腦的質量只占體重約二％，但大腦的運作卻消耗了全身所需能量的二〇至二五％。相較之下，其他物種的大腦運作則顯得「低廉」許多，平均耗能通常不超過一〇％。到底是什麼導致人腦需消耗如此大量的能量？針對這個問題，賀庫拉諾－胡賽團隊已有清楚的解釋：人腦相對於身體耗能較高，只因為它比其他靈長類的大腦含有更多神經元。研究已經證明，不同物種每個神經元的能量消耗其實差異不大，人腦的高代謝成本其實就是由大量的神經元直接造成。

我們的大腦與其他動物的大腦一樣，都是達爾文演化論的天然產物。人類大腦的運作代價高昂，是由於單位體積內含有的神經元數量比其他非靈長類動物大腦更多。另一方面，這讓我們不禁疑惑，為什麼同樣身為靈長類動物且體型比我們龐大的大猩猩，所擁有的神經元卻比我們少？

頭越大，越聰明？

野生動物不像人類擁有直接走到最近的超市，然後買下所有信用卡額度付得起的食物的奢華（令人感傷的事實是，許多人也一樣付不起這樣的奢華）。野生動物必須出外覓食。在野生動物健康開始走下坡之前，牠們每天可以花在搜索、狩獵、咀嚼和飲食方面的時間有限，因為牠們還需要睡覺、照顧幼崽以及躲避掠食者。這個受限的時間通常不會超過八、九個小時。平均而言，任何特定動物（包括靈長類）每天飲食所獲得的能量不會超過一個定值。在廣泛觀察眾多野生物種的經驗中，研究人員歸結認為，靈長類動物的每日食物攝取量取決於體重多寡，這個比例為當一物種的體重是另一種的十倍時，同一天可以累積及食用的覓食量熱量（卡路里）大約是三．四倍。

然而，獲得能量的同時，各物種也會消耗維持身體運作及大腦神經元功能的能量。這就是限制之處。首先，事實證明在體重上，生理（身體）的能量消耗速率比覓食獲得的能量增加速率更快。從數量上看，一個體重為十倍重的物種，其身體代謝的成本約高出五．六倍，同時覓食獲得的能量卻僅多三．四倍。此結果限制了靈長類動物在花費最高時間量覓食時，可能具有的身體尺寸。賀庫拉諾－胡賽團隊據此計算出最重體重大約可達一百二十公斤，與銀背大猩猩（silverback gorilla）的重量很接近（但銀背大猩猩的雄性首領體重更重些）。

當我們將大腦中大量神經元額外消耗的能量成本也一併考慮時，情況變得更加有趣。我們可以清楚發現，即使靈長類動物的身體允許長期維持最高覓食時間（大約八到九個小時），牠們也無法同時負擔較大身體及較多神經元的能量花費。正如賀庫拉諾－胡賽所說：「大腦與肌肉不可兼得。」犧牲其中一個才能成就另一個。更具體地說，研究人員估計，即使野外的靈長類動物每天花八小時覓食，最多只能支援五百三十億個神經元的大腦（仍然遠低於人類的八百六十億個）；若想擁有人類的神經元數量，代價就是體重不能超過二十五公斤！如果我們可以直接用腦力交換體重（假設演化允許我們如此選擇），一個體重七十五公斤的靈長類動物只會有約三百億個神經元，大約只有人腦數量的三分之一（圖二十，其中收錄了部分哺乳動物物種的大腦重量與神經元總數）。大約在六百萬年前，現今黑猩猩和人類的最後共同祖先現身時，擁有的神經元數量便似乎是如此。接著，人族（hominin）化石的發現數量在大約四百五十萬年前開始顯著增加，其中特別知名的是一具來自三百二十萬年前、很接近人類物種的女性化石骨架（圖二十一，此為巴黎國家自然歷史博物館〔Muséum National d'Histoire Naturelle〕的模鑄化石），明確顯示人類祖先與演化成現代黑猩猩（modern chimpanzee）與倭黑猩猩（bonobo）的支系血統間的分歧。

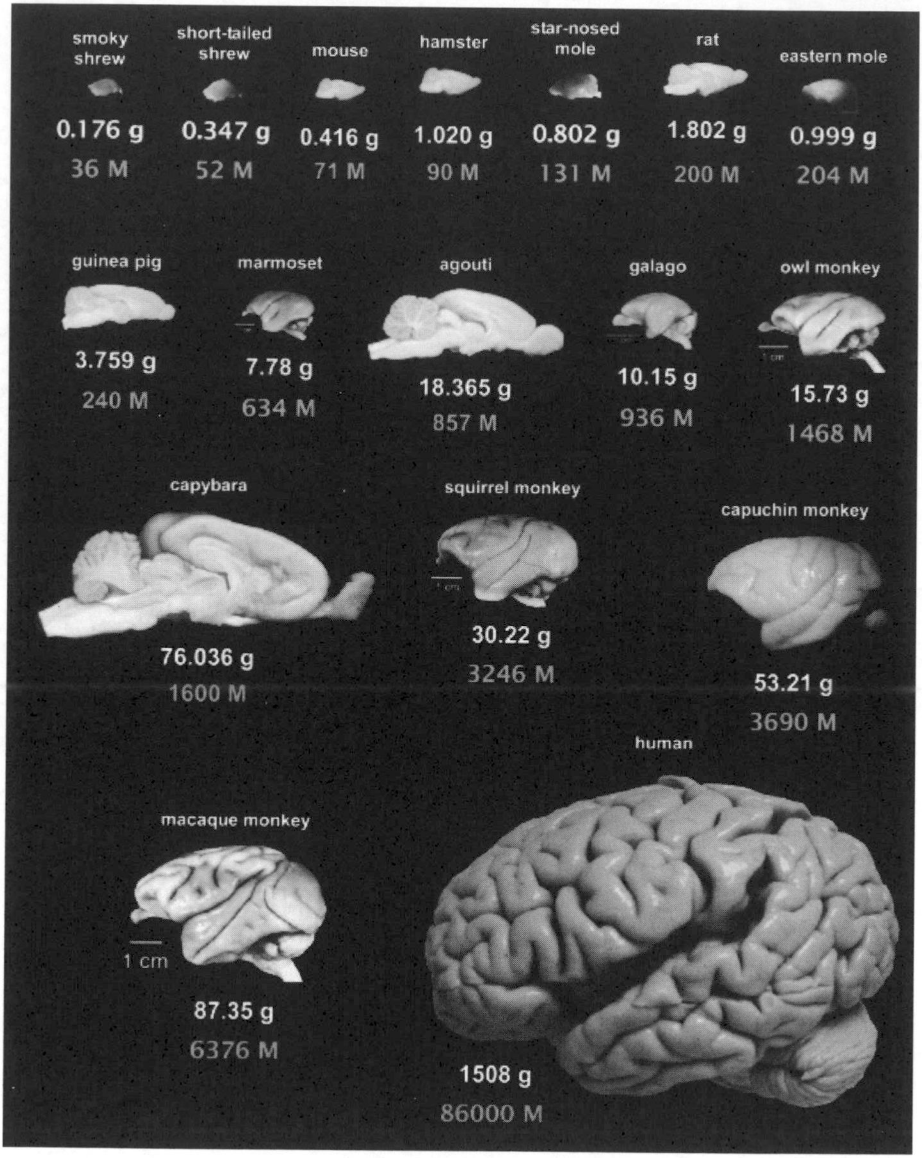
smoky shrew
0.176 g
36 M
short-tailed shrew
0.347 g
52 M
mouse
0.416 g
71 M
hamster
1.020 g
90 M
star-nosed mole
0.802 g
131 M
rat
1.802 g
200 M
eastern mole
0.999 g
204 M
guinea pig
3.759 g
240 M
marmoset
7.78 g
634 M
agouti
18.365 g
857 M
galago
10.15 g
936 M
owl monkey
15.73 g
1468 M
capybara
76.036 g
1600 M
squirrel monkey
30.22 g
3246 M
capuchin monkey
53.21 g
3690 M
macaque monkey
1 cm
87.35 g
6376 M
human
1508 g
86000 M

圖二十

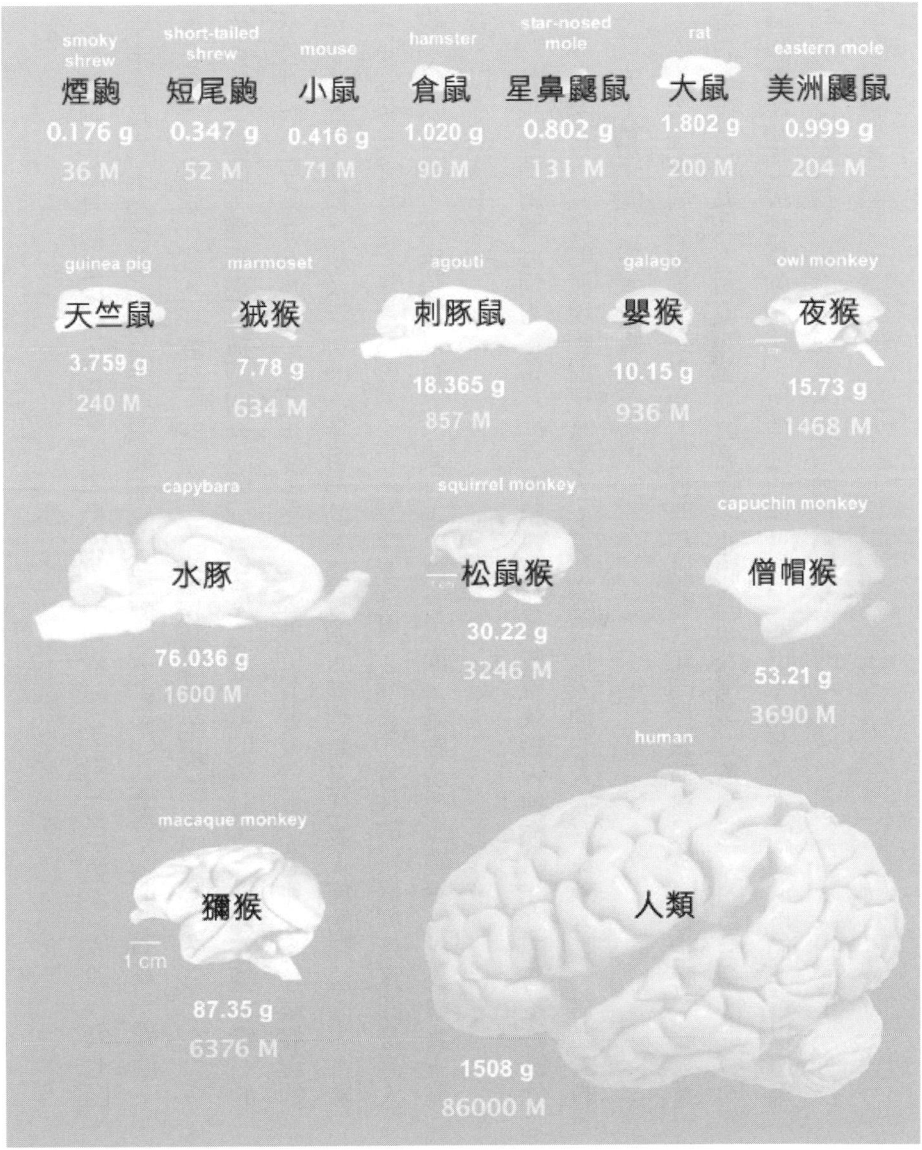

g 為公克，M 為神經元數量（單位：百萬）

這副化石骨骸是由古人類學家唐納德・約翰森（Donald Johanson）於一九七四年十一月二十四日，在衣索比亞北部的哈達爾（Hadar）發現，並命名為「露西」（Lucy）。順道一提，「露西」這個名字是由探險隊員帕梅拉・阿爾德曼（Pamela Alderman）提出，靈感來自披頭四合唱團（Beatles）某首歌的歌詞：「露西在鑲滿鑽石的天空中」（Lucy in the Sky with Diamonds）。露西的骨骸及一九七五年在哈達爾發現的至少十三具遺骸，以及二〇一一年發現的一塊骨頭，被認為是代表人族的阿法南方古猿（*Australopithecus afarensis*）成員。古人類學家從腳、膝蓋和脊柱的結構判斷露西身高大約一〇六公分，大多時候以直立方式行走。飲食方面，她跟現代黑猩猩一樣是素食主義者，以水果為主食。

如果露西所屬的南方古猿（即「南猿」）與某些現代類人猿的祖先之間清楚的區分還不足為奇，其後的發現絕對相當驚人：演化成現代人類的人族靈長類大腦，在過去的一百五十萬年間，增大了將近三倍！

增大速率起初還算相對平緩，當露西和她的同類開始習慣雙足直立行走時，能夠探索的距離變得更長，涵蓋的區域也更廣。他們能深入探索更多環境，因為雙腳行走與同時以腳和指節撐地移動相比，所消耗的能量少了四倍。能量成本的降低再加上可以採集到更廣泛的食物，可能讓後來（大約兩百萬年前）的巧人（*Homo habilis*，指的是「有技

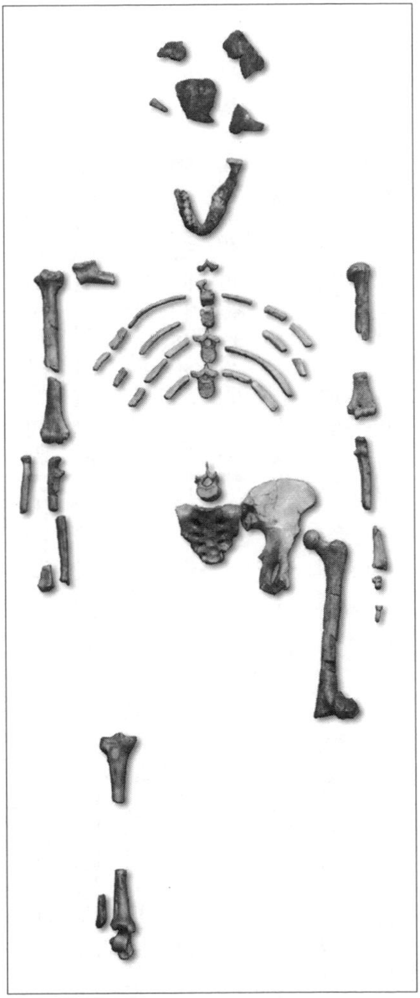

圖二十一

藝的人」或「手巧的人」）的神經元數量適度增加。巧人的大腦已經大過現代大猩猩的大腦。

在不到兩百萬年前，神經元數量和腦容量的增加速度開始真正提高。推測人類好奇心漸增與腦力驚人提升有密切關係的想法，實在相當誘人。好奇心可能讓巧人發明了第一種工具，以兩塊岩石相互撞擊而製成邊緣鋒利的岩塊。一旦這些工具出現，好奇心將再一次幫助巧人發現這些石器可以讓他們解決兩個問題，這兩個問題是露西與她的同類還無法輕易解決的，也就是將肉從骨頭割下，切成更容易消化的小塊，並且從食物的骨頭中取得骨髓。根據他們的牙齒及食物遺骸顯示，巧人擺脫了純素飲食，將肉類當成日常食物的一部分，進而顯著增加了熱量攝取。

演化成為現代人類的下一個主要步驟，約在一百八十萬年前出現，他們是被稱為直立人（*Homo erectus*）的物種。這種長腿、短腳趾的物種可能是出色的耐力跑者，因此能主動狩獵活體動物（儘管最初可能是小型動物），而不僅僅是腐食其他肉食動物遺留的屍體。

這些改進的特徵無疑都促成了智人物種腦內神經元數量的增加。天擇的壓力很可能也起了一定的作用，因為狩獵探險不像挖樹根那樣簡單，組織探險隊伍和執行狩獵需要高度的認知能力才能辦到。然而，關鍵問題依然存在：是什麼使智人的大腦容量比直立人的大腦容量還要大幅增加一倍以上？而且這驚人的變化在不到一百萬年的時間完成。原因可能就是如今我們習以為常的行為。

精神食糧？

負擔神經元數量所造成的能量限制非常直接且實際，為了要避免這些問題，直立人及更古老的海德堡人（*Homo heidelbergensis*）都必須找到可以大幅放大熱量攝取效能的方法。我們與我們的祖先很幸運地找到了最佳方法之一：烹飪。料理食物除了可以改善口感（除非煮得非常糟糕），還能讓消化變得更有效率，不論在巨觀層次（切碎和磨碎）和分子層次（加熱）上，烹飪都可以讓食物分解得更小，小到讓食物分子可以充分與消化系統的酶接觸作用。烹飪能使肉的膠原蛋白凝膠化，並且使植物的複雜分子變性。此外，烹飪也為人類的菜單添加一系列原本難以消化的食物（如穀物和稻米）。

哈佛大學靈長類學家理查．藍翰（Richard Wrangham）在二〇〇九年出版了《生火：烹飪如何造就人類》（*Catching Fire: How Cooking Made Us Human*），書中便推測智人在飲食加入煮熟肉類的行為直接影響了人類大腦的演化。賀庫拉諾－胡賽不僅只是依據大腦的大小，而是用神經元數量估算嚴格的能量限制，將這種直覺推想（也就是需好好感謝烹飪對大量神經元的協助）轉化為更合理的假設。

我覺得特別耳目一新之處在於，如果藍翰和賀庫拉諾－胡賽的推測是正確的，那麼「好奇心就可能會因為神經元數量的快速增加」，不斷以正回饋的方式快速提升。

也許當初的情況是：智人物種（可能是直立人）發現火可能有用，並在某個時刻開始把火納入生活的一部分，這背後無疑有好奇心的推動。除了烹飪，火在其他地方同樣扮演不可或缺的角色。它提供了熱量和光線，讓人類能夠遷移到緯度更高的地方。控制並使用火的最早證據大約可以回溯至一百六十萬年前，地點就在肯亞的庫比弗拉（Koobi Fora）和契索旺加（Chesowanja）。南非喀拉哈里沙漠（Kalahari Desert）邊緣附近的奇蹟洞（Wonderwerk Cave）發現了約有一百萬年歷史的火燒骨頭和植物遺跡，以色列也發現了類似灶臺形狀的結構中有燃燒過的燧石和木材，年代可回溯至約七十九萬年前。此後才出現持續的用火習慣，以色列的塔邦洞窟（Tabun Cave）就有顯著跡象，時間約為三十五萬年前；德國舍寧根（Schöningen）也有類似的發現。二〇一六年夏天，考古學家在以色列凱塞姆洞窟（Qesem Cave）中發現古代人類食用熟肉的證據，該遺址約有四十萬年歷史。發現烹飪可以讓食材軟化、使食物更容易消化並增進口感的同時，好奇心可能也在其中扮演了部分角色。該時期的人類頭骨形狀顯示臉部的咀嚼肌肉及牙齒尺寸都有縮小的趨勢。這並不令人感到驚訝，因為烹飪也許能讓原本每天需花費約五小時的咀嚼時間減少到一小時。藉由改善飲食，演化也讓胃腸器官變得更小，更能因此節省消化食物所花費的昂貴能量，基本上就是以腸胃道換取大腦容量。

種種變化都讓智人屬譜系克服了因能量而限制的神經元數量，最終讓大腦逐漸成長為原先的兩倍，這也可能使大腦皮質的神經元數量暴增（雖然紋狀體的神經元數量沒有戲劇化的改變，不過比起過去還是有顯著增加），也因為如此，人類的好奇心才能在性質方面優於其他靈長類動物。也許當時的智人屬仍然沒有「能力」詢問「如何」以及「為什麼」，但是這種「智能」正開始發展。一旦出現這些關鍵且具開拓性的問題（也許發生在人類語言誕生之後，我將在下一章簡要介紹），就再也沒有什麼可以阻止人類持續發現和創造更多食物資源、建立社群，以及最終帶來文化概念。一切就像吹氣球般呈指數增長。富含神經元的大腦帶著它新提升的好奇心，演化成一個更大、更靈活、更豐富的大腦。

另一方面，並非所有研究人員都認同烹飪在直立人或之後物種的大腦發育扮演主導作用的推測。加州理工學院的神經生物學家約翰．歐曼（John Allman）和密西根大學（University of Michigan）的古人類學家洛靈．布瑞斯（C. Loring Brace），他們都認為烹飪在過去五十萬年以內的時間中才扮演重要角色（此假設有考古學方面懂得用火的證據支持）。紐約溫納－葛林基金會（Wenner-Gren Foundation）的古人類學家萊絲利．

艾羅（Leslie Aiello）指出，若干匯聚在一起的因素無疑會經由反饋迴路互相強化，其中可能包括豐富肉類的飲食、腸道縮短、烹飪及直立行走。這些節能的確實順序仍在爭論中。然而正如我所說的，我確實相信好奇心本質的變化為大腦的智能發展提供了額外的關鍵因素。

一些「好奇心的變革」

牛津大學演化心理學家羅賓・鄧巴（Robin Dunbar）在他的《人類的演化》（*Human Evolution*）一書開頭就提到：「在人類演化故事之外，沒有任何故事能使我們如此持續著迷，我們似乎對自己是誰以及來自哪裡，有著永不知足的好奇心。」起源確實一直刺激著好奇心，我們不斷試圖了解自身物種、地球和宇宙的起源。

神經元數量的急劇增加賦予智人新的認知能力，特別是在資訊處理、學習及溝通方面，帶來了新的機制。最終，我們的大腦因為擴張如同添加了新配備，這個配備讓人類在五十萬至二十萬年前的某個時刻，孕育出人類物種特有的語言。語言如何出現眾說紛紜，它到底是經由一個漫長漸進的達爾文式演化過程，還是源自某個驟然的突變，以類似相變（如同水變成冰）的方式在大腦中灌輸語言能力。雖然此爭論很是迷人，不過這方面的討論已經遠遠超過本書關心的範圍。提到語言，讓我跟各位分享一個有趣的題外話，巴黎語言學會（Linguistic Society of Paris）在一八六六年禁止研究語言的起源，因為該學會認為這個問題是嚴謹科學方法無法解決的。此禁令反映出與用火起源不同的挑戰，這個挑戰無法以實際考古遺跡來追蹤語言的發展。我之所以會覺得一八六六年的禁令有趣，是因為研究人員至今仍然無法對人類語言起源的理論達成共識，語言學會的擔憂似乎頗有先見之明。

從本書的角度來看，更重要的是人類獨特的好奇心和人類獨有的語言，兩者的出現似乎非常相關。鄧巴認為，複雜口語語言（而不是簡單的發音）的早期目的無他，正是八卦！語言除了可以傳達非常基本的資訊，例如「一群狼正在接近」外，大型社會群體的語言用以描述故事，討論並非迫切需要解決但仍然攸關生存的重要問題。正如心理學家伊莉莎白．斯佩爾克所說：「我們可以用語言結合任何東西。」雖然鄧巴理論是否成立目前還缺乏共識，但它暗示好奇心（八卦的主要來源之一）與語言之間的密切關係。其他理論認為，語言可能是為了交換不同類型的社會知識而發展出來（例如親子關係的社會契約象徵）。這些理論仍包含了重要的好奇心元素。頗有影響力的語言學家諾姆．杭士基（Noam Chomsky）並不認為語言是交流的主要手段。他認為「語言會演化，而且主要設計成演奏思維的樂器」。這方面值得注意的是，二〇一六年加州大學柏克萊分校（University of California, Berkeley）的研究人員設法創造的「大腦圖譜」（atlas of the brain），顯示了不同詞彙的意義如何分布在大腦的不同區域。

美國人類學家羅伊・瑞巴波特（Roy Rappaport）與英國人類學家卡米拉・包爾（Camilla Power）等人認為，語言只是人類符號文化中的一個面向。他們指出，語言只有在文化價值結構已經確立的情況下才有效。根據這個理論，語言的呈現會伴隨一些慣例儀式。這些慣例又是從什麼時候開始的？最早使用符號習俗的可能證據，就是部分使用紅赭石色素之處，例如南非的布隆伯斯洞窟（Blombos Cave）。赭石加工「工作室」已有約十萬年歷史。現代人類化石和符號性文物出現時間的巧合，說服了部分考古學家（但不是全部）現代解剖學和行為可能是共同演化。

再一次，社會共享的神話、儀式和符號主義的證據，也可能是好奇心出現的關鍵因素，因為它們很可能是第一個不斷詢問「為什麼」與「如何」的複雜反應，這些可能就是好奇心的果實。同樣地，這些對於隱喻的想像與發展出所有文化的抽象思考過程（或杭士基所說「思維的樂器」）都很重要。好奇心和語言之間的正向回饋形成的連鎖反應，賦予智人強大的智力，並創造智人保有自我意識和內在生活。創造性思維的能力有很大一部分是由好奇心驅動，再加上分享積累的知識以及共享智慧的適應性，最終讓人類歷史出現了驚人的發展。其一便是第一次農業革命（First Agricultural Revolution），從狩獵採集過渡到以定居生產農作物為食。就此，始於約一萬兩千五百年前新石器時代的整體人口開始轉變，當中還包括各種植物與動物，例如狗、牛和羊的馴化。在第一次農業革命出現約一萬兩千年後，另一項變革誕生，科學本質的全新視角現身：著名的科學革命始於歐洲，直至文藝復興末期，一直持續到十八世紀末。

科學革命也許可以視為從主導中世紀思維的教義確據（dogmatic assurance）文化轉變為以經驗觀察和探索為主的好奇心文化。約翰．洛克與大衛．休謨（David Hume）等經驗主義者提倡眼見為憑，德尼．狄德羅（Denis Diderot）等百科全書派學者則試圖將所有知識收集進統一的文本。由哥白尼（Copernicus）、伽利略、笛卡兒（Descartes）、培根（Bacon）、牛頓、維薩里與哈維等人創造的偉大觀察、實驗突破及大量的理論概念，都認為人類的知識還相當淺薄（無論在微觀或宏觀世界方面都還未徹底探索）。事實上，今日所有科學進步都是革命性思維的直接延伸。美國航太總署（NASA）決定將探索火星地表的探測車命名為「好奇號」（Curiosity），絕非偶然。

簡單列舉了科學革命先驅的名字，引導讓我進入下一步，以謙卑的態度了解好奇心。我已無法採訪已逝的偉大思想家，因此我決定簡短地訪問幾位目前被視為好奇心特別強烈的人士。我尤其感興趣這些異常好奇之人如何描述和解釋自己的好奇心？他們是如何選擇對什麼好奇？

第八章　好奇的心智

「當然，人們的好奇心程度各異，但不同人會對不同的事物感興趣也絕對正確，」芮斯最後回答，「像是小孩常常對恐龍和外太空感興趣，理想的方式應該是從這些主題深入，而不是直接強迫他們對其他事情感興趣。」這是非常好的建議，試圖依循和鼓勵已經存在的好奇心（至少在一開始），而不是強加他們一點也不感興趣的主題。

愛因斯坦曾說過：「重要的是不要停止提問。好奇的存在有其原因。當人們深思現實世界永恆、生命以及不可思議結構的奧祕時，我們不禁感到敬畏。如果人們每天都付諸一點努力，嘗試了解一丁點的謎團，其實就足夠了。」有人真的如同愛因斯坦寫下的建議，始終保有永不停歇的好奇心，其中一部分人成為著名的科學家、作家、工程師、教育工作者或藝術家。多數人其實也都有旺盛的好奇心，好奇的也許不是什麼具有重大變革意義的問題，而常是生活中雞毛蒜皮的小事。儘管博學者（知識和興趣廣泛的人）在這個專業集中化的年代已成了瀕危物種，但是對探索和調查充滿熱情的人確實存在。弗里曼・戴森就是好奇心與科學研究領域都相當出眾的物理學家。

戴森的成就在於成功統一了不同版本的電磁學和光量子理論，此理論稱為量子電動力學（quantum electrodynamics，QED，順帶一提，其中某一版本的量子電動力學是由理查・費曼所創）。即使當時戴森沒有博士學位，在他成功統一之後，康乃爾大學執意聘請他為正教授。然而，量子電動力學只是戴森成就的一小部分，在漫長的職業生涯中，他一直致力於研究一系列令人驚嘆的課題，包括數學、醫療領域的醫用同位素核反應器（nuclear reactors）、物質的磁性、固態物理學、核動力太空船、天體物理學、生物學和自然神學（natural theology）。他還是《紐約書評》（*New York Review of Books*）的常駐專欄作家，九歲時更寫了一部科幻小說。

多年來，我多次在不同的場合遇到戴森，總是非常享受和他之間充滿激勵的對話。二〇一四年夏天，我終於有機會詢問關於他與眾不同的好奇心。即使已經九十歲，他還是一如既往的尖銳。

我從很淺顯的問題開始：「你對任何事總是感到好奇嗎？」

「當我還是孩子時，我一直很喜歡問問題，」戴森回答，「但我並不覺得常問問題有什麼奇怪的。」很明顯地，這是個有點輕描淡寫的回答。他在高中時期已經開始思考某些數學領域的難題，並且對後來的對數論（number theory）提供了有趣的貢獻。

「成年之後，你對某些事情的興趣會比其他人更強烈嗎？」

他想了幾秒鐘，然後回答：「多數情況下，我會對某些朋友正在研究的問題感興趣。我會和許多人聊很多，而且會好奇他們正在做什麼。比方說，我曾與萊斯利・奧格爾（Leslie Orgel，著名的英國化學家）談論生命的起源，我也因此著手研究這方面的問題。」

「你的好奇心有沒有固定模式？」

戴森再次反思，然後解釋道：「相較於巨觀，我對事物的細節比較感興趣；就像相較於動物園，我對動物本身更感興趣。在你的研究領域（天文學和天體物理學）中，我對天文學（特殊天體物理學的研究）投注的心力比對宇宙學（整個宇宙的研究）多更多。」

「你是如何決定在何時轉向新主題並展開新的探索？」

戴森笑了笑，「我的注意力集中時間很短，常常在兩、三週就放棄。要麼解決問題，要麼完全放棄。」

哇！我心想，就像達文西。

彷彿看穿我的想法，戴森繼續說道：「我一直認為，成為一名科學家，就好像拿到一張解決任何科學問題的『執照』一樣。我們必須願意放棄『一般』的興趣，才能看到別的東西。」

我的感覺依然不變，暗暗對自己說：「這也像費曼。」最後我問戴森，他覺得好奇心和其他人格特質之間有沒有明確的關聯。他回答他看不出有任何關聯。我覺得某些他的科學家同事可能不會同意他最後這個說法——至少戴森本人就並非如此。神經病理學家兼作家奧利佛・薩克斯（Oliver Sacks，當我撰寫本書時，他業已去世）把戴森描述為科學創造力的「顛覆分子」：「他不僅覺得不正統很重要，也重視顛覆性；他一路走來始終如此。」事實上，戴森在自己二〇〇六年出版的散文集《反叛的科學家》（*The Scientist as Rebel*）中寫道：「今日，我們應該試圖教育孩子了解科學，把認識科學當作對貧困、醜陋、軍國主義及經濟不公的反叛。」

我想介紹的第二位，是擁有非凡好奇心的太空人兼博學者，斯多里・馬斯格雷夫（Story Musgrave）。我第一次見到馬斯格雷夫是在一九九三年，當時一支太空團隊正在準備為哈伯太空望遠鏡進行首次的維修任務，而我正好是與哈伯望遠鏡合作的天體物理學家。

大家可能還記得，在望遠鏡發射升空後不久，美國航太總署就發現已經完美拋光的哈伯望遠鏡主鏡上，很不幸有個錯誤設計，也就是「球面像差」（spherical aberration）的缺陷。鏡子的邊緣磨得太平了。雖然差距不是太大，大約只是人類頭髮直徑的五十分之一，但是這個差距已經導致圖像變得模糊。天文學界一片震驚，媒體更是迫不及待用「麻煩」（trouble）的雙關諧音嘲諷「哈伯」（Hubble）。科學家和工程師日夜不停地苦思補救措施，設法將哈伯望遠鏡恢復到原先預期該有的表現。最後，研究人員擬定了一套頗具野心的校正計畫。

計畫安排一支由七名太空人組成的團隊與望遠鏡會合，太空人預計在太空艙外進行五次驚人的太空漫步，於望遠鏡內部安裝一副「眼鏡」，其中包含矯正的光學鏡頭及一部新的內部校正相機。斯多里·馬斯格雷夫執行了三次太空漫步。對多數人而言，這個經驗可能已經超過了一生的探索額度，但對馬斯格雷夫來說還不夠。他後來共取得了數學和統計學的學士學位、運營分析和電腦程式設計的工商管理碩士學位（MBA）、化學學士學位、醫學士學位（他曾在創傷和急診室當過兼職醫師）、生理學（生物物理學）碩士學位，還額外取得了文學碩士學位。這份嚇人的名單沒有就此結束，他還是一名噴射機駕駛員，對攝影和工業設計也感興趣，而且育有七個孩子。

二〇一四年八月，我再度有機會與馬斯格雷夫交談，並問了一個不難想到的問題：「為什麼你會想要學習這些學科？」馬斯格雷夫毫不猶豫地說：「我的好奇心與某種不安的感覺有關，許多事情的現況對我來說都不是很滿意，總覺得需要做點什麼，也總是保有進一步探索的精力。」

「那好，你是如何選擇這些主題的？」

「它們自然而然地一件接著一件出現。一開始，我以數學和統計學當工具，設想處理複雜系統時會用到哪些變量。」他停頓了一下，「當時使用的是早期電腦，從數學角度來說，很容易就開始著手學習電腦程式的編寫和運算分析。在看過電腦如何運作之後，我進一步對大腦的運作方式感到好奇。好奇心引導我朝向化學與生物物理學領域發展，也一路引導我念醫學院。當我認識關於人體及其局限性後，學習這條路又為我鋪向太空計畫。」

我不得不承認，這種鋪陳的確讓一切看似非常合理，但是大多數人並沒有如此旺盛的活力與追求興趣的堅持不懈。

馬斯格雷夫繼續說：「我的所有研究主題都是互相連結或相關的。」短暫的停頓之後，他補充道：「每一個兩到三歲的孩子都是好奇寶寶。真正的問題其實是人們怎麼會忘了那個初衷。很多時候似乎是青春期破壞了好奇心。」

我聽過很多人都提到類似的論點。然而我從實際的心理學研究得到的印象是，這只是知覺（也可能是其他更多元的感知）方面的好奇心在過渡到成年人的過程中降低了（特別是關於尋求新奇事物的好奇）。特定與認知好奇心，也就是對知識的渴望，在大部分成年生活中顯然保持相當穩定。

在和馬斯格雷夫交談之前，我與另一位知名的博學家諾姆·杭士基以電子郵件簡短地交換了一些想法。杭士基是一位語言學家、認知科學家、哲學家、政治評論家及社會運動參與者，曾撰寫了一百多本書。他是二十世紀著作引用次數最多的學者之一，他的研究成果在語言學、心理學、人工智慧、邏輯學、政治學和音樂理論等領域，都具有極大的影響力。

「有趣的話題，」當我告訴杭士基我正在寫一本有關好奇心的書時，他給了我這個回應。我問他，讓他感到好奇的主題有哪些類型時，他機智地回答：「好吧，我想到的例子之一就是我很好奇你為什麼對好奇心感興趣。」

我沒有因此放棄，於是又發了另一封電子郵件給他。「在你有興趣的主題中，是什麼吸引了你？」

他立即用電子郵件寫了一個我覺得很有意思的答案。「承認語言是人類最獨特的能力、也是我們心智本質的核心，而且語言的每個方面都指向了極大的謎團。」我不能不同意。即使我在第七章對語言演化／革命的描述相當簡短，也同樣強調了語言在現代人類（具有獨特能力的物種）的出現方面，扮演了不可或缺的角色。

就在我閱讀杭士基的筆記時，我想到如果我把他回答裡的「語言」換成「問『為什麼』的能力」，這句話便可以完全說明我為什麼對好奇心感興趣。

你可能還記得，在神經影像實驗中，當受試者收到冷知識問題的正確解答時，他們的前額葉腦回區（IFG）會活躍起來。好吧，我沒提到人類的前額葉腦回區還包含了布氏區（Broca's Area），這是語言處理和理解的重要區域。此外，史坦尼斯勒斯．狄昂團隊已經暫時將前額葉腦回區認定為人類得以分析抽象資訊的大腦區域，語言、認知好奇心以及抽象概念的處理，無疑就是杭士基所說「我們心智本質核心」的要素。

下一位好奇人物擁有非比尋常的職業。法比奧拉・吉亞諾提（Fabiola Gianotti）高中時主要學習文學與音樂，第一個大學學歷是主修音樂（鋼琴），可是她後來領導了一支約三千名物理學家組成的團隊，此團隊在二〇一二年發現了人稱「上帝粒子」的希格斯玻色子（Higgs boson）。二〇一六年一月一日，她成為歐洲核子研究組織主任，該組織在瑞士日內瓦附近擁有世界上最大的粒子加速器：大型強子對撞機（Large Hadron Collider）。

「你為什麼決定從人文領域轉向物理學？」我問吉亞諾提。

「我一直是個充滿好奇心的孩子，」她回答，「心裡總是有許多問題。在某個時間點，我決定研究物理學，它讓我可以嘗試回答一些一直在我心裡打轉的問題。」

「這樣的轉變一定很辛苦，尤其是缺少了必須的學歷背景？」

「確實，」她承認，「念大學時，我必須先做些調整，從人文學科的教育轉換到有能力理解和解決物理學的問題。」

「但你仍然熱愛音樂吧？」

「那當然。音樂是我的根基。我總是在聽音樂。現在我彈奏的時間比較少，但偶爾還是會小試身手一下。」

「除了物理和音樂之外，你還對什麼充滿熱情？」

她笑了，「烹飪！我發現物理學和音樂之間，以及物理學和烹飪之間，有很多相似之處。首先，優雅是物理理論、音樂及芭蕾舞的共同主題，當我還是個年輕女孩時，曾經夢想成為一名芭蕾舞者。」

「我完全同意。」我說。

「然後，烹飪和物理學，」吉亞諾提繼續說，「都需要一些規則或定律，但同時也需要創造力。」不幸的是，我無法評論這一點，因為我幾乎沒有料理食物的經驗。不過我提醒自己，烹飪（提供大腦養分）也許在確保人類大腦皮質擁有大量神經元方面，發揮了重要作用。

還有一個問題我覺得我非問不可，這個問題是關於當把好奇心當作基礎科學研究的動力時，好奇心展現的高風險特質。希格斯玻色子的發現表示吉亞諾提的團隊達成不可思議的成就；科學家持續尋找這個粒子大約有四十年了，然而大型強子對撞機（圖二十二）很有可能不會再發現任何新粒子。該設施價值數十億美金，對於新任主任可能造成相當大的公關挑戰。「如果你找不到其他東西怎麼辦？」我問道。

「基礎科學研究總是帶有驚喜，」她回答，「有時正處於發現某些東西，有時正處於一直找不到東西。這是遊戲的一部分。」她接著補充，「負面的結果也很重要，有助於排除或限縮某些理論。」

「但仍然會令人有點失望。」我謹慎地說。

她同意。「我們仍須結合所有可能的方式，也許是加速器、實驗性地搜索構成暗物質（dark matter，它是不會發光的物質，需根據天文觀測它對引力的影響才能推斷其存在）的粒子，以及天體物理學。」有趣的是，在我與吉亞諾提交談約三個月後，兩次大型強子對撞機的實驗發現了一個新粒子可能存在的線索，這個新粒子比質子重八百倍。遺憾的是，隨著更多資料的積累，到了二〇一六年夏天，這些線索最終只是統計上短暫出現的偶發事件罷了。

我猶豫是否該問問另一個有爭議的話題，那就是「多重宇宙」（multiverse）。由於希格斯玻色子的質量相對較低，再加上大型強子對撞機很可能不會再發現任何新粒子，強化了我們的宇宙不過是龐大宇宙群的成員之一的推論。若真是如此，我們不應該對任何一種希格斯玻色子的質量感到驚訝，因為就算是我們認為不太可能出現的質量，也許

圖二十二

只是多重宇宙群中某個宇宙的數值。

我想了一下，問道：「你對多重宇宙有什麼看法？」

「就心理層面而言，我覺得依靠多重宇宙來解釋，感覺有點像放棄研究。」吉亞諾提回答，「身為一名實驗物理學家，我想繼續探索所有可能性。」

我則是在想，杰奎琳．高特里布的心理實驗（參見第五章）已經證明，多數好奇者的態度就是探索所有可能性，因此我覺得我必須提問：「現在的你和小時候一樣好奇嗎？」

吉亞諾提毫不猶豫地說：「應該說比小時候更好奇。我被好奇心和學習的樂趣驅動，沒有什麼比了解以前不知道的東西更讓我感到欣喜。」這幾乎就是高特里布說過的話，她說：「我最大的喜悅就是學到新東西。」

「你在擁有高度好奇心的人身上，有看到任何共同特徵嗎？」

「有，」她說，「這是一種想像與思考已知之外、習以為常之外、已被認定之外的能力。」

「你覺得這也適用於好奇的藝術家？」

「當然。藝術家會好奇地探索新的可行性。他們會用不同的眼光看待現實，看到的事物不只有表面而已。」

「你最喜歡哪位藝術家？」

「音樂方面我最喜歡舒伯特（Schubert），我認為他是古典時期作曲家中最具浪漫色彩的一位，也是浪漫時期作曲家中最古典的一位。視覺藝術方面，我特別喜歡義大利文藝復興時期的藝術家。」

我碰巧知道吉亞諾提的哥哥克勞迪奧（Claudio）曾說過：法比奧拉「從來沒有做到一半就不管的事」。因此我忍不住半開玩笑地說：「儘管你跟達文西一樣都是非常好奇的人，至少你會很想把手邊進行的事完整做完。」

她笑了。「我不會拿自己與達文西相比，但我真的不喜歡半途而廢。即使讀了一本中途發現不是很有趣的書，我還是會把它讀完。」

下一位則是我從還是研究生一直到整個職業生涯始終很敬佩的人。世界著名的宇宙學家和天體物理學家，也是克拉福德天文學獎（Crafoord Prize in Astronomy）等許多獎項的得主，馬丁．芮斯（Martin Rees）。他從一九九五年起便一直是英國皇家天文學家，二〇〇四至二〇一二年在劍橋大學三一學院（Trinity College in Cambridge）擔任院長，二〇〇五至二〇一〇年擔任英國皇家學會（Royal Society）會長，二〇〇五年更受封為拉德洛男爵（Baron of Ludlow）。他是極少數深知所有天體物理學和宇宙學知識的天體物理學家之一。

除了天體物理方面的諸多成就，芮斯還同時撰寫並演講諸多關於人類在二十一世紀需面臨的問題，以及科學在社會、倫理和政治方面需正視的挑戰和風險。他因此共同創立了一所位在劍橋大學的研究機構「存在風險研究中心」（Centre for the Study of Existential Risk），研究人類生存的潛在威脅（主要威脅目前著眼於科技）。

我從一貫的標準問題問起：「你是個好奇心特別旺盛的孩子嗎？」

芮斯想了幾秒鐘。「我不確定，」他接著說，「我確實記得許多現象都讓我疑惑。例如我們家以前常去威爾斯北部度假，當時我對潮汐很有興趣，想要知道潮汐為什麼會在不同時間出現在不同地方。」他停頓一會兒，又想起了另一個讓他困惑不已的現象，「我也想知道為什麼攪動茶水時，茶葉會集中堆積在杯子的中心和底部。」此現象有時也稱為「茶葉悖論」（tea leaf paradox）[1]。這次的訪談同時也是兩位科學研究者非正式

---

① 指的是攪動茶杯中的茶水時，茶葉會集中沉積在杯底中央，這與我們想像的離心力不太一樣，所以才有「悖論」的講法。

的交談，我們兩人實在無法克制地從茶葉悖論討論起流體動力學的埃克曼層（Ekman layers）等物理概念，不過芮斯最終回到了原來的主題：「我也總是被數字吸引。」

我繼續問第二個問題：「你在什麼時候、又是為什麼決定投入天體物理學？」

「我並非很早就下決定，」芮斯回憶說，「但高中的最後兩年我的確專攻數學和物理。」他笑著補充，「主要是因為我不擅長語言方面的學科。」他繼續說道：「我在劍橋學習數學，但覺得自己應該不適合成為一名數學家。我確實有考慮過轉往經濟學，所以也讀了一些統計，在第四年時選修了部分理論物理的課程，接著就決定朝物理學發展。我找了丹尼斯．希阿瑪（Dennis Sciama）擔任指導教授，這對我幫助很大，他也是史蒂芬．霍金（Stephen Hawking）的導師，一位出色的教練。他創造出的『興奮活力』深深吸引著我，因此在一年後，我確信自己可以投入天體物理學領域。」

我完全同意芮斯對希阿瑪的讚賞，我自己也很榮幸可以實際認識他。希阿瑪對研究的極大熱情感染了四周所有人，他也懷有極廣泛的知識，對宇宙學和天體物理學中值得好奇的主題都有極佳的遠見。我也理解芮斯的選擇，因為我發現聰明的學生往往會依據老師來選擇自己的研究主題，而不是研究主題本身。

我又問了另一個問題：「近年來，你對氣候變遷和其他生存威脅變得更感興趣。是什麼激發了這些新興趣？」

芮斯早就料到會被問這個問題，於是馬上回答：「我曾有很長一段時間對政治感興趣，很敬佩具有社會意識的人，因此我對社會問題感到好奇。在我的《時終》（*Our Final Hour*）一書中，我對我認為的風險提出了幾點看法，相信這些看法已被普遍接受。到了六十歲，我開始試圖想像接下來的十年應該做什麼才不至於無法完成。事實證明，」他笑了起來，「我被推舉了幾個重要的職位（暗指英國皇家學會會長一職及封爵之事），因此更有機會比原先計畫再深入參與一些事務。」

我決定趁機討論芮斯另一方面的興趣。「你與部分科學家不同，對神學和宗教展現了更多好奇心和寬容。可以簡述一下你對這些議題的看法嗎？」

「我一直對哲學有興趣，也對宗教抱持寬容的態度。我本身沒有宗教信仰，但我很欣賞文化、歷史和宗教習俗，例如基督教徒會在星期日到教堂做禮拜，或在猶太教的安息日（週六）點蠟燭，這些我都希望能被保存下來。我也認為主流宗教可以幫助打擊極端的基本教義派。」

我再次回到好奇心的具體問題。「依你的經驗來看，有沒有覺得有些人的好奇心特別強烈？或者其實只是不同人對不同事物感興趣而已？」

芮斯想了幾秒鐘。「當然，人們的好奇心程度各異，但不同人會對不同的事物感興趣也絕對正確，」他最後回答，「像是小孩常常對恐龍和外太空感興趣，理想的方式應該是從這些主題深入，而不是直接強迫他們對其他事情感興趣。」這是非常好的建議，試圖依循和鼓勵已經存在的好奇心（至少在一開始），而不是強加他們一點也不感興趣的主題。

我碰巧知道芮斯參與了一個未來主義的團體，他們推測人工智慧可能會在不久的將來成為優勢物種，我覺得必須問一些相關問題。「你覺得『智能』機器也會有好奇心嗎？畢竟它們並未體驗過自然界生命必須經歷的天擇壓力。」

芮斯再次考慮了一下，最後回答：「關鍵的問題在於，它們是否像我們一樣具有知覺和自我意識，還是它們比較像『殭屍』（用來描述機器的術語，表示外表與人類沒有區別，但缺乏有意識的經驗）。如果知覺是一種複雜系統的突現，那麼它們擁有的知覺可能甚至比我們的更深層。」

「的確，」我同意，「但它們會感到好奇嗎？」

「我想這取決於你對好奇心的定義有多廣，」芮斯再次反思之後說，「如果一名數學家對數學以外的世界沒有多少興趣，仍可以被稱為有好奇心，那麼這些機器肯定會有這類的好奇心。」

這對我來說非常合理。最後，我再度用標準問題作結：「你覺得好奇心旺盛的人有沒有其他共同特徵？」

「我不確定，」但芮斯接著補充，「在智力方面，他們通常比其他人更有活力。許多人更保留了兒童時期的童心，因此始終保持熱情。」

這是一個有趣的詮釋。也許好奇心特別旺盛的人能讓知覺好奇心保持更久，他們有不斷感到驚訝的能力，而這種能力通常會隨著年紀的增長而衰減。

如果你已經覺得吉亞諾提的職業生涯很不尋常，下一位訪談者的職業生涯更精采。布萊恩·梅伊（Brian May）是搖滾樂團皇后合唱團（Queen）中頂著一頭貴賓狗髮型的首席吉他手，他也是〈我們要將你搖滾起來〉（We Will Rock You）、〈我想要全部〉（I Want It All）、〈誰想長生不老〉（Who Wants to Live Forever）以及〈表演必須繼續〉（The Show Must Go On）等年度熱門歌曲的作曲者。也許令人難以置信，但他同時還擁有倫敦帝國理工學院（Imperial College in London）天體物理學博士學位；二〇〇八至二〇一三年，他是利物浦約翰摩爾斯大學（Liverpool John Moores University）的名譽校長，也是美國航太總署冥王星新視野號（New Horizons）任務的科學小組合作夥伴、維多利亞立體攝影技術（Victorian stereophotography，一種將兩幅平面圖像與觀看者融合，產生立體場景的技術）的專家和收藏家、一位促進動物福利的熱情運動家。我會想要與他談談實在一點也不奇怪，今日已經很少有人擁有如此廣泛的興趣。

我知道梅伊在十六歲那年，與父親一起設計並製作了那把著名的吉他「特殊紅」（Red Special）。這把吉他的琴頸是用已有百年歷史的壁爐架木頭製作，因此我的第一個問題是：「你為什麼決定做一把吉他而不是直接買一把？」

梅伊笑了起來。「最簡單的答案就是我們沒錢。那時正好是搖滾樂誕生的時代，當時的美國吉他、甚至是同款英國吉他的價格都遠遠超出我的預算。另外，製作吉他是很大的挑戰，我父親在電子產品、木製品和金屬製品方面有一些經驗，所以我們非常享受製作吉他的過程，而且我們相信自己可以做出一把比現有產品都更好的吉他。」

我接著問了一個我自己也非常好奇的問題：「你為什麼會在完成物理學士學位後成為音樂人？」

梅伊毫不猶豫地說：「一個來自內心的呼喚。我喜歡物理學和天文學，而且在這些領域做研究讓我的父母很滿意，但音樂的呼喚非常強烈，我無法抵抗。我擔心如果我不做出回應，它可能永遠都不會再出現了。」

「那麼，為什麼在玩音樂幾十年之後，你決定再度回到大學繼續天體物理學博士學位？」梅伊在中斷三十三年之後，再次註冊繼續完成博士學位！

「我非常幸運，」梅伊答道，「儘管我對天文學一直保有興趣，但直到我這一代堪稱天文學家之『父』的派屈克．穆爾爵士（Sir Patrick Moore，英國著名業餘天文學家和科學推廣者）有一天問我，為什麼不回來繼續學業，這件事才變得比較真實。我原本覺得這不可能，但我在某次專訪時提到了這件事，有一天我就突然接到了倫敦帝國理工學院天體物理學組負責人邁克．羅溫－羅賓森（Michael Rowan-Robinson）的電話。他告訴我，如果我是認真的話，他可以當我的指導教授。」梅伊再次笑了，「出名確實給了我不少機會。」他接著說，「但這並不容易。我必須重新啟動長時間沒有使用的那塊大腦。羅溫－羅賓森對我很嚴厲，這非常重要，因為大家都睜大眼睛看著我重回大學念書。」

我腦中正在想，試著讓不常使用的部分大腦再度活化起來，其實就是所謂好奇心的一部分。這個想法自然而然讓我問了下一個問題：「你覺得你對音樂和天體物理學的興趣之間有什麼連結？還是兩者如同完全獨立的世界？」

梅伊毫不猶豫地說：「我認為我對其他領域的開放態度，絕對會增強我在不同領域的能力。我不認為科學和藝術需要分開，它們以某種神祕的方式連接起來。許多我認識的科學家，比如羅塞塔號（Rosetta，歐洲太空總署〔European Space Agency〕為研究67P／楚留莫夫－格拉西門克〔67P /Churyumov-Gerasimenko〕彗星所設計的太空探測器）任務的「老闆」麥特・泰勒（Matt Taylor），他也對音樂非常感興趣。」

「你為什麼同意擔任利物浦約翰摩爾斯大學的名譽校長？」

梅伊笑答：「因為我很好奇。我不知道當校長會碰到什麼事，所以我決定親自搞清楚。我還想知道當名譽校長是否會改變自己。順道一提，答案是不會！它不會改變你。」他又笑了起來。

「你為什麼會對維多利亞立體攝影技術感興趣？」

「這是我從小就有的熱情，而且從未間斷。這很神奇。」

「你對〈鬼怪談集〉（Diableries，一系列描繪地獄日常生活的立體照片）也特別感興趣？」

「那些是非常費工的藝術作品，」梅伊回答，「每件作品都很神祕、富有想像力。即使以現在的技術重製這些藝術品，也是極其困難的。我正好剛與克勞迪亞・曼佐尼（Claudia Manzoni）一起用羅塞塔號任務拍攝到的彗星67P／楚留莫夫－格拉西門克的圖像，創作了立體畫像，並利用新視野號拍攝的冥王星照片做成立體視圖。」

「還有哪些方面你也深感興趣或充滿熱情？」我問。

梅伊的反應很快。「兩件。首先是動物，我們對待動物的殘酷是可怕的。我想為牠們爭取一個體面生活和死亡的權利。」他停頓了一秒，然後繼續說：「我無限好奇的第二件事是人際關係，特別是愛。愛是我們生活中最強大的事情之一。它激勵著我們，古代歷史中的許多帝國都是因為它而興起與毀滅，然而科學對愛的說法很少。只有偉大的科幻小說作家才有辦法貼近地描述愛。」

我完全同意最後一個說法，也認為其中有類似好奇心的東西。我的最後一個問題是關於我曾聽說過的有趣軼事。「天體物理學家馬丁．芮斯曾向你說，他從沒認識任何一個同你一樣長得那麼像艾薩克．牛頓（特別是頭髮，也許還有鼻子）的科學家。你也覺得很像嗎？」

梅伊笑了。「沒想過。其實我聽他這樣說的第一個反應是很煩，我心想：『他是不是只想找個話題跟我攀談而已？』但後來我們在天體物理學方面相談甚歡。」

最後我問梅伊，他有沒有什麼問題想問我？

他問：「宇宙中，只有我們的地球上有生命嗎？」

我向他解釋了一些即將執行的太陽系外生命搜尋任務。我還表示，我們希望在未來的二、三十年內，在繞行恆星的行星大氣層中實際找到一些由生命創造出的特殊生物印記，至少能夠對太陽系外是否存在（或少量存在）生命做出有意義的推估。對我而言，這個問題的重點是，梅伊對於尖端天文學研究仍然非常好奇。

自學者

目前為止，我採訪了弗里曼・戴森、諾姆・杭士基、斯多里・馬斯格雷夫、法比奧拉・吉亞諾提、馬丁・芮斯及布萊恩・梅伊等六人，他們雖然都有廣泛和多元的興趣，卻都因受過正式學習或訓練並在特定領域做出貢獻而聞名。戴森主要是基礎物理方面的成就，杭士基在語言學方面貢獻深具影響力的想法，馬斯格雷夫是太空人，吉亞諾提發現希格斯玻色子，芮斯在天體物理學和宇宙學方面帶來諸多貢獻，梅伊是一名音樂大師。我的下一位受訪者主要以她的大腦聞名。

智力是一個意含深遠的單字，很難定義，甚至更難衡量。儘管如此，從一九八六到一九八九年，瑪麗蓮・沃斯・莎凡（Marilyn vos Savant）因為擁有「世界最高智商」（高達二二八！）被列入《金氏世界紀錄大全》（*Guinness Book of World Records*）。然而，斯坦福－比奈智力量表（Stanford-Binet）和超級智商功率測試（Mega intelligence tests）的得分準確數值是出了名的不可靠，沃斯・莎凡的實際得分因此受到了質疑，不過沒有人會懷疑她難以置信的智力。令人驚訝的是，沃斯・莎凡甚至連大學都沒念完，只在聖路易斯華盛頓大學（Washington University in St. Louis）學了兩年哲學課程。《漫步》（*Parade*）雜誌為她進行專文介紹，並收錄部分她寫下的讀者問答，沒想到出刊後獲得了難以置信的迴響，雜誌社更因此為她安插了一個永久職位。沃斯．莎凡在她的每週專欄「請問瑪麗蓮」（Ask Marilyn）裡，回答各式各樣的詞彙和學術問題，並闡述各種謎題蘊含的邏輯。看著她不尋常的背景，我覺得也許將沃斯．莎凡對自己好奇心的看法與其他受訪者的想法比較一下，應該會很有意思。我決定鎖定三個主要問題，首先從我最感興趣的開始：「多年來，你最感興趣的是哪些主題？為什麼這些主題會引起你的好奇心？」

從她專欄經常涉及的主題，我想答案可能會與概率論或數學邏輯有關，沒想到沃斯．莎凡讓我吃了一驚，她回答：「我一直很好奇人類的思想、意識本質、認知的廣度和深度，還有神祕的無限。我的貓不知道自己無法理解代數，我們也不知道自己無法理解什麼，難道智力高超的腦袋就會比較容易理解嗎？」

這個回答非常有趣，主要原因有二。首先，沃斯．莎凡意外地間接提到了稍微不同的「未知的未知」問題，也就是我們不知道我們不了解的事情。其次，「智力高超的腦袋」則略微觸及了另一個我充滿好奇的話題：我們的銀河系是否還有其他智慧文明，如果有，可能是什麼性質。一方面，由於太陽系的年齡（四十五億年）還不到銀河系年齡的一半，如果真有另一個文明，可能會比我們更先進十億年以上。另一方面，「費米悖論」（Fermi paradox，其他文明存在的證據驚人地稀少）至今仍然沒有令人信服的解釋，也許存在一些演化瓶頸，使得轉為智能的過程極為困難。

我的第二個問題是關於她個人好奇心的演變。「你一直以來都充滿好奇嗎？成年後，你的好奇心是否有了變化？」

她的回答非常坦率：

> 當我還年輕時，我對近在眼前或遠在天邊的事物都很好奇；從青蛙到矮行星冥王星。這種好奇心其實已經消失了，可能是因為要維持這些興趣，得透過顯微鏡或望遠鏡達成目標，就我所知，這表示我必須與大型（也就是有經費補助）的科學機構一起工作。我的確可以操作顯微鏡或望遠鏡，但我的個性比較不適宜與研究機構合作！
>
> 無論如何，我現在對人性更感興趣，特別是生活有了諸多改善的現代，同時偉大的文明似乎正處於各式轉換的狀態。太迷人了！真不知未來究竟會如何？

這個回答令人驚豔，也許代表了一些生活經驗累積產生的共同趨勢。隨著時間過去，許多人從看似對各種「事物」感興趣，演變成對整體一切且更哲學性問題的好奇。又一次，這可能反映的是從主要是知覺或多元的好奇心，轉變為絕大部分由認知方面的好奇心所主導。正如音樂評論家和小說家瑪西婭・達文波特（Marcia Davenport）曾經幽默地寫道：「所有偉大的詩人都在年輕時辭世，小說是中年人的藝術，散文則是老人的藝術。」

第三個問題與其他幾位受訪者一樣，「你覺得好奇心旺盛的人有沒有其他共同特徵？」

她的回答與吉亞諾提大致相同，但其中有個很有趣的差異。「我發現有種可以忽視顯而易見事物的能力（也許是因為這些事物本身就不怎麼有趣），同時注意到看似微不足道的地方。有時這些不明顯的方向會是條死路，有時對的人能指出微不足道處真正的重要性。」

將吉亞諾提的想法與這個富洞察力的答案相結合，我發現這跟費曼的想法如出一轍。沒有什麼能更如此貼切地描述費曼對表面看似平凡的現象的迷戀。在沃斯・莎凡的回答中，我也聽到了類似戴森對「細節」而不是「巨觀」的興趣。然而最重要的是，沃斯・莎凡捕捉到了好奇心本質的面向之一：對「顯而易見」的不感興趣，寧願往晦澀或神祕的方向鑽研。正如哲學家馬丁・海德格（Martin Heidegger）所言：「把一件事物弄得明白易懂，就是哲學的自殺行為。」

下一名訪談者是約翰・「傑克」・洪納（John "Jack" Horner），他同樣沒有大學文憑，但這並沒有阻止他成為最著名的古生物學家之一、麥克阿瑟學者（MacArthur Fellow）、《侏羅紀公園》（*Jurassic Park*）系列電影的科學顧問，發現了部分恐龍物種會照顧幼獸。另外，他還發現某些過去曾被認為是不同物種的恐龍，其實是同一種但在不同年齡的樣子。

二〇一五年九月，我與洪納訪談。我的第一個問題帶點嘗試意味：「你覺得自己是個好奇寶寶嗎？」

「是的，這就是我主要的本質。」他的回答直接了當。洪納在八歲時發現了他的第一副恐龍骨骸，十三歲時挖掘出一具恐龍骨骼。這些不尋常的經歷自然讓我問了第二個問題：「這是怎麼開始的？」

「我的父親曾經是砂石業者，對地質學有相當的了解。他帶我到一處他認為可能會發現恐龍骨頭的地方。」他停了一會兒後補充，「結果，那裡便是我第一個發現恐龍的地點。」

不過我覺得這個回答有點不夠清楚。「許多孩子都對恐龍著迷，但多數孩子最後並沒有成為古生物學家。你是如何走上專業古生物學的道路？」

洪納笑了起來。「我有非常嚴重的讀寫障礙（dyslexic）。即使是現在，我的閱讀能力也只到小學二年級的程度。所以，當其他孩子學習閱讀時，我就跑出去尋找化石。一旦找到了什麼，我就會去圖書館看看恐龍的照片，並試圖確認那些骨頭曾經屬於哪一種恐龍。」

我打斷了他一下，「當時應該沒人真的知道什麼是讀寫障礙吧？」

「確實，」他回答，「有人認為我是智力發育遲緩。我父親有很長一段時間覺得我只是懶惰。事實上，」他笑了笑，「他一直都這樣覺得，直到我的照片出現在他最喜歡的雜誌封面上。」

我告訴洪納，他和他父親的有趣故事讓我想起了曾在電視上看到比吉斯合唱團（Bee Gees）成員貝瑞·吉布（Barry Gibb）、羅賓·吉布（Robin Gibb）和莫里斯·吉布（Maurice Gibb）兄弟的父親專訪。當時正是比吉斯合唱團推出熱門歌曲，並登上樂壇高峰的時刻。雖然如此，他們的父親還是堅持說：「這些孩子到現在都沒有好好上過一天班。」

我知道洪納曾在蒙大拿大學（University of Montana）參加過一些地質學和動物學課程，因此請他描述一下當時的經歷。

「我在大學花了好幾年時間，學到了很多東西，可是我永遠無法通過考試，因為所有考試基本上都需要大量閱讀。」他回憶說。

「那麼，你學到了什麼？」就在我說出這個問題的時候，我感覺自己也許已經猜到答案了。

「這所大學有很多化石，我對它們很好奇。」

「不過，以當今研究環境而言，無法閱讀可能很難有所發展，對嗎？」

洪納大聲笑了起來。「我總是告訴我的學生，『如果先動手做，就不必讀任何東西』。」

除了有趣，這個答案讓我屏住呼吸。洪納在完全不知情的狀況下，幾乎完整引用了達文西說過的話。當別人指責達文西閱讀能力不佳時，他回應：「那些只會研讀古人撰述、不知向大自然學習的人，只是大自然的繼子而不是大自然的子嗣。大自然是所有出色作者的母親。」達文西大聲地說：「雖然我不像他們那樣懂得旁徵博引，但我依賴的是更加偉大和更有價值的東西，也就是經驗。經驗就如同大師的情婦。」

洪納繼續重申：「我在研究中發現，許多科學家會根據閱讀過的內容預設想法。我不會。一旦發現某些事，我會寫下發現的內容及從中得出的結論。」洪納這番話間接觸及了另一個不幸的事實，其實沃斯．莎凡也曾暗示過。如今已經很少有科學家能承擔風險、獨立追隨自己的好奇心，因為研究經費和同儕的競爭非常激烈。科學越是昂貴，越會阻礙個人的好奇心，越會因為對漸進式進步的偏好而難以跳脫框架探險。

接著，我問了他同樣問過其他幾個「好奇大腦」的問題：「你覺得有沒有其他與好奇心同時並行的特徵？」

「這問題問得真好，」他回答，「我正在為『生物技術導論』課程演講準備資料——告訴你我的演講題目，也許你就可以知道這個特徵是什麼。偷偷告訴你，」他突然戲劇性地降低音調說，「這個課程裡的許多演講都有些枯燥乏味，而我的演講題目是——」此時他突然提高聲量，「〈如何製作一隻能在黑暗中發光的粉紅獨角獸〉。」

為了確定沒有聽錯，我問道：「你是認真要談論如何製作一個新物種，一隻能在黑暗中發光的活生生粉紅獨角獸？」

「沒錯。有些人會被成功的欲望所驅動——他們也許想擊敗癌症。我則是對理論性的問題感到好奇：我們真的可以做出這種樣貌的獨角獸嗎？想要做出這隻獨角獸，我們必須擁有什麼知識？」

這簡直就是超乎想像的思想實驗，也與吉亞諾提「超越思維能力」以及沃斯．莎凡「忽視顯而易見事物的能力」完美契合。「這是不是正好道盡了你對好奇心與科學是何物的哲學概念？」我問。

洪納再次非常有自信地說：「我認為當你只追隨自己的好奇心，而不是追尋其他人的好奇心時，最棒的科學就會出現。唯一的目標應該只有滿足自己的好奇心。」

我剛好得知洪納還參與了另一項大型研究計畫，我覺得應該問問。「可以談談恐龍重建（Reconstructing a Dinosaur）計畫嗎？」

洪納早就料到我會問這個問題。「與其他人的做法不同，我們沒有使用遠古DNA（ancient DNA）。」他指的是哈佛遺傳學家和分子工程師喬治・邱契（George Church）的精采研究，他們藉由冰凍猛獁象標本中的遺傳片段，讓滅絕的猛獁象「重生」（de-extincting）。「相反地，」洪納繼續說，「我們以鳥類的DNA試著逆向改造（retro-engineer），結果我們發現製作尾巴是最困難的部分，因為這其實涉及了製作椎骨。」

我為這個計畫的野心大感震驚，只能說：「即使只是成功一部分，也已經非常驚人。」看到洪納如此讓才智大鳴大放的計畫，我不禁想問最後一個問題：「你在選擇研究生和博士後研究員時，會刻意挑選跟你一樣有高度好奇心的人嗎？」

「沒錯！」

最後一位受訪者是巴西雕塑家、攝影師和綜合媒材藝術家（mixed-media artist）維克・穆尼茲（Vik Muniz），如果他的腿上缺少被開了的那一槍，可能永遠不會成為一位世界知名藝術家。以下就是他描述那個在聖保羅（Sao Paulo）的命運之夜：

> 那天晚上，我在離開一場社交活動之後，看到兩個男人正在打鬥，其中一人用手指虎重擊另一名男子。我下了車，拉開受害人與凶手，凶手最後逃跑了。走回車旁時，我聽到一聲巨大的爆炸聲，只記得頓時我就趴在地上，爬著逃命。剛剛被毆打、這時判斷力還有點模糊的受害人，回到自己的車邊，打開車門，伸手拿了把槍，回頭就對著眼前第一個看到的人開槍，那是一名身穿深色衣服的人——而那個人就是我。幸運的是，那一槍沒有要了我的命；更幸運的是，他是個有錢人。他拜託我不要提告，並給了我一筆錢。一九八三年，我用這些錢買了一張飛往芝加哥的機票。

穆尼茲目前主要定居紐約，但常常前往里約熱內盧。他是一位具有出色想像力的藝術家，最著名的是以日常生活的材料，如巧克力糖漿、糖、鑽石和花生醬等，巧妙地重建大師作品，再以新聞紀實風格拍攝。

二〇一〇年電影《垃圾狂想曲》（*Waste Land*）記錄了一項野心十足的計畫，該片拍攝穆尼茲在里約熱內盧郊外、世界最大的垃圾掩埋場格拉瑪丘花園（Jardim Gramacho），執行該計畫。他與拾荒者合作將垃圾轉變為藝術。《垃圾狂想曲》榮獲奧斯卡獎提名，並獲得五十多個國際獎項。

二〇一六年二月，我與穆尼茲訪談時，問了一些關於他《反射》（*Reflex*）一書的問題。「我知道你喜歡奧維德（Ovid）的敘事詩《變形記》（*Metamorphoses*）。他的敘事詩是否可以當作你工作整體的座右銘？」

穆尼茲笑了起來。「也許不是座右銘，而是靈感。《變形記》的第一句話是：『我心靈執意要說一個物體如何變形的故事。』這是一個關於知覺和理解的有趣陳述。」短暫停頓後，他繼續說，「藝術家和科學家都嘗試以驚奇的眼光看待每一件事。多年來，我試圖找到藝術的定義，最後我領悟了，藝術便是『心智與物質交界的發展或演變』。」他又笑著說，「然後，我發現科學也可以套用這個定義。」

「你是否在藝術與科學之間看到了連結？」我問。

「絕對有，」穆尼茲馬上回應，「科學家和藝術家都『求知若渴』，他們都一樣盡心盡力，將自己的生命奉獻在創造性的工具上，用這些工具幫助我們找出真相。當我和科學家談到亞原子世界時，我對科學家超出感官世界的思考留下了深刻印象。你要如何看待或理解超出三維空間的維度？這對慣用視覺思考的人來說很難。」

穆尼茲的言論、吉亞諾提將擁有好奇心的人描述為「有超越思維能力」，以及梅伊對科學與藝術「以某種神祕方式」相互連結的觀點，都十分相似。因此，我自然而然地問出下一個問題：「你覺得自己是個好奇的人嗎？」

穆尼茲大聲笑了起來。「其實可以說我的好奇心已經嚴重到幾近病態。當我還是孩子時，我收到一樣禮物，是一把螺絲起子，結果我差點把家裡可以拆的東西都拆了，最後還因此觸電，家人不得不沒收我的螺絲起子。我不認為自己學識淵博，但我確實嘗試對所有事情都了解一點點。我覺得創造力的種子就是好奇心，而且想像力的潛力來自對事情的疑惑。」他沉默了幾秒鐘，接著補充，「有時我好生羨慕中世紀的人們，那時的人們所知極少，是個一切都令人好奇的世界。」

「我想問兩件你很著迷的事：光，以及喜劇演員巴斯特·基頓（Buster Keaton）。」

穆尼茲解釋道：「在我的工作中，我試圖揭開感官接收到的資訊如何轉化為心理圖像。許多東西是在藝術學校學不到的：像是光的物理學、視覺的生理學、神經科學和視覺心理學。如果不知道這一切，就根本無法工作。因此，我在紐約的一半藏書都是科學書籍。」

這正好就是達文西的態度。「那麼你又是為了什麼對巴斯特·基頓著迷？」我繼續問道。

「他的作品具有兩個主要特徵：力學和因果關係。這是幽默及身體的力學，兩股力量在默劇中都非常重要。我只是單純覺得基頓很傑出。」

我知道他的系列作品《墨蹟圖像》（*Pictures of Ink*）作品之一是理查·費曼的肖像（圖二十三）。在這個系列中，穆尼茲利用厚墨水的手工效果創作了一些著名圖像。

「為什麼選費曼？」我問。

「我讀過他所有的熱門書籍，」穆尼茲告訴我，「我認識的每一位科學家都對費曼留下深刻的印象。」

「的確。」我心想。

「他甚至跑來巴西學打鼓，」穆尼茲繼續說，「他有一種非常開放的觀察模式。科學家和藝術家都必須具備這一點，才能創造出看待事物的新方式。」

我腦中能有的感想仍是「的確」。最後，我問穆尼茲是什麼啟發他在格拉瑪丘花園垃圾掩埋場的計畫。他的回答很真誠，我頗有感觸。

圖二十三

「有一次，我正在進行一場職業回顧展，我對自己說，『我知道藝術怎麼對待我』，但我想知道它可以為其他人做什麼。所以我開始與那些以前沒有真正和藝術有任何關聯的人合作。最後，一切主要還是受到好奇心的驅使。」藝術品拍賣募集的資金全數交給了巴西的「拾荒者」。

一個堅強的意志

塞繆爾・詹森（Samuel Johnson）於一七五一年寫道：「好奇心是堅強意志永恆且特定的特徵之一。」如果研究這些接受我採訪的異常好奇者的反應，我們是否能從他們的個人故事和堅強意志中獲得任何見解？我想一定可以。

儘管我們對童年記憶應該持保留態度，因為這些記憶可能會再經過修飾，但是這些特別好奇的成年訪談者即使從未有意識地思考過他們的童年記憶，也都無疑擁有一個非常好奇的童年。並不是每個孩子都會想要解決潮汐的奧祕（如馬丁・芮斯）；儘管許多孩子都喜歡恐龍玩具，但很少有人實際挖掘過恐龍骨骸（如傑克・洪納）。維克・穆尼茲因為好奇而被電擊（希望越來越少小孩跟他一樣不小心被電到）。好奇心會展現在對探索的濃厚興趣及熱情，不過即使擁有無窮無盡的好奇心，並不一定表示孩子一定是「有天賦的」（如傑克・洪納）。

心理學家米哈里・契克森米哈賴推測，孩子之所以會對追求某些活動感興趣，是因為這些活動使他們透過競爭得到成年人的關注和讚賞，這是孩子眼中至關重要的事。因此，契克森米哈賴不認為一個很會跳躍又很會翻滾的女孩，很可能就是對體操感興趣。

雖然有時確實是如此，像畢卡索（Picasso）很年輕的時候就展現了難以置信的才華，但是情況可能更為複雜（如法比奧拉．吉亞諾提或瑪麗蓮．沃斯．莎凡）。布萊恩．梅伊的曲折人生：他與父親一起製作吉他，接著學習數學和科學，然後為了音樂離開數學和科學，音樂這條路（儘管他的父母反對）最終還是把他帶回到科學。另外還有一個重點：我們可以保持活躍的好奇心多年，甚至可以回到生命早期就感到興趣的話題。契克森米哈賴也承認，在大部分情況下這種情形的確會發生，競爭優勢並不是遺傳的結果。相反地，早期的好奇心可能是由孩子直接接觸環境中的特殊情況所引發。

吉亞諾提和芮斯的大學經歷顯示，並非每個好奇或擁有高度成就的科學家，打從一開始就致力於科學事業。相反地，正如杰奎琳．高特里布的實驗，有些人在研究並專注於一種特定的熱情之前，會探索更廣泛的知識全景。興趣轉移及好奇心永遠活躍的最極端例子，就是斯多里．馬斯格雷夫令人難以置信的經歷。他的人生際遇會讓好奇心接連激發，他的背景與化學家暨諾貝爾獎得主伊利亞．普里高津（Ilya Prigogine）非常相似。儘管最初的主要興趣為人文科學，但在家庭壓力之下，普里高津開始研究法律，因此開始對犯罪心理產生興趣，並進一步鑽研神經化學，試圖了解潛在的大腦思考過程。這時他才了解神經科學遠遠不能完全解釋人類行為，於是他決定從基礎開始，投入自我組織系統（self-organizing systems）的基本化學領域。

馬斯格雷夫從數學到電腦科學，再到化學與醫學，最後成為一位知名太空人。他告訴我們，好奇心一方面提供了一盞導航的明燈，另一方面也可以照亮蜿蜒的道路。與眾不同且充滿好奇心的人可能無法預知好奇心會引導他們走向哪裡（如戴森，沃斯・莎凡、穆尼茲和梅伊），但他們始終注意周圍的世界，並準備嘗試解決一些周圍世界的奧祕。讓任何年齡的我們維持好奇心的特徵似乎就是，即使身在全新領域，也能保有率真的態度找出陌生的問題。芮斯對生存威脅的興趣、梅伊對動物的熱衷激進，以及洪納對如何製作粉紅獨角獸的研究，都是絕佳例子。弗里曼・戴森在九十歲生日的數天後，接受《量子雜誌》（*Quanta Magazine*）的專訪時，他透露正著手進行一項頗具挑戰的新研究：以損失最少生命的前提，為有效臨床試驗制定一個數學模型。在維持並利用智力能量時，這又會是一個什麼樣的模型？

第九章　為什麼是好奇心？

即使《睡美人》和《糖果屋》都以美好結局收場：公主最終得到了王子，糖果屋的兄妹也以機智戰勝女巫、救了自己一命，但這些童話以及其他許許多多童話故事似乎都暗示了好奇心很危險。常見的諺語「好奇心殺死一隻貓」也有同樣的意含。有趣的是，這句諺語在十六世紀末的原始版本是「苦惱殺死一隻貓」，目前還不清楚為何到了十九世紀末期，「苦惱」會被「好奇心」取代，但這種針對探索行為的警示意味濃厚，建議管好自己的事就好。

人類的好奇心很明顯是為了生存而演化——至少部分原因是為了生存。了解我們身邊周圍的世界、因果關係和變化根源，可以幫助人們減少預測錯誤並適應環境。我們對他人的好奇則無疑在擇偶和社會結構上發揮了作用。十八世紀冒險家傑可莫·卡薩諾瓦（Giacomo Casanova）常被引用的一句名言便是：「愛有四分之三是好奇心。」其實他在《回憶錄》（*Memoirs*）的原句是：「女人只要稍稍讓男人想要進一步認識自己，讓他愛上她的任務就已經成功了四分之三；愛什麼都不是，就只是好奇心吧？」渴望知識、好奇抽象概念，創造了豐富而複雜的人類文化。

人類不僅被動地對見到、聽到或感受到的事物做出反應，也會對眼前或遙遠事物的現象展現興趣，有時甚至願意積極探索。少數人會被某些主題激發強烈的求知欲，並奉獻一生追尋答案；不過每個人的好奇心並不一致。好奇心的程度與範圍無疑是由基因所決定（甚至可能是主要的決定因素），諸多實驗顯示，所有心理特徵基本上都能夠遺傳。儘管如此，試圖了解決定人們好奇心程度的其他因素仍很有意思。非天生的「個體差異」甚至是集體趨勢，最終會影響些什麼？例如，遺傳以外的因素可能包括直系親屬（如父母、兄弟姊妹、伴侶與子女）、親近的朋友、教師、宗教機構，以及一般文化環境和傳統習俗的影響。想要分離遺傳和環境的影響並不容易，特別是兩者時常錯綜複雜地相互作用。例如，我們都知道一旦遇到一連串不幸的悲劇，確實可能使人陷入深度抑鬱；我們也知道當類似狀況發生在不同人身上，某些人的基因的確比較容易陷入抑鬱。

遺傳可能性與好奇心

為了清楚明瞭各種心理特徵的遺傳性（包括好奇心），明尼蘇達大學（University of Minnesota）的湯瑪士．布赫德（Thomas Bouchard），以及倫敦國王學院的羅伯特．普羅明（Robert Plomin）與凱瑟琳．阿什伯里（Kathryn Asbury）等研究人員，主要針對雙胞胎進行研究。一般情況下，約有三分之一的雙胞胎基因是一模一樣（遺傳方面完全相同），其餘相同或不同性別的雙胞胎之間，遺傳物質則是平均分配。布赫德團隊進行了一項頗具影響力且知名的研究計畫，名為明尼蘇達分養雙胞胎實驗（Minnesota Study of Twins Reared Apart，MISTRA），他們聚集了世界各地的雙胞胎，這些雙胞胎的童年及大部分的人生都是分離兩地生活，直到這項研究計畫才再次相聚。另外，普羅明團隊的雙胞胎早期發展研究（Twins Early Development Study）則研究了約一萬兩千個家庭，阿什伯里也參與了這項實驗。

明尼蘇達分養雙胞胎實驗的雙胞胎會先接受約五十個小時的心理和醫學檢查，這些檢查特別強調心智能力，包括魏氏成人智力量表（Wechsler Adult Intelligence Scales）和瑞文氏漸進圖形測驗（Raven's Progressive Matrices）等評估。結果相當明確：從小就分隔兩地的同卵雙胞胎，智力方面與從小一起長大的雙胞胎大致相似。

二〇〇四年，布赫德回顧了部分大型研究計畫，這些計畫從相對富裕的西方社會抽取大量樣本進行研究。結果顯示，五大人格特質（經驗開放性、盡責性、外向性、親和性和神經質）受遺傳影響的範圍為四〇～五〇%，經驗開放性（與好奇心最相關的特徵）的遺傳相關則高達五七%。換句話說，遺傳學可以解釋一半的人格特質差異，兩性之間則沒有顯著分別。

布赫德還研究了另一項收集多年資料的大型研究計畫，此研究著重於心理興趣（也稱為職業興趣）。該計畫涉及了雙胞胎、非雙胞胎兄弟姊妹，以及父母和其子女，分別詢問各自在藝術、研究、社會和進取心方面的興趣。其中的研究興趣顯然能代表好奇心，但其他興趣都可能包含重要的好奇心組成部分。所有表現都再次傾向「顯著遺傳影響的平均值為三六%」，受試者受到環境的影響則大約為一〇%。

好奇心會受到遺傳強烈影響，這是否很令人驚訝？可能不會。就像我們在第四到第六章討論過的，好奇心需要一定的認知能力，而且認知能力可能有賴記憶能力和執行控制運作，這些都明顯受到基因遺傳的影響。然而，如果沒有適當的機會和具備生存與生活必需的精力，遺傳特徵可能根本不會浮現。布赫德也在這方面注意到：「這些研究可能有抽樣不足的情況，因為樣本大多來自西方社會最貧困的階層，研究結果不應該當作普遍現象。」更重要的是，我們知道遺傳學不足以代表全貌。我們無法確定哪些因素依循演化而來，再者，只依照基因編碼指令運作的世界，很可能與我們的世界非常不同。那個世界可能沒有莎士比亞、沒有莫札特，也沒有愛因斯坦，可能也不會出現人類語言、引領文藝復興誕生的歷史環境，以及科學革命等戲劇性的發展，這一切都至少有部分源於人類的好奇心，人類因此走上一條比只用DNA鋪就的道路更快的路線。我們的「文化」就是誕生於這種非生物性的好奇心高速捷徑。人類文明不是藉由人類基因突變（這是一種痛苦緩慢的過程）演化誕生，而是藉由獲得並傳播知識而發展起來。人類思維必須經過篩選有用的重要資訊的過程，也就是第五章提到的好奇心和探索策略。環境的資料不斷轟炸我們的感官，我們的大腦必須不斷選擇哪些是生存必需，哪些又能滿足我們特定、多元、知覺及認知的求知欲。

好奇心在教育、基礎研究、藝術熱情及故事（以人際互動、書籍、電影與廣告等各式包裝）等各種領域，都不斷發揮重要作用，即使接受好奇心的個體差異會受到遺傳強烈的影響，我們仍然想問：好奇心真的能培養嗎？在試著研究增強好奇心的可能方法之前，我們必須面對現實生活有時確實會強烈抑制好奇心。

好奇心殺死一隻貓

為了生存而掙扎的人，不會有任何奢望、動機或時間思考生命的意義。被迫離開家鄉、徒步跨越邊界，有時更必須穿過整個大陸的難民小孩，同時還得忍受長期的飢餓與居無定所，這些孩子很難會有任何單純只為滿足好奇心的探索或行動。

人類歷史也曾有一些時期，透過神話、傳統與偶爾的刻意誤導，將好奇心視為危險的代名詞，以此作為威懾民眾的強大力量。暴君、嚴厲執行恪守教條的正統教義派、資訊掌控者，以及頑固的現狀守護者，有時會覺得子民的知識程度應該低於自己，因此不鼓勵好奇心的發展。對於統治者而言，說服大眾無知並無大礙，或是告訴他們許多事僅只是本該如此，會比實際擁有出眾智識容易許多。

也許世上所有文明都曾為了某些知識築起限制，傳統認為好奇心可能會造成危險，因此不應該放任好奇心自由，這種傳統與人類文化本身一樣古老。聖經裡的夏娃和亞當因為渴望知道更多（被狡猾的大蛇煽動）而偷嚐了禁果，從此被逐出伊甸園。化名為詹姆斯・布里迪（James Bridie）的蘇格蘭劇作家幽默地（或認真地？）將夏娃的行為形容為「實驗科學的第一大步」。

同樣在創世紀（Genesis）中，當上帝決定摧毀索多瑪（Sodom）和蛾摩拉（Gomorrah）兩座罪惡城市時，祂決定赦免道德良善的洛特、他的妻子和兩個女兒的性命，於是派出兩名天使敦促洛特立即離開索多瑪城，並且警告在任何情況下都不能回頭看。洛特的妻子受不了好奇心的驅使，回頭看了一眼，結果立刻變成鹽柱。（順道一提，看過以色列知名的「洛特妻子」岩柱就知道，她一定是個巨人。）

聖經及各種神學手稿不斷向所有人類宣導與告誡，某些知識是非法且禁止的。例如，具權威地位的傳道智慧書（Wisdom Book of Ecclesiastes）中就有許多令人沮喪的警告：「眾多智慧包含了許多悲傷，累積越多的知識將導致越多的痛苦」，並訓誡人們「別對不必要的事情心存好奇，我們身上展顯的比能理解的更多」。之後聖奧古斯丁（St. Augustine）的第五世紀宣言也有類似的威懾：「神為好奇者塑造了地獄。」聖奧古斯丁還提到，好奇心是「眼睛的慾望」（拉丁文為*concupiscentia oculorum*），警告不要企圖計數星星或沙粒，因為他斷言這種徒勞的好奇心會阻礙人們通往卑微奉獻的道路。這些觀點與十二世紀法國的明谷修道院院長聖伯爾納鐸（St. Bernard of Clairvaux）有強烈共鳴，他進一步把好奇心形容為一種致命的罪惡，就落在懶惰和驕傲之間。他宣稱：「為了了解而學習，是一種令人反感的好奇心。」

古希臘人也並非一直都認可好奇心。希臘神話中述說了許多因過於好奇而受到神聖懲罰的故事。潘朵拉（Pandora）的故事就與聖經裡的夏娃出奇相似。傳說中潘朵拉無法抵擋好奇心，開啟了釋放人類所有邪惡的罐子（通常誤譯為盒子）。公主姊妹赫珥賽（Herse）和阿葛勞若斯（Aglauros）因為好奇心而違背雅典娜的命令，偷看嬰兒籃裡的厄里克托尼俄斯（Erichthonius），因此受到嚴厲的懲罰。厄里克托尼俄斯是雅典神話的未來統治者（他在某些版本的形象是半人半蛇），這對姊妹因為看到他的眼神而發了瘋，從雅典衛城（Acropolis）縱身跳下。塞墨勒（Semele）則是非常好奇且堅持想要看到宙斯的神聖榮耀，儘管宙斯懇求她不要提出這個要求，最後她被一場閃電般的火焰燒得灰飛煙滅，故事一樣以災難作結。

不過，多數人可能會反駁認為這些懲罰只是針對不服從，與好奇心無關。但是我們應該記得，直到大約十七世紀之前，好奇心的含義與今天並不相同。對於人類來說，好奇心暗指著各種階層的假道學，他們窺探與自己無關的事，而不是探索。因此，十二世紀英國學者亞歷山大．內侃（Alexander Neckam）甚至將人類的發明和建築成就，嘲弄為干涉上帝創作的行為。「哎呀，虛榮就是好奇！哎呀，好奇就是虛榮！一個患有這種易變疾病的人（將易變視為一種疾病），會將方形摧毀、改造成圓的。」即使是偉大的荷蘭文藝復興人文主義者德西德里烏斯．伊拉斯謨（或稱鹿特丹的伊拉斯謨〔Erasmus of Rotterdam〕），也一直堅持認為「聖經並沒有譴責學習」，並辯稱好奇心是一種想知道不必要事物的貪婪行為，必須是精英階級才可以擁有。

到了十六世紀，一般人對好奇心的態度開始有了變化，特別隨著世界旅人和博物學家的人數增加。誰應該知道什麼、應該如何獲得這些知識等問題，成為從科學到宗教各種圈子的對話主題。牛津歷史學家尼爾・肯尼（Neil Kenny）做了一個簡單的統計，他計算一六〇〇到一七〇〇年間文獻中使用「好奇心」或拉丁文的「好奇心」（*curiositas*）等相關詞語的次數，發現出現次數比先前飆升了十倍左右，這反映出科學（甚至是哲學）革命引發的對探索興趣的增長。把好奇心視為一種人類無法逃脫的情感的第一人，是無時無刻充滿好奇心的法國數學家兼哲學家勒內・笛卡兒（René Descartes）。雖然他把好奇心視為一種疾病，但他對這種熱情的態度卻是矛盾的，因此他說：「凡人具有的好奇心是如此盲目，因此經常在未被探索過的路上思考，不奢望成功，僅僅只是想要冒險嘗試尋求真相在哪裡。」笛卡兒創造的六種「原始情緒」（分別是驚奇、愛悅、憎惡、欲望、歡樂與悲傷）中，第一種就是「驚奇」（與好奇心密切相關）。他解釋驚奇的功能是「從前被忽略，但在記憶中學習並保留的事物」。

其他眾所周知的好奇人物接連出現，例如自我風格強烈的英國醫師兼作家湯瑪士・布朗（Thomas Browne），書寫了關於自然的奧祕、人以及人與神的關係、信仰和迷信、古玩、園藝史和死亡等各式神祕主題的書籍。

十九世紀初，普魯士博物學家和探險家亞歷山大・封・洪堡（Alexander von Humboldt）在南美洲、俄羅斯和西伯利亞深度旅行，並發表了在植物學、人類學、氣象學、地理學、考古學和語言學等方面的詳細研究。某位傳記作者寫道：「洪堡把世界當作一間實驗室探索。」洪堡的兄弟，語言學家兼哲學家威廉（Wilhelm）說：「亞歷山大對單一事實感到恐懼」，寧願探索現象的每一個層面。他認為洪堡本人就是好奇心的具體展現，這可能一點也不誇張。洪堡的多卷作品《宇宙》（*Cosmos*）的引言中，他試圖勾勒關於物理科學的所有已知知識，強調好奇心的平等本質，並藉由寫作提出科學知識是「不同社會階級共有的財產」。洪堡逐字逐句記錄的東西，與三百年前的達文西以及一百五十年後的費曼所留下的紀錄幾乎一模一樣，他表達的想法幾乎可以稱為好奇者的宣言：「當博物學家著手詳加研究，就沒有無趣之事。大自然是研究靈感源源不絕的源頭，隨著科學的進步，只有知道如何提出問題的觀察者才能發現新的事證。」晚年，洪堡提到自己無法抑制的好奇心：「我喜歡這樣想，當我因為感到困惑而用了過多科學興趣處理我的好奇心時，其實已經在所經的思路上留下了一些痕跡。」牛津社會歷史學家西奧多．澤爾丁（Theodore Zeldin）漂亮地總結了洪堡這方面的貢獻：「他勇於在知識和感受之間建立連結，也勇於將人們在公眾場合所做與所信仰的，和私底下占據心思的搭起連結。」

儘管從十七世紀以來，好奇心的地位似乎有越來越正面的趨勢，許多人仍對此保持謹慎的態度。這種不信任的典型例子是歌德（Goethe）於十九世紀所寫的悲劇《浮士德》（*Faust*），一名德國學者經歷努力獲取知識卻失意受挫後，將自己的靈魂賣給了魔鬼。同一時期出現的好奇心一詞不僅代表人類對資訊的渴望，也象徵人們對罕見或奇異物體的興趣。「藏珍閣」（cabinets of curiosity）或稱「奇蹟屋」（wonder rooms）因此出現，其實就是收集大自然物品或藝術品的地方，類似博物館。

同樣顯著的例子還包括一八一二年格林兄弟出版的童話故事集，其中許多故事都有關於好奇心和探索行為的曖昧訊息。在《睡美人》（*Sleeping Beauty*）的改編故事（改編自最初出版於一六九七年的某篇故事）中，這位十五歲的公主熱切地檢查城堡的每個角落，最後來到一座小塔樓。她爬上蜿蜒的樓梯，用一把生鏽的鑰匙打開一扇小門，發現面前有一位正在紡亞麻的老女人。大吃一驚的公主在幾乎沒有碰到紡車的情況下，被紡錘刺到了手指，結果陷入一百年的沉睡。這個故事幾乎完全不鼓勵好奇的探索！

《糖果屋》（*Hänsel and Gretel*）也有類似的情節，一對小兄妹冒險走到一座由蛋糕和糖果蓋成的房屋後，才發現自己已經陷入了戲劇性的困境。這棟房子住著一個會吃人的女巫，兩個不知情的孩子不曉得自己已有生命危險，還逕自在屋頂大吃特吃糖果蛋糕。順便提一下，女巫的形象讓人聯想起斯拉夫民間傳說中長著長鼻的魔鬼雅加婆婆（Baba Yaga），她也專吃調皮吵鬧的小孩。

即使《睡美人》和《糖果屋》都以美好結局收場：公主最終得到了王子，糖果屋的兄妹也以機智戰勝女巫、救了自己一命，但這些童話以及其他許許多多童話故事似乎都暗示了好奇心很危險。常見的諺語「好奇心殺死一隻貓」（Curiosity killed the cat）也有同樣的意含。有趣的是，這句諺語在十六世紀末的原始版本是「苦惱殺死一隻貓」（Care killed the cat），目前還不清楚為何到了十九世紀末期，「苦惱」會被「好奇心」取代（至少對於這位作者而言），但這種針對探索行為的警示意味濃厚，建議管好自己的事就好。

由於好奇心不僅無法避免，同時也是獲得知識欲望的主要驅動因素，所以我們也許可以很自在地以更正面的角度看待「好奇心殺死一隻貓」，用「滿足讓貓重生」來加以反駁。

好奇心是治療恐懼的良方

遺憾的是，阻礙好奇心並不是聖經、中世紀或古希臘時期的專利，暴虐殘酷的政權與意識形態及思想狹隘的社會，仍然不斷試圖終結好奇心，甚至到了今天依然如此。旨在扼殺好奇心、新想法和探索的行為，不只阻礙了科學發展，藝術和知識通常也

無一倖免。一九三七年，納粹政權在慕尼黑舉辦的「墮落藝術展」（*Degenerate Art*），其唯一目的就是說服觀眾，現代藝術只是猶太共產黨者對德國人民的惡意陰謀。展覽包括了部分二十世紀最偉大藝術家的作品，如超現實主義派（surrealists）的馬克思・恩斯特（Max Ernst）與保羅・克利（Paul Klee）；表現主義派（expressionists）的恩斯特・路德維希・克爾希納（Ernst Ludwig Kirchner）、埃米爾・諾爾德（Emil Nolde）、奧斯卡・柯克西卡（Oskar Kokoschka）與馬克斯・貝克曼（Max Beckmann）；立體象徵派（cubist-symbolists）的馬克・夏卡爾（Marc Chagall）；抽象畫家（abstract painters）瓦西里・康丁斯基（Wassily Kandinsky）與恩斯特・威廉・耐伊（Ernst Wilhelm Nay）等等。這些畫作故意以毫無邏輯的順序掛在牆上，創造出這些畫作沒有絲毫價值的印象。抽象繪畫在展覽目錄以詆毀的方式簡介，例如「我們在這些作品中看不出揮動畫筆或鉛筆的人，腦袋病態程度有多嚴重」。為了加深大眾的負面反應，當局還雇用了煽動者混入參觀者，並大聲嘲笑這些藝術品，最後甚至燒毀了某些作品。

這絕不是反動、不寬容或極權主義政權摧毀藝術，或蓄意混淆以扼殺好奇心的最後一次行動。二〇〇一年三月十四日，阿富汗的神權塔利班（Taliban）政府宣布炸毀兩座巴米揚大佛（great Buddhas of Bamiyan）。巴米揚大佛雕像（分別約為五三・三和三八・一公尺高，圖二十四是尺寸較小的佛雕像，攝於一九七七年）建於西元六世紀左右，塔利班在破壞大佛的同時，也粉碎了喀布爾博物館（Kabul Museum）和阿富汗各省博物館的雕像，摧毀阿富汗與過去歷史的連結。

圖二十四

然而，塔利班襲擊好奇心最令人震驚的行動，對準的是一個充滿好奇心的人：馬拉拉・優素福扎伊（Malala Yousafzai）。一九九七年，馬拉拉出生在巴基斯坦的明戈拉（Mingora），在馬拉拉兒時歲月裡，成為了一位知名的社會運動家。二〇〇八年，在塔利班襲擊女子學校之後，她舉辦了一場演講，題目是「塔利班是如何剝奪我的基本受教權？」。英國廣播公司（BBC）注意到如此充滿勇氣的行為，並邀請她為廣播公司撰寫部落格。從那時起，十四歲的馬拉拉就收到了塔利班的死亡威脅，塔利班更在二〇一二年十月九日，派了一名槍手在她從學校乘坐公車回家時進行射殺。幸運的是，她活了下來，並在二〇一四年獲得諾貝爾和平獎，繼續主動宣揚女性教育。二〇一五年七月，這位年輕、勇敢又好奇的社會運動家，在黎巴嫩為敘利亞難民女孩開辦一所學校。

抑制好奇心最經典的做法，就是對書籍施行極端嚴格的審查制度以及焚毀。毀壞書籍等各種文獻記載的行為，可以追溯到西元七世紀，但一直到二十世紀，焚書事件仍持續發生。納粹便經常焚毀猶太作家撰寫的書籍；智利法西斯獨裁者奧古斯圖・皮諾契特（Augusto Pinochet）也在一九七三年下令燒掉數百本書籍。一九八一年，為期三天的少數民族坦米爾人（Tamil）大屠殺，僧伽羅人（Sinhalese）的警察和政府支持的非法軍事組織，亦在期間燒毀了斯里蘭卡的賈夫納公共圖書館（Jaffna Public Library），圖書館典藏了數以萬計的坦米爾語書籍和手稿。

我們人類是否從這些壓迫、恐嚇和侵犯人身自由的故事學到教訓？我堅信是有的，這是一個明顯的教訓：「好奇心是治療恐懼的良方。」自由最明顯的表現之一，便是可以對任何喜歡的事物感到好奇。弗里曼．戴森在狹義的科學應用看見了這個特點，他說：「我一直認為，成為一名科學家，就好像拿到一張解決任何科學問題的『執照』一樣。」然而，真正的自由意味著只要不侵犯別人的自由並且受到某些道德的規範（我在本書結語將有進一步討論）之下，你可以隨時隨地追隨自己的好奇心，做什麼都可以。牛津學者西奧多．澤爾丁說得巧：「僅對某個人的作品、些許娛樂以及少許人感興趣，會在宇宙留下太多黑洞。」

二〇一二年，我在準備一場公開演講時，創造了「好奇心是治療恐懼的良方」一詞。不久之後，我發現我並不是第一個想到好奇心擁有這種「治療效果」的人。二〇〇八年，哥本哈根「當代藝術四年展：徹底轉變」（*U-Turn Quadrennial for Contemporary Art*）的標語便與我的十分相似：「用好奇心取代對未知的恐懼」（圖二十五）。它的核心概念便如同科學家在科學革命後，每一次的突破都不斷帶來一系列新問題和不確定性，我們應該體認周遭世界為我們的好奇心提供了無數的機會及眾多的主題。我們不應該放任自己的好奇心被埋沒。就如同弗拉迪米爾．納博科夫（Vladimir Nabokov）所說：「討論這些問題就代表著好奇心，好奇心則用最純粹的反抗回敬我們。」

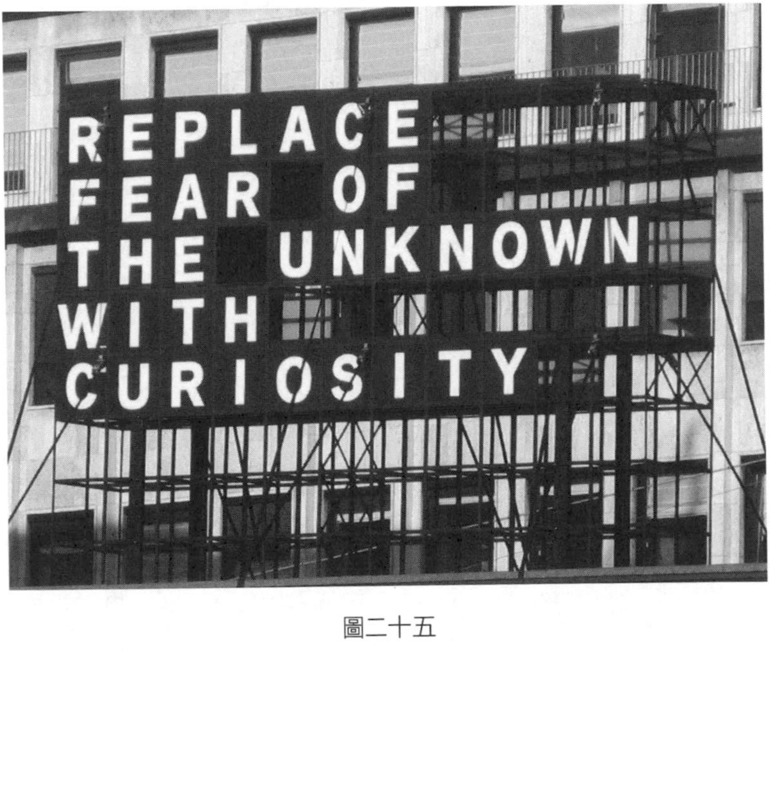

圖二十五

撰寫本書的過程中，我意外發現了愛爾蘭小說家詹姆斯．斯蒂芬斯（James Stephens）用另一種描述好奇心強度的方式，比「好奇心是治療恐懼的良方」更強而有力。他在哲學小說《金陶罐》（*The Crock of Gold*）中描述一個男孩生長在陽光永遠無法穿透的幽暗密林，男孩在他家不遠處發現了一個在盛夏時刻陽光可以照耀幾個小時的空地。斯蒂芬斯寫道：「看到這場非凡光芒的第一眼讓他震驚，」彷彿置身達文西站在洞穴入口的情況，他繼續陳述：「他以前從未見過這樣的景象，這個穩定又持續不斷的眩光激起他的恐懼和好奇心。」斯蒂芬斯用一行有力的文字作結：「好奇心比勇敢的心智更能克服恐懼；好奇心更使許多人因為匹夫之勇而深陷令人不寒而慄的危險中。因此，飢餓、愛情和好奇心是生命的巨大推力。」

事實證明，好奇與恐懼之間錯綜複雜的相互關係，不只存在著動機狀態，同時含有生理特徵。神經傳導物質多巴胺與大腦相鄰區域的獎勵（以及由此引起的好奇心），和恐懼有關。二〇一一年，密西根大學的心理學家喬瑟琳．理查（Jocelyn Richard）和肯特．貝里奇（Kent Berridge）指出，當多巴胺正常作用時，若將多巴胺注射到大鼠的伏隔核前部，會導致大鼠的食量激增三倍；相反地，若將多巴胺注射到伏隔核背部，大鼠會表現出恐懼，彷彿正被掠食者追趕。這些實驗結果並不只是一種比喻，某種程度上，好奇心確實跨越了恐懼和獎勵之間的薄弱界線。

看了這些集體壓抑好奇心且令人沮喪的歷史之後，我想現在應該可以回到更令人振奮和迷人的問題：我們如何激發和培養個人好奇心？如何提升好奇心並保持活力？我應該要強調一下，以下並不是好奇心的「操作方式」（how-to）或「自我養成」（self-help），相反地，我是從前幾章內容萃取出如何協助與生俱有的好奇心。

助長強烈的求知欲

在理查．費曼那本很具娛樂效果的《你管別人怎麼想？》（*What Do You Care What Other People Think?*）當中，他書寫了一段吸引人的故事，描述自己童年時期，父親是如何盡力提供心智性工具（mental tools），最終幫助費曼成為一位非常好奇的科學家。故事表面上看起來很簡單，他的父親引領費曼注意到有隻鳥不斷四處走動並一直「啄」（pecking）羽毛（應該是「用喙整理羽毛」〔preening〕，而不是「啄」〔pecking〕）。費曼的父親問他，你覺得鳥為什麼要這樣做。費曼回答說：「也許牠們在飛行時弄亂了羽毛，所以是為了要把羽毛弄直。」費曼的父親說，也許可以用一個簡單的方法檢驗費曼的假設。他說，如果費曼的猜想正確，那麼剛剛降落的鳥會比在地面行走一段時間的鳥更常用喙整理羽毛。父子倆觀察了幾隻鳥，結果認為剛降落的鳥和沒在飛行的鳥之間沒有明顯差別。費曼承認自己的假設可能不正確，他問父親是否有正確答案。費曼的父親解釋說，鳥類會被蝨子騷擾，蝨子會吃從羽毛掉下的蛋白質，某些蟎則會吃蝨子腿上蠟質的物質，蟎再排泄出一些類似糖的物質，滋養某些細菌。他總結說：「所以你看，到處都有食物，總是有『某種』形式的生物可以找到這些食物。」

這個看似天真無邪的童年故事，擁有許多獨特之處。首先，他的父親教費曼觀察和尋覓驚奇的樂趣。正如費曼自己所說：「我一直都在尋找，就像個孩子，因為我知道我會找到驚奇的事物（也許不是屢試不爽，但很常能夠找到）。」其次，費曼的父親藉著某個有趣的現象（鳥用喙整理羽毛）提出問題，產生了一個特定知覺好奇心。費曼的父親在他的腦海中創造了似乎可以突破的資訊落差，這是一種肯定會激起好奇心的做法。同樣地，一個能說出美國四十二個州名的孩子，可能更有興趣記住還記不得的其他州名；連五個州名都記不起來的小孩，可能對於其他州名興趣缺缺。第三，他的父親沒有立即回答，反而與費曼一起實際測試他的假設，鼓勵認知好奇心。此外，回想我們之前提過的，當實驗證明自己的理論是錯誤時，更有可能牢牢記住正確的解釋（甚至會增強非刻意記憶）。最後，他的父親給出了一個答案，即使那時的費曼可能已經知道有些細節也許並不正確（鳥類整理羽毛可以去除灰塵和寄生蟲，將羽毛排列在最佳位置，並將腺體分泌出來的油脂平均塗抹在羽毛上），但原則上這樣的答案仍然正確。他的父親藉由這種鳥類用喙整理羽毛的常見例子，一窺更宏觀的生命過程以及自然界對食物資源的依賴，同時促進了認知好奇心的發展。

費曼的故事包含幫助人們由內在等方面培養好奇心的重要訣竅。首先，努力保持讓自己與他人感到驚喜是很重要的。就像鍛鍊體格、促進關節和肌肉的健康一樣，保持孩童般的驚奇就像鍛鍊知覺好奇心。要如何才能達成鍛鍊的目標？也許可以讓自己每週都有幾次在每天遇到的眾多事件、人物、事實或現象中，至少對一樣事物萌生由衷的興致。可能是關於暴雨中影響叉狀閃電路徑的因素、同事的興趣、智慧型手機的新軟體、追蹤特定的推文，或試圖了解股市走向（這個只能期待好運！）。只要保持興奮雀躍，刺激物是什麼並不重要。也可以做一些無法預測或看似與自己個性不符的事，讓其他人甚至是自己感到驚訝；也許可以從穿著、社群媒體互動或習慣等改變。積極鼓動其他人的知覺好奇心，似乎也會增強自己的好奇心。好奇的人喜歡身處新的感受、體驗新的心境。許多研究顯示，好奇心會增加由資訊感知價值所衍生的動機。二〇〇四年發表的某項研究更進一步指出，充滿好奇心的人會被同樣有好奇心的人所吸引，這個吸引力甚至會超出其他共同特徵。

談到培育好奇心時，我們也可以從達文西身上學習：記錄吸引自己注意或探索的事物。這並不意味我們必須如同達文西，將大部分時間都投注在撰寫筆記的迷戀中，但至少應該記錄真正不同以往的現象或事件，並不時看看筆記累積的內容，也許其中會出現值得好奇的潛在主題或模式，並鼓勵我們更深入研究，產生學習的樂趣。

第四至第六章描述的神經科學和心理學實驗（以及費曼關於鳥用喙整理羽毛的故事），包含了另一種培養好奇心的方法，特別是針對兒童和學生。教育者應該經常提出問題，而且不應該馬上提供答案。相反地，他們理當鼓勵學生自己找出答案，然後想辦法測試答案的正確性。換句話說，目的就是反覆訓練他們自己產生認知好奇心的能力，以增強智力的靈巧。

另外，書店和圖書館常能鍛鍊積極多元的好奇心。在感興趣的特定書籍旁邊，總是還有其他也很有趣的書籍。在網路上搜尋特定主題時，也會出現各式多元的經驗。這些相關主題的後續發展實在不應該錯過（至少偶爾看看），它們常常帶來豐富的收穫。

關於學生的好奇心，有個非常重要的觀點，這個觀點是在我對馬丁·芮斯進行專訪時想到的：一個好的策略就是循著學生已有的好奇心，再利用它產生的熱情協助教學。也就是說，如果學生渴望了解恐龍，那就從恐龍開始。正如在第六章的實驗，好奇心會讓我們的大腦處於一種能吸收好奇事物周遭所有事物的狀態。法國詩人安那托爾·佛朗士（Anatole France）寫下了這個觀察敏銳的描述：「整個教育的藝術就是要喚醒年輕人內心與生俱來的好奇心，並滿足其好奇心。」

我個人的經驗也可以幫助說明此概念。那時是我最小的女兒要製作中學的科展計畫。讀過中學的孩子應該都很熟悉這個過程，這些任務應該是為了激發認知好奇心，但科展往往變成父母親的乏味任務。我的女兒問我，我覺得什麼是好的科學計畫時，我想到可以用不同方法測量自由落體的加速度（如用擺錘、斜面、從屋頂丟東西落下等等）。然而我的女兒馬上說，這些實驗都非常無聊，她自己再想一想。

幾天之後，她告訴我她想測試哪支口紅可以撐過最多次的接吻。我很驚訝，因為我女兒從來沒有使用過口紅，也從沒出現過任何對唇膏的興趣。看到我驚訝的神情，她很快解釋說，她真正想測試的是廣告的真相。當時有一家公司聲稱自家口紅接吻後的耗損率最小，我女兒想要測試這種說法合不合理。我仍然不確定我們該如何進行實驗，但她已經有了想法。她建議塗上口紅，並在一張薄紙上分別親吻十個不同位置；紙張兩面都親吻過之後，再拿去稱重，記錄黏在紙上的口紅重量，然後對十種不同品牌的口紅重複實驗。

此時，一個真正的科學實驗儼然成形，但我們仍需找到一個夠精準的分析秤，好量出紙張的精確重量。我的妻子（她是一位微生物學家）此時站出來救援，她的實驗室剛好有一臺夠精準的電子秤。我的妻子建議我們應該進行第二次獨立測試，她還有一種儀器可以測量透明塑膠片的不透明度或光學深度（optical depth，生物學領域稱之為吸光值〔optical density〕），可以測量光束在通過薄片時強度衰減了多少。我女兒因此再次用不同口紅，塗在嘴唇上，親吻一塊透明的塑膠薄片，最後測量吸光值，獨立測定哪種口紅的耗損率最少。我們該做的其實只是一點點的協助，只要跟隨孩子真正好奇的問題，就能引導出認真的探索。最後，如果你也好奇科展的結果，告訴你，那家口紅公司的廣告是真的，而我女兒則獲得了科展第一名。

結語

一八七〇年，馬克・吐溫（Mark Twain）發表了一篇短篇小說〈中世紀傳奇故事〉（A Medieval Romance）。錯綜複雜的情節設定發生在一二二二年，劇情發展如下：狡詐的克魯根斯坦動爵決心從他的兄弟勃蘭登堡公爵手上贏得公爵繼承權。他們的父親在臨終前叮囑，爵位必須由男性繼承（誰生了兒子，那個兒子就能繼承公爵），如果沒有兒子，就由勃蘭登堡公爵的女兒繼承（如果可以證明她品性純潔）。克魯根斯坦動爵為了奪取繼承權，便把自己的女兒當作兒子一樣扶養長大，並取名為康拉德。此外，為了進一步確保勃蘭登堡公爵的女兒康絲坦斯女爵不會成為繼承人，他派了一位英俊又精明的貴族康・戴辛勾引她，玷汙她的品性。

當勃蘭登堡公爵的健康開始惡化時，年輕的康拉德被喚來擔起最終繼承人的職責。克魯根斯坦動爵警告康拉德，嚴格的法律規定，如果一位女性繼承人在加冕之前坐在公爵位子上，即使是一瞬間，她的處罰就是死刑。

在康拉德扮演代理繼承人幾個月後，情節變得緊湊起來，康絲坦斯女爵愛上了「他」。當康拉德沒有回應她的愛時，康絲坦斯女爵非常沮喪，她的愛變成了一種痛苦的仇恨。更糟糕的是，康絲坦斯女爵確實已經陷入克魯根斯坦動爵的陰謀當中，被康・戴辛暗中誘惑，生下一個孩子，而戴辛早已逃離了公爵領地。

於是一場對康絲坦斯女爵的審判開始了，但是康拉德猶豫不決，即使「他」還沒被加冕，也必須坐在公爵寶座擔任代理公爵和判官。他在這張公爵椅上莊嚴地向康絲坦斯女爵說：「按照這片土地的古老法則，除非你供出你的伴侶罪行並把他交給劊子手，不然你就必須受死。再給你一次機會，只要說出孩子的父親是誰，就可以免於死罪。」

此時，衝擊的轉折出現了。康絲坦斯女爵帶著憤怒的眼睛，用食指指著康拉德並大聲咆哮：「你就是那個人！」

康拉德陷入了無法掙脫的泥沼。為了駁斥康絲坦斯女爵的指責，康拉德就必須揭示真實的性別身分，但這也意味著必須在禁忌的寶座上受死。如果不揭露自己的性別，康拉德也必須要為誘惑堂妹一事接受死刑。康拉德該如何解決這個難題呢？

吐溫已經充分知道自己營造出好奇的高潮，詼諧的吐溫真的擁有十分耀眼的才華，他甚至在故事中插入文句，承認自己也無法解開這道難題！他決定留給讀者一個永恆的不確定性，一個永遠不會被填補的資訊落差。吐溫寫道：「我把我的英雄（或女主角）帶到了一個如此危急的境地，以至於我都不知道該怎樣讓他（或她）脫離這個險境，因此到這裡我就不再插手了，讓讀者想出解決困境的好方法，或者就維持現狀。」究竟有沒有將康拉德從絞刑架上救出的辦法？儘管吐溫想不出來，並且讓讀者盡情地忍受挫敗感，但我相信不幸的康拉德仍有希望。我會在最後揭曉我的結局安排。

吐溫的故事盡顯娛樂性，以非常簡單而有效的方式展現了好奇心的力量。我們不禁對主角感到擔憂。身兼記者與作家的湯姆．沃爾夫（Tom Wolfe）在暢銷小說《完美之人》（*A Man in Full*）也使用了類似手法，描寫一對住進汽車旅館的夫婦。「她從手提包裡拿出那個小杯子，他們用杯子做了那件事，這是他一生中從沒聽說過的事。」許多讀者都沒有成功猜測到這種性行為到底是什麼，甚至有幾個大膽的讀者把建議寄給了沃爾夫。沃爾夫承認，他只是簡單地編造了這句話，讓讀者好像看到了一些難以啟齒的變態行為，但他其實沒有任何具體的想法。

其他作家使用複雜的計謀刺激類似認知好奇心的東西，渴望進一步分析出更深的理解。山謬．貝克特（Samuel Beckett）的神祕劇《等待果陀》（*Waiting for Godot*）就是個很好的例子。在這部荒誕的兩幕作品中，兩位老人等待一個名叫果陀的人出現，但他從沒出現過。這齣劇激發出大量的解釋，從精神（人類對救贖的需要）到馬克思主義（擁抱社會主義價值觀以代替資本主義異化〔capitalistic alienation〕）①。還有人認為，這部戲劇反映了貝克特在二戰期間經歷的法國保衛戰。但是，貝克特本人似乎想讓觀眾痛苦地迷失方向並持續不斷地產生好奇。他說：「《等待果陀》的偉大成功是源自誤解：評論家和公眾都以寓言或象徵忙於解釋這齣為避免定義而不計代價的戲劇。」同樣地，在十九世紀晚期的英國，小說家沃爾特．貝桑特（Walter Besant）在皇家學院以《小說的藝術》（*The Art of Fiction*）為題的演講，也引起了廣泛興趣，作家亨利．詹姆斯（Henry James）表示：「這是生活與好奇心的證明，也就是好奇心是小說家兄弟情誼的一部分，亦是讀者的一部分。」他補充說：「藝術的存在與否要依據討論、實驗、好奇心、嘗試、意見交換以及立場比較。」

好奇心度過一場眾所矚目的經歷，從中世紀被徹底譴責為惡習，到現代被譽為美德。但是，好奇心在道德方面一定代表良善且值得擁有嗎？例如有種古怪到令人費解的好奇心：「病態」好奇心。為什麼破壞、暴力、斷肢和死亡等場面，對某些人來說會有迷人的吸引力？這方面至少有三個可能的心理解釋（這也代表我們尚未完全理解真正的原因）。

瑞士精神病學家卡爾．榮格（Carl Jung）倡導的思想之一：所有人都有黑暗的一面，只是深埋在頭腦裡的道德層面下。依此觀點，我們令人毛骨悚然的意念代表了一種企圖，藉以緩解那些被禁止的慾望因不斷被壓抑所產生的緊張局勢。第二種理論認為，因為觀看他人的苦難而伴隨產生的極度恐懼有強烈的宣洩作用，一旦經驗結束，旁觀者就會變得較輕鬆。這個想法可以一直追溯到亞里斯多德，他相信眼淚會產生解脫。偉大

---

① 馬克思在《一八四四年經濟學哲學手稿》（*Economic & Philosophical Manuscripts of 1844*）提出的概念。主要基於馬克思對資本主義下工業生產過程的觀察。

的哲學家伊曼努爾・康德也贊同這樣的說法。第三個相關的觀點認為，病態好奇心對他人的痛苦產生了同情心，從而促進積極的社會互動。換句話說，病態好奇心代表了所謂社交大腦（social brain）演化的一部分，導致了更複雜的社會形式。儘管如此，病態好奇心的存在表示我們應該在擁抱所有好奇心的形式之前，至少先謹慎行事。這個觀點也告訴我們，電視報導的負面新聞對觀眾的吸引力總是高於正面新聞。

今日，有哪些與好奇心相關的活動值得我們擔心？政府對公民的監管，例如由愛德華・史諾登（Edward Snowden）洩露的美國國家安全局（National Security Agency）監管案，無疑就是一個會引起嚴重關切的事件，但這絕不會只是單一個案。新技術創造了許多現代版本的歷史性竊聽行為（順道一提，「竊聽」〔eavesdropping〕最初是指人們在屋簷下之類看不見的地方，偷聽屋內的私人對話。有趣的是，英國刑法直到一九六七年才廢除這個過時的罪名）。今日的竊聽行動包括了電話竊聽，以及駭客入侵電子郵件、即時訊息等私人通訊方式。除非法院命令允許，否則這些私人空間的入侵都是非法行為。Google、臉書和亞馬遜等大公司累積收集的人們半公開資訊，例如我們的購物習慣、醫療需求、興趣、閱讀過的書籍文獻，以及其他我們認為是私密的數據，甚至是個人的親密關係——這就是好奇心的形式之一，儘管科技公司都否認曾讓國家安全局進入他們的伺服器，但這種好奇心還是讓許多人感到不滿。同樣地，狗仔隊對名人的騷擾也一直造成眾多訴訟和頭條新聞。即使是科學研究，特別涉及人體試驗或嚴重的基因干預等研究，也都被視為不道德。

好奇心來自兩種內涵：善與惡、合法與非法、值得讚賞與具有爭議。本書描述、討論和強調的版本，是善意且良性的好奇心，它累積並促成了人類智力的演化。這就是推動教育、探索和所有令人興奮且鼓舞人心的好奇心。同時我們必須充分意識到好奇心的負面影響，特別是當我們身為最末端的接受者（沒有下一個宣洩管道）時。

另一個值得思考的問題，是隨著快速搜索引擎的出現，維基百科的存在以及用指尖敲擊就可以獲得資訊的方式，是否會使得神祕感不見、（良善的）好奇心開始減少，甚至完全消失？YouTube、推特和維基百科是否正侵蝕著得以感到驚訝的能力？二〇一六年一月一日刊登在《華爾街日報》（*Wall Street Journal*）的〈好好教育你的孩子：從科技中解救他們〉（Teach Your Children Well：Unhook Them from Technology）文章中，表達了類似意見。華德福（Waldorf）教育計畫同樣有這種擔憂，該計畫源自奧地利哲學家魯道夫．史代納（Rudolf Steiner）。這種教學法的重點在於想像力與實際體驗在學習過程中的作用，因此華德福學校在青少年時期前不會有電腦技術教學。然而，在這裡我必須強調，我只對資訊和溝通技術如何影響好奇心感興趣，而不是針對一般的教育經驗。

我在這個具體的問題上看到了正反兩方的爭論，於是決定詢問認知科學家杰奎琳．

高特里布的看法。「它可以雙向切換，」她在 Skype 視訊上告訴我，「例如，我是一個非常好奇、一定要打破砂鍋問到底的人，所以我把網路當作一種工具，而我也覺得它非常有用。」

儘管我的感覺和她完全一樣，但我認為自己應該嘗試扮演反對者的角色。「是的，但是在你的成長過程中並沒有接觸過這些工具，也許就是因為這樣，才會對這些工具感到好奇？」

高特里布回答：「或許吧。但是好奇心主要取決於你的大腦內部，也就是源自你的學習動機以及學習方式。如果內心的好奇心很強，就算是網路也無法改變這一點。也許網路會對內心不是特別好奇的人產生影響。」在短暫停頓之後，她補充道：「如果學校知道怎麼激勵學生學習的話，我不相信網路會對學生的好奇心有什麼不良影響。」

我想，這個話題至少會在未來幾年（如果不是幾十年的話），持續是教育工作者和心理學家討論的重點。此外，隨著人工智慧可能變得更加重要（可參見我在第八章與馬丁・芮斯的訪談），這個主題也許會在未來轉到完全不同的方向。無論網路對一般好奇心的影響如何，都無法阻止推動科學進步的認知好奇心。科學是由我們因不知道答案的問題而生的好奇心所推動，這些正是在網路上無法找到答案的問題。

我沒有忘記吐溫的〈中世紀傳奇故事〉。回想一下，主角這時已經陷入困境，為了駁斥康絲坦斯女爵指控自己就是孩子的父親，她不得不透露自己其實是女人，但如此一來便會暴露自己是女兒身，並且因為坐在禁忌的公爵寶座而遭受譴責，最後被送上斷頭臺。我該怎麼救她呢？的確有一條生路：克魯根斯坦勳爵一定沒有預料到自己派出康·戴辛引誘康絲坦斯女爵時，會讓女爵懷孕。我們不能指望康·戴辛會承認勾引了女爵，這等於是自尋死路。為了要讓玷汙康絲坦斯女爵名聲的卑鄙計畫付諸實現，克魯根斯坦勳爵必須確保公爵皇宮（也許是女僕或警衛）的某人可以暗中目睹整起誘惑事件，並隨時準備好為此作證，這個證人就可以拯救年輕的康拉德，而康拉德也就不需要透露自己其實是個女人。

我認為每個人都會同意，如果吐溫用這個結論完成這個故事，儘管結局皆大歡喜，但故事就沒那麼迷人了。為了讓我們永遠好奇，吐溫創造了讓人難以忘懷的效果。

十七世紀的律師兼業餘數學家皮埃爾·德·費馬（Pierre de Fermat）的壯舉更是可觀，他在手邊一本《算術學》（*Arithmetica*）一書的邊緣記下：「我發現了一種美妙的證法，可惜這裡的空白處太小，寫不下。」費馬其實沒有提出的證明，結果成了「費馬最後定理」（Fermat's last theorem），這是數論方面最著名的定理之一。費馬這個有趣的說明激勵了好幾個世代的數學家，這些數學家受到好奇心的驅使不斷努力，卻又一次次失敗，找不到一個通用的證明。終於，英國數學家安德魯·懷爾斯（Andrew Wiles）

在一九九五年證明了此理論，並在同年發表兩篇論文（與數學家理查・泰勒〔Richard Taylor〕合著）。這個費馬書邊筆記引發的好奇心，推動了一項長達三百五十八年不間斷的重大數學任務。

我希望我已經確實證明了，好奇的人就是很少迷失的人。摒棄中世紀時代標榜人文特徵的教條式知識之虛榮，並以好奇心取而代之，現在的我們已經創造了全新的生活方式。人們說好奇心有傳染力，如果此話當真，那就讓它大肆流行吧。如同達文西在五個世紀前所言：「盲目無知會誤導我們。哦！可憐的凡人啊，睜開你的雙眼吧！」

註解

第一章　好奇

頁20〈一個小時的故事〉：首次發表在一八九四年十二月六日的《時尚》（*Vogue*）雜誌，原題為〈一個小時的夢〉（The Dream of an Hour）。蕭邦，一八九四年。

頁21　英國散文家查爾斯・蘭姆曾寫道：出自〈情人節〉（Valentine's Day）一文，收錄在《伊利亞隨筆》（*Essays of Elia*），這部作品集結了蘭姆在一八二〇至一八二五年間於《倫敦雜誌》（*London Magazine*）上發表的散文。

頁22　啟發了「能產生共鳴的好奇心」：請見貝特森（Bateson），一九七三年；麥克沃伊（McEvoy）與佩蘭特（Plant），二〇一四年。

頁22　神經科學家約瑟・拉度：拉度在兩本暢銷書（拉度，一九九八年、二〇一五年）中描述了許多關於大腦在驚訝與恐懼時的實驗結果。

頁22　英籍加拿大心理學家丹尼爾．伯利恩：伯利恩發表了一些具開創性的論文（例如伯利恩，一九五〇年、一九五四年a, b，一九七八年）以及一本具影響力的書籍（伯利恩，一九六〇年）。

頁23　湯瑪士．霍布斯稱之為：在《利維坦》（*Leviathan*）一書中，霍布斯寫道：「想要知道為什麼以及如何這類好奇的『渴望』；這只出現在人類身上，其他生物是沒有的；因此人類不僅可以用『理性』來與其他『動物』做區分；也可以用單一的『熱情』來區別人與其他『動物』的不同；其中食慾和其他愉悅的『感覺』會主宰一切，削除對起因的關注；這是一種心靈上的『欲念』，藉由堅持不懈的知識產出，保有持之以恆的喜悅，這樣的感覺超越了任何肉體『愉悅』的短暫激情。」霍布斯，一六五一年，第一部，第六章，二六頁。

頁23　愛因斯坦在對他的一位傳記作者：出自愛因斯坦在一九五二年三月十一日寫給卡爾．席利格（Carl Seelig）的一封信。耶路撒冷希伯來大學（Hebrew University）愛因斯坦檔案，編號39–013。席利格是一位瑞士記者、作家，在一九五二年出版愛因斯坦自傳《愛因斯坦與瑞士》（*Albert Einstein und die Schweiz*）。

頁24　病態好奇心讓人們：祖克曼（Zuckerman），一九八四年；祖克曼與歷透（Litle），一九八五年。

頁25　瓶中信：一位名叫喬治．帕克．比德（George Parker Bidder）的英國科學家，將一千多個這樣的瓶子扔進海裡研究洋流。只有一個瓶子在一百零八年後才被發現。詳細故事可以參考www.cnn.com/2015/08/25/europe/uk-germany-message-in-a-bottle/。

頁25　愛德．謝夫林：傅爾布萊特夏季語言研究委員會（The Fulbright Commission for Summer Language Study）甚至提供謝夫林到愛爾蘭留學的獎助金。詳細故事可以參考www.nytimes.com/2011/10/23/nyregion/character-study-ed-shevlin.html。

頁26　因此命名為舒梅克－李維九號：二十年過後對這個事件的描述，請見李維，二〇一四年。

頁29　《尼古拉斯．杜爾博士的解剖學課》：這幅畫還激發了一篇小說的誕生，思高（Siegal），二〇一四年。

頁31　神經科學家爾文．比德曼：比德曼與菲索（Vessel），二〇〇六年。

頁31　演說家和哲學家西塞羅：馬庫斯．圖利烏斯．西塞羅（Marcus Tullius Cicero）在他的《善惡之盡》（*De finibus bonorum et malorum*）第五冊第十七卷中的一段文字。西塞羅，一九九四年，四四九頁。這段討論亦可見於祖斯（Zuss），二〇一二年。

頁31　法國哲學家米歇爾．傅柯：這段話引自〈蒙面哲學家〉（*The Masked Philosopher*）一文，一九八〇年四月六日發表於《世界報》（*Le Monde*），針對克里斯蒂安．

德拉康班（Christian Delacampagne）的訪談內容。傅柯為了不讓自己的「名字」影響讀者，所以選擇匿名。對傅柯的採訪是在一九九七年，翻譯對原文的誤解也都已經一一糾正了。

頁33 「最能無止盡展現好奇心的人」：克拉克，一九六九年，一三五頁。

頁33 「這與好奇心有關」：對費曼的專訪，《費曼系列——好奇心》（The Feynman Series—Curiosity），https://www.youtube.com/watch?v=ImTmGLxPVyM。

頁33 過去無數次嘗試了解：佛里喬夫．卡普拉（Fritjof Capra）也在他出色的著作《向達文西學習》（*Learning from Leonardo*）（卡普拉，二〇一三年，一頁）提出類似觀點。

頁34 心理學家米哈里．契克森米哈賴：近百次專訪契克森米哈賴的討論（契克森米哈賴，一九九六年）。

頁34 一開始，在木星的邊緣出現一個光點：你可以在hubblesite.org/newscenter/archive/releases/1994/image/a/format/webprint/網站上看到第一個碎片衝擊之後的整個系列影像。

第二章　更好奇

頁38　喬爾喬・瓦薩里所撰寫的兩個簡短句子中：瓦薩里，一九八六年，九一頁。

頁39　「那些只會研讀古人撰述」：達文西多次以不同方式表達了這樣的情緒。例如在MS. E, folio 552中，他寫道：「我的用意就是先引用經驗。」這句話也被紐蘭（Nuland）引用，二〇〇〇年。

頁39　「雖然我不像他們」：李赫特（Richter），一九七〇年；也可以上網參考https://en.wikisource.org/wiki/The_Notebooks_of_Leonardo_Da_Vinci。或是參考麥柯迪（MacCurdy），一九五八年。

頁39　瓦薩里還為我們提供：瓦薩里，一九八六年，九一頁。

頁40　達文西在自己的藏書中：書單可見拉迪斯勞・瑞提（Ladislao Reti），一九七二年。這份書單最早出現在一九六八年倫敦的《伯靈頓雜誌》（*Burlington Magazine*）。

頁40　保羅・喬維奧，在一五二七年針對達文西：喬維奧，一九七〇年。

頁41　當教皇利奧十世聽說：瓦薩里（一九八六年，一一六頁）告訴我們，利奧十世分配了一些工作給達文西，他卻「著手提煉油和草藥，以便製造清漆」，因此引起教皇的抱怨。

頁41「研究藝術的科學」：完整的原文是：「培養出一個完整的心智，研究藝術的科學、研究科學的藝術，並且學習觀察，認識一切事物彼此都相互連結。」

頁41《最後的晚餐》：該畫作掛在米蘭（Milan）恩寵聖母院（Santa Maria delle Grazie）的食堂裡。對這幅畫中各種元素的精采描述，可見肯尼斯・凱爾（Kenneth Keele），一九八三年，二四頁。整本專書討論可見巴爾奇隆（Barcilon）與馬拉尼（Marani），二〇〇一年；金（King），二〇一二年。

頁43《聖母子與聖安妮》：直到去世前，達文西始終將這幅畫留在身邊。最佳的複製畫之一，左納（Zöllner），二〇〇七年。關於這幅畫的美麗描述和討論，可參閱克拉克（Clark），一九六〇年。

頁43 驚奇與好奇：這個標題取自羅伯特・伯恩斯（Robert Burns，一七五九－一七九六年）的詩〈湯姆・奧桑特〉（*Tam O'Shanter*）。

頁43 許多優秀的研究都試圖：在二〇〇八年《科學家傳記辭典》（*Dictionary of Scientific Biography*）中，肯尼斯・凱爾、拉迪斯勞・瑞提、馬歇爾・克萊格特（Marshall Clagett）、奧古斯都・馬力挪尼（Augusto Marinoni）以及塞西爾・施奈爾（Cecil Schneer），他們針對達文西在解剖學和生理學、技術和工程、力學、數學和地質學上的研究，有精采的討論。吉里斯皮（Gillispie），二〇〇八年。廣泛的詳細闡述亦可見

肯普（Kemp），二〇〇六年；凱爾，一九八三年；佳魯茲，二〇〇六年；卡普拉，二〇一三年；以及懷特（White），二〇〇〇年。達文西對腦部研究的精采描述，可見佩夫斯納，二〇一四年。

頁43　他在科學和技術方面真正的創新程度：詳細的討論可以在這些地方找到：哈特（Hart），一九六一年；肯尼斯・凱爾的文章，吉里斯皮，二〇〇八年。

頁44　單是達文西現有的繪圖作品：這裡有一整個漂亮收藏：班巴奇（Bambach），二〇〇三年。

頁44　達文西筆記的實際內容：麥柯迪，一九五八年；李赫特，一九五二年。

頁45　「自然之書」：伽利略，一九六〇年。

頁45　精神科醫師赫曼・寧伯格：寧伯格，一九六一年，九頁。強調原創。

頁45　展示了達文西頭腦中的科學、技術和藝術之間強大的相互依存關係：在阿克曼（Ackerman）的研究中有很好的描述，一九六九年，二〇五頁。

頁45　被認定源於：一九一一年三月二十八日，《雪城標準郵報》（*Syracuse Post Standard*）上的一篇文章引用了報紙編輯亞瑟・布里斯本（Arthur Brisbane）的一段發言，其中出現了「一張圖勝過千言萬語」這句話。

頁46　「如果你想要」：麥柯迪，一九五八年，一〇〇頁。

頁46 研究達文西的學者卡羅・佩德雷諦：佩德雷諦的重要著作有：佩德雷諦，一九五七年、一九六四年、二〇〇五年。他還是《溫莎收藏》（*Windsor Collection*）達文西傳統版畫的編輯，克拉克與佩德雷諦，一九六八年。

頁48 「繪畫迫使畫家的思想」：《論繪畫》（*Treatise on Painting*），段落五十五。也可參考凱爾，一九八三年，一三一頁，有針對達文西的科學方法做討論。

頁48 例如他描繪的水流：溫莎古堡（Windsor Castle）、皇家圖書館（Royal Library），RL 12579r。美麗的複製畫，左納，二〇〇七年，五二五頁。貢布里希（Gombrich），一九六九年，一七一頁。

頁48 他畫的吉內薇拉・班琪：左納，二〇〇七年，有非常詳細的複製品。這幅畫作收藏在華盛頓特區的國家藝廊（National Gallery of Art in Washington, DC，艾爾薩・梅隆・布魯斯基金管理機構〔Ailsa Mellon Bruce Fund〕，一九六七年）。

頁50 藉由數學語言：例如《論繪畫》（*Treatise on Painting*），段落十五。

頁50 首先有與視覺呈像相關的幾何：在凱爾的文章中有很棒的討論，吉里斯皮，二〇〇八年，一九三頁。

頁50 關於光線的傳播：阿什伯納姆手稿（Manuscript Ashburnham），2038, fol. 6b，巴黎法蘭西學院（Paris, Institut de France）。

頁50　自然界四種「力量」：達文西在許多話題上，諸如從人類心臟的運作和鳥類的飛行，到水的流動和各種機器，都討論了這個自然力量的問題。例如《馬德里手稿第一冊》一二八卷（*Madrid Codex I*, 128v）。還有一段精采的討論，見凱爾，一九八三年，第四章。達文西也描述過引力，「每個引力的力量都往世界中心的方向延伸」。《大西洋手稿》，fol. 246r-a。

頁50　對於類似樹木分支的系統：肯普，二〇〇六年。

頁51　大概只懂得某些曲線幾何學：對達文西的曲線幾何作品進行有趣的分析，見威爾斯（Wills），一九八五年。

頁51　「不是數學家」：《溫莎收藏》，fol. 19118v，麥柯迪，一九五八年，八五頁。

頁51　宏觀如整個世界的尺度：達文西，一九九六年，頁3B／文本34r。

頁52　「一個物體對空氣提供的阻力」：《大西洋手稿》，fol. 281v-a。

頁52　詹姆斯·普萊費爾·麥克默里奇：麥克默里奇，一九三〇年。

頁52　你的靈魂全心全意向我開放：這個標題來自丁尼生（Tennyson，一八〇九—一八九二年）的一首詩〈深紅的花瓣睡着了〉（*Now Sleeps the Crimson Petal*）。

頁52　人類心臟運作不屈不撓的研究過程：達文西心臟研究的詳細描述和透徹分析，凱爾，一九五二年。

頁53 蓋倫認為：澤爾丁，一九九四年，一九四頁。

頁55 用玻璃模型模擬主動脈：達文西將代表心室的袋子黏在玻璃模型上，並加以擠壓，讓水通過主動脈瓣膜。

頁56 完整血液循環概念與機制：達文西誤以為心臟跳動產生的脈搏會在身體的四肢最末端完全消失，顯示他對血液循環完全不了解。

頁56 藉由物理而非超自然的方式來解釋各種現象：在這篇文章可以看到精采的描述：祖博夫（Zubov），一九六八年。

頁57 我見到的是充滿好奇心的小孩：這個標題來自華茲華斯（Wordsworth，一七七〇－一八五〇年）的詩〈漫遊〉（*Excursion*）。

頁58 「人們錯誤地指責」：《大西洋手稿》，154 r.c.。另有一些不同的文本翻譯（例如麥柯迪，一九五八年，六四頁）。

頁58 「永動機的投機者」：《佛斯特手稿》（*Codex Forster*），第二冊，fol. 92v。

頁59 「漫步一段距離之後」：李赫特，一八八三年，卷二，三九五頁。

頁60 「這個廣闊的世界」：席爾普，一九四九年，《自傳式筆記》（*Autobiographical Notes*）。

頁60 他將這種特點稱為「複雜性」：契克森米哈賴，一九九六年，第三章。

頁61　達文西其實被許多研究者認為：如佛洛伊德，一九一六年；法雷爾（Farrell），一九六六年。一四七六年，曾有人匿名指控稱達文西是同性戀，但最終不了了之。

頁62　有以下「症狀」：注意力不足過動症的主要特徵描述，可以在www.russellbarkley.org/factsheets/adhd-facts.pdf上找到。也可參考《精神疾病診斷與統計手冊》（*Diagnostic and Statistical Manual of Mental Disorders*〔*DSM-5*〕），二〇一三年，美國精神醫學學會（American Psychiatric Association）。

頁63　倫敦國王學院的注意力不足過動症研究員約恩納．昆齊：作者於二〇一四年十月七日所進行的專訪。

頁63　神經科學家邁克．米漢：作者於二〇一四年十月三十日所進行的專訪。有關高智商的主題是經由榮格（二〇一四年）審查。

頁64　過動衝動與追求新奇事物的特質：例如伍德（Wood）等人的研究，二〇一一年；因斯塔尼斯（Instanes）等人的研究，二〇一三年。

頁64　與神經傳導物質多巴胺的含量有關：參見派如耶利斯（Paloyelis）等人的研究，二〇一〇年、二〇一二年；林恩（Lynn）等人的研究，二〇〇五年。

頁64　正如布萊德利．柯林斯：柯林斯，一九九七年。

頁65　馬克．卡茨在自傳中指出：卡茨，一九八五年，xxv頁。

第三章　還要更好奇

頁68「簡直是胡扯」：費曼曾提過這個故事，費曼，一九八八年，五五頁。

頁69　帕金森氏症患者：一些實驗中所描述的：蘭格（Lange）等人，一九九五年；里森（Riesen）與施耐德（Schnider），二〇〇一年。

頁69　拐折六邊形：拐折六邊形是由英國數學家亞瑟・哈洛德・史東（Arthur Harold Stone）於一九三九年發現，當時他還是普林斯頓大學學生。與研究生同學布恩特・塔克曼（Bryant Tuckerman）、理查・費曼以及數學講師約翰・圖基（John Tukey）一起，組成「普林斯頓拐折六邊形委員會」（Princeton Flexagon Committee）。

頁69　鑽研資訊工程領域：他在量子計算方面（例如費曼，一九八五年a）有開創性的貢獻。

頁70「傑瑞，我有個想法」：根據左賜恩的描述，「我們兩個都很欣賞達文西，」費曼，一九九五年a，四九頁。

頁70「我想表達一種我對世界之美的感受」：費曼，一九八五年，二六一頁。

頁70　繪畫迫使畫家的思維：《佛斯特手稿》，第三冊，第四十四卷。達文西有更強烈的陳述：「畫家與大自然相互競爭。」麥柯迪，一九五八年，九一三頁。

頁71　藝術是我，科學是我們：引自法國生理學家克勞德・伯納德（Claude Bernard，一八一三—一八七八年）的文章，《紐約醫學院公報》（*Bulletin of New York Academy of Medicine*）第四卷（一九二八年），九九七頁。

頁71　「我放棄讓藝術家了解」：費曼，一九八五年，二六三頁。

頁71　「詩人們說科學將星辰的美麗奪走」：費曼等人，一九六四年，第一卷，第三堂課，〈物理學與其他科學的關係〉（The Relation of Physics to Other Sciences），第三至四部分，〈天文學〉（Astronomy）。可以上網查詢feynmanlectures.caltech.edu。

頁71　英國浪漫主義詩人約翰・濟慈：引自〈拉米亞〉（Lamia），第二部，二三四行。這首詩在一八一九年寫成，並在一八二〇年發表。可以在網路上找到 www.bartleby.com/126/37.html。

頁72　「藝術是生命之樹」：布萊克對蝕刻版畫《拉奧孔》（*Laocoon*）的註解中。本文可以上網查詢www.betatesters.com/penn/laocoon.htm。

頁72　「我也可以在沙漠的夜裡仰望星空」：費曼等人，一九六四年，第一卷，第三堂課，〈物理學與其他科學的關係〉，第三至四部分。

頁74　「我遇到的第二個」：費曼，一九九五年a，二七頁。

頁74　「他真的對作畫有興趣」：左賜恩，賽克斯（Sykes），一九九四年，一〇四頁。

費曼被認為是個好色之徒，偶爾還會表現出性別歧視。事實上，加州理工學院的檔案員朱迪絲・古德斯坦和物理學家大衛・古德斯坦曾建議，應該也把女性列入費曼有興趣研究的領域。這些都是費曼的特殊之處，如果真有其事，應該受到譴責。然而，這一章的目的是要說明費曼無疑是歷史上最好奇的人物之一，而不是要廣泛討論費曼的生平。有一篇很好的文章闡述了費曼那些該受到譴責的個性特徵，李普曼（Lipman），一九九九年。

頁75　費曼付給我時薪五塊五美金：二〇一四年十一月三日與作者的對話。

頁76　「我不知道怎麼解釋最能符合實情」：凱瑟琳・麥克阿爾派－邁爾斯，賽克斯，一九九四年，一一〇頁。

頁78　研究達文西的學者保羅・佳魯茲：佳魯茲於二〇一一年三月三十日，在紐約義大利學院（Italian Academy in New York）以《光的陰影：達文西的心靈燭光》（The Shadow of Light: Leonardo's Mind by Candlelight）為題發表演說。內容可以在網路上找到：italianacademy.colum bia.edu/event/shadow-light-leonardos-mind-by-candlelight。

頁78　「有趣的圖片」：一九四八年春天，費曼在一場小型科學會議上提出這些圖的構想。這些圖運用在物理學上的精采故事，可見凱澤（Kaiser），二〇〇五年。關於對物理學與自然觀點之美的關聯，更進一步的深入描述，可參考維爾切克（Wilczek），二

○一五年。也可參考費曼，一九八五年b。

頁81　當中的理論架構與許多實驗測量結果一致：電子磁矩最準確的測量描述：漢內克（Hanneke）等人，二○○八年。欲見結果的簡短討論，請上網查詢gabrielse.physics.harvard.edu/gabrielse/resume.html。

頁81　費曼曾經告訴物理學家弗里曼．戴森：請見格雷克（Gleick），一九九二年，二四四頁。

頁81　物理學與其他科學學門的關係：簡短的結論可見：費曼等人，一九六四年，第一卷，第三堂課。

頁82　酵素、蛋白質和DNA：有趣的是，費曼（稱為「費曼門」〔Feynman gate〕）引入的量子計算概念，現正藉由整合DNA和氧化石墨烯而漸漸被了解（例如周〔Zhou〕等人，二○一五年）。

頁83　羅伯特．韋納夫人：相關內容寫在：費曼，二○○五年，二四五至二四八頁。

頁83　「閃爍的星星好漂亮啊！」：費曼，二○○一年，二七頁。費曼以為這個故事與亞瑟．艾丁頓有關，不過艾丁頓是個終身未婚的貴格會教徒（Quaker），因此懷疑這樁軼事的主角是霍特曼斯。

頁85　「我們需要他（費曼）投入在加州理工學院」：左賜恩，威廉．W．科芬特里

（William W. Coventry）的演講《科學生命的簡短歷史》（A Brief History of Lives in Science）也做了引用，演講內容可見http://wcoventry0.tripod.com/id24.htm。葛爾曼也抱怨費曼「花費大量的時間和精力來成就自己的軼事」。

頁85　「人們認為已經非常接近答案」：引自格雷克，一九九二年，「結語」。

頁87　佳魯茲深信：二〇一四年十二月十一日，與作者對話。

頁87　「為什麼我們不能把」：一九五九年十二月二十九日，美國物理學會（American Physical Society）年度會議上，以《底下的空間還很多》（There's Plenty of Room at the Bottom）為題發表演說。首先發表在科學期刊《工程與科學》（*Engineering and Science*），第二十三卷第五期，一九六〇年二月。可上網查詢：www.zyvex.com/nanotech/feynman.html。費曼為六十四分之一吋大小的旋轉式電動馬達提供了另一個獎賞，後來被威廉・麥克萊倫（William McLellan）領走。

頁88　研究生湯姆・紐曼：他的故事被寫在《工程與科學》雜誌，一九八六年一月，二五頁，標題為〈不凡的小故事〉（Tiny Tale Gets Grand）。

頁88　新加坡科技與設計大學的楊光威：該實驗陳述在陳（Tan）等人發表的論文上，二〇一四年。

頁89　奈米聖經：請見二〇一五年的新聞故事「可塞進筆尖的世界最小版本聖經」

（World's Smallest Bible Would Fit on the Tip of a Pen），可上網查看新聞內容www.cnn.com/2015/07/06/middleeast/israel-worlds-smallest-bible/。

頁89　「當時我哥哥已經」：賽克斯，一九九四年，二五三頁。

頁89　「死亡太無趣了」：賽克斯，一九九四年，二五四頁，只有句子的前半部。格雷克描述的費曼遺言有點不同：「我討厭死兩次。那太無趣了。」（格雷克，一九九二年，四三八頁）瓊．費曼在與作者的對話中強調，本書的內容才是正確的版本。

頁90　「這位紳士編寫了」：引自克拉克，一九七五年，一五七頁。

頁90　「雖然我認為我是在學習」：《大西洋手稿》，252，r.a.。此處引用出自麥柯迪，一九五八年，六五頁。

第四章　對好奇心的好奇：資訊差距

頁94　心理學家保羅．西爾維亞：西爾維亞，二〇一二年。

頁94　查爾斯．斯皮爾伯格和勞拉．斯塔爾：斯皮爾伯格與斯塔爾，一九九四年。

頁94　哲學家丹尼爾．鄧奈特：鄧奈特，一九九一年，二一至二二頁。

頁95　莎莉斯・基德與班傑明・海登：基德與海登的研究論文，對有關識別好奇心的一些議題上，提供了很好的綜論性看法。二〇一五年。

頁97　認知科學家勞拉・舒茲：舒茲研究很小的孩子對這種情況會如何反應。見庫克（Cook）等人，二〇一一年；謬樂（Muentener）等人，二〇一二年；波納威茲等人，二〇一一年。

頁98　截至二〇一五年十二月：參見https://www.statista.com/statistics/398166/us-instagram-user-age-distribution/。

頁98　丹尼爾・伯利恩：除了他影響深遠的書之外（伯利恩，一九六〇年），伯利恩還撰寫了一系列非常具有影響力的論文。例如：有關「興趣」（一九四九年）、有關「新穎性」（一九五〇年）、有關「知覺上的好奇心」（一九五七年），以及有關「複雜性與新穎性」（一九五八年）。有關「特定好奇心」的文章，請參見戴（Day），一九七一年。

頁99　還是個出色的鋼琴家：出自一九七八年，科內奇尼為伯利恩所寫的訃告。亦可參見www.psych.utoronto.ca/users/furedy/daniel_berlyne.htm。

頁99　站在角落享用自己調的琴通寧：在戴的文章中，一九七七年。

頁100　在伯利恩的訃告上寫道：科內奇尼，一九七八年。

頁101　早在十九世紀後期，詹姆斯就對：威廉・詹姆斯是位哲學巨擘，為許多二十世紀的思想奠定基礎。在心理學方面的工作，詹姆斯在一八九〇年做了個總結，可在第二卷中看到他對科學好奇心的討論。他將科學好奇心與因為探索新奇而產生的興奮與焦慮混合情感加以區分。用現代術語來說，這種區分可以對應到認知好奇心和混合了知覺與多元好奇心之間的不同。

頁101　心理學家喬治・魯文斯坦：魯文斯坦的文章（一九九四年）啟發了絕大部分現代對好奇心的研究。

頁101　著手研究、尋求新見解：知識和好奇之間的關係，先前已經被研究過了，例如瓊斯（Jones），一九七九年；魯文斯坦等人，一九九二年。

頁102　資訊鴻溝理論自然會認為「不確定性」：以更數學的方式來釋義，不確定性可以用熵值來定量，以數學式 $-\sum_{i=1}^{n} pi \log_2 pi$ 表示，其中 pi 是 i 的可能結果。

頁102　部分心理學研究：例如利特曼與吉莫森（Jimerson），二〇〇四年；姜等人，二〇〇九年。也可參見戴西（Deci）與萊恩（Ryan）有關人類需求的描述，二〇〇〇年。

頁103　所稱的「知曉感」：魯文斯坦，一九九四年；魯文斯坦等人，一九九二年；艾森克（Eysenck），一九七九年；利特曼等人，二〇〇五年；哈特，一九六五年。

頁103　輕易看出資訊落差會激發哪些「特定」好奇心：例如，見西爾維亞的討論，二〇〇六年。

頁103　營造的謀殺謎雲中：讀者從不確定性很高的狀態被引導到很低的不確定性狀態。參見高特里布等人的討論，二〇一三年。

頁104　康乃爾大學的某項心理學研究中：安柏森等人，二〇一〇年。

頁104　需要以知識為基礎：高特里布等人有精采的討論，二〇一三年。基本上，我們必須將新穎的資訊融入世人已經熟知的圖片中。也可參見貝西克（Beswick），一九七一年。

頁106　但許多關於探索行為的實驗：參見利特曼，二〇〇五年；卡珊登（Kashdan）與西爾維亞，二〇〇九年，第三十四章；斯皮爾伯格與斯塔爾，一九九四年。

頁106　被認為「具有好奇心」的學生：安利（Ainley），二〇〇七年。

頁106　心理學家提摩西・威爾森：威爾森等人，二〇〇五年。

頁107　「負面能力」：濟慈在一八一七年十二月二十一日，給他兄弟的一封信中創造了這個詞。濟慈，二〇一五年。所有濟慈寫給親朋好友的信，都收錄在免費電子書《約翰・濟慈給親朋好友的信》（*Letters of John Keats to His Family and Friends*）之中，該書由西尼・柯蘭（Sidney Colain）編輯。

頁107　羅貝多・溫格：溫格，二〇〇四年，二七九頁。

頁107　約翰·杜威：例如杜威，二〇〇五年，三三頁。

頁109　在柏拉圖記載的蘇格拉底對話錄：線上資料：classics.mit.edu/Plato/meno.html。伊南（Inan），二〇一二年，一六頁。

頁109　二〇〇二年二月舉辦的記者會上：可上YouTube觀看：https://www.youtube.com/watch?veqGiPelOikQuk。

頁109　不知所云獎：英國白話英語運動（The British Plain English Campaign）頒發的年度大獎。

頁110　看起來像倒U：伯利恩，一九七〇、一九七一年；斯拉肯（Sluckin）等人，一九八〇年。下列文獻亦有討論：西爾維亞，二〇〇六年；愛德華茲（Edwards），一九九九年，三九九至四〇二頁；以及勞倫斯（Lawrence）與諾利亞（Nohria），二〇〇二年，一〇九至一一四頁。一篇更有名的討論可見萊絲利，二〇一四年。

頁112　可以追溯到威廉·馮特的時代：馮特（一八三二－一九二〇年）有時被稱為「實驗心理學之父」。馮特曲線，一八七四年。

頁112　伯利恩提出的馮特曲線：伯利恩，一九七一年。

頁114　正向獎勵系統：正如我們將在後面討論的，有證據顯示好奇心活化了多巴胺系統（dopaminergic system），這是大腦中的主要獎勵迴路（例如，蕾格烈芙〔Redgrave〕等人，二〇〇八年；布朗伯格－馬丁〔Bromberg-Martin〕與彥坂興秀〔Hikosaka〕，二〇〇九年）。

頁115　恐懼情緒的研究中：拉度，二〇一五年。

頁115　未能解釋常見的倒U曲線：這是西爾維亞的結論，二〇〇六年。

第五章　對好奇心的好奇：對知識的熱愛

頁120　好奇心自身就可能產生回饋獎勵：在以下的討論：萊恩與戴西，二〇〇〇年；西爾維亞，二〇一二年；卡珊登，二〇〇四年。

頁120　查爾斯．斯皮爾伯格和勞拉．斯塔爾：斯皮爾伯格與斯塔爾，一九九四年。

頁122　心理學家喬丹．利特曼：利特曼，二〇〇五年。利特曼持續以一系列的實驗與研究，測試「I好奇心」與「D好奇心」的理論。例如：利特曼與西爾維亞，二〇〇六年；利特曼與瑪索（Mussel），二〇一三年；彼得羅夫斯基（Piotrowski）等人，二〇一四年。

頁123　由一系列機制所組成：這幾位作者以「理解好奇心：行為的、計算的和神經上的機制」（Understanding Curiosity: Behavioral, Computational and Neuronal Mechanisms）為題，精心呈現在二〇一五年的計畫案中。我也在二〇一四年八月二十七日以及二〇一六年一月二十日對高特里布、二〇一五年六月二日對莎莉斯．基德做了訪談。亦可見瑞斯可（Risko）等人，二〇一二年。

頁123　「經驗開放性」的一般特質中：其解釋可見麥克雷（McCrae）與約翰，一九九二年。

頁123　「五大人格」：幾乎出現在每一本心理學教科書中。參見沙克特（Schacter）等人，二〇一四年。其中一個原始版本是歌詩達（Costa）與麥克雷，一九九二年。此後有許多更新的版本出現，例如，五大因素人格量表（NEO Five-Factor Inventory-3），二〇一〇年。

頁124　即使沒有任何金錢或其他明顯的外在獎勵：參見烏德耶與卡普蘭在內在動機上的描述，二〇〇七年。

頁125　神經科學家杰奎琳．高特里布：其結果描述在巴拉內斯等人的研究報告中，二〇一四年。自發性探索的一般問題呈現在高特里布等人的研究中，二〇一三年。

頁126　「以知識為基礎的內在動機」：內在動機的一般作用，認為是為了發展一系列技能。以知識為基礎和以能力為基礎的內在動機，米羅利（Miroli）與巴達薩列（Baldassarre），二〇一三年，四九頁。

頁129　想盡辦法弄清楚：勞拉．舒茲在ＴＥＤ以《嬰兒令人驚訝的邏輯思維》（The Surprisingly Logical Minds of Babies）為題的精采演講：https://www.ted.com/talks/laura_schulz_the_surprisingly_logical_minds_of_babies?Language=en，以及在二〇一二年六月二十五日與作者的對話。

頁129　心理學家伊莉莎白．斯佩爾克：一場對斯佩爾克進行的精采採訪，刊載在《紐約時報》（*New York Times*）（安吉爾〔Angier〕，二〇一二年）。以及二〇一二年六月二十五日與作者的對話。

頁130　天生就具有數量感：邁恩柯（McCrink）與斯佩爾克，二〇一六年。

頁130　空間的幾何感：李（Lee）等人，二〇一二年；溫克勒－羅茲（Winkler-Rhoades）等人，二〇一三年。

頁130　斯佩爾克及同事：例如金斯勒等人，二〇一二年；舒特等人，二〇一一年。

頁131　又是如何選擇：倫敦大學貝克學院（Birkbeck, University of London）的嬰幼兒研究實驗室（Babylab）正在進行一項專為了解心智早期發展目的而執行的廣泛實驗，在那裡，研究人員觀察嬰幼兒的大腦和行為，歷時兩年半。實驗結果與過程描述在格迪斯（Geddes），二〇一五年。

頁131　莎莉斯．基德等研究人員：基德等人，二〇一二年。以及二〇一五年六月二日與作者的對話。

頁131　一種簡單的玩偶盒：舒茲與波納威茲，二〇〇七年。

頁132　兒童的好奇心往往與：例如，權（Gweon）與舒茲，二〇一一年。也可以參見舒茲，二〇一二年。阿朱拉．魯杰（Azzurra Ruggeri）與其合作的研究人員所進行的實驗，指出即使是年幼的孩子也會採用提高資訊獲取效率的探索策略。魯杰與隆布羅索（Lombrozo），二〇一五年。

頁132　發現因果關係：關於動機的早期現代研究之一是由懷特進行，一九五九年。以演化驅動來建立因果結構表現的精采描述，可見高普尼克（Gopnik），二〇〇〇年。

頁133　研究人員要求兒童仔細檢查：巴拉夫．邦納威茲（Baraff Bonawitz）等人，二〇一二年。

頁136　一千三百五十六名：例如，詹布拉（Giambra）等人，一九九二年；祖克曼等人，一九七八年。

第六章　對好奇心的好奇：神經科學

頁138　功能性磁振造影：如需得知這項技術的描述，請參考www.ndcn.ox.ac.uk/divisions/fmrib/what-is-fmri/introduction-to-fmri。

頁138　血流量會增加：專業術語是「血液動力反應」（hemodynamic response）。

頁138　意義深遠的研究：姜敏貞等人，二〇〇九年。

頁139　預期有正向刺激：例如發現沉迷賭博的人，其前額葉皮質和獎勵系統之間的功能性連接會增加。（例如克勒〔Koehler〕等人，二〇一三年）。

頁142　產生深刻記憶：許多其他研究也顯示，與預期獎勵相關的動機狀態（好奇心觸發）能增強記憶力。例如惠特曼（Wittman）等人，二〇一一年；修哈米（Shohamy）與阿德科克（Adcock），二〇一〇年；村山（Murayama）與古班尼（Kuhbandner），二〇一一年。

頁143　認知科學家馬瑞基・傑瑪：在二〇一六年二月四日與作者進行對話。她的研究成果：傑瑪等人，二〇一二年。

頁144　知覺好奇心活化了：前扣帶皮質（anterior cingulate cortex）與前腦島（anterior insula）。更多前扣帶皮質在衝突情況下所扮演的角色可以在范維恩（van Veen）等人的研究中找到資料，二〇〇一年。

頁144　活化大腦已知的獎勵迴路：紋狀體區域，例如左側尾狀核、殼核與伏隔核。對於這個獎勵迴路機制的描述，可見科恩（Cohen）與百隆（Blum），二〇〇二年。

頁146　認知科學家高特里布、基德和烏德耶：非常完整地總結在以「理解好奇心：行為的、計算的和神經上的機制」為題的計畫案中。

頁149　神經科學家馬提亞・格魯伯：格魯伯等人，二〇一四年。

頁150　格魯伯猜測：二〇一四年十月二日在《醫療日報》（*Medical Daily*）上，對萊西亞・布沙克（Lecia Bushak）的專訪，www.medicaldaily.com /how-curiosity-enhanc-es-brain-and-stim ulates-reward-system-improve-learning-and-memory-306121。

頁151　心理學家布萊恩・安德森和史蒂芬・揚蒂斯：安德森與揚蒂斯，二〇一三年。

頁151　神經科學家湯米・布蘭查德：布蘭查德等人，二〇一五年。也請參見史朵奈克（Stalnaker）等人針對眼眶額葉皮質所扮演角色進行的重要實驗，二〇一五年。

頁154　喬爾・沃斯等人：沃斯等人，二〇一一年。

頁155　更類似「行進波」：這種情況下，任何給定點的波浪強度隨時間而變化（亞歷山大等人，二〇一五年）。

頁156　「可再現性計畫：心理學篇」：開放科學平臺（Open Science Collaboration），

二〇一五年。

頁156　最近一項研究提出了：吉爾伯特等人，二〇一六年。可再現性計畫的結論指出，一些研究人員宣稱的分析是「完全無效的」。然而，安德森等人在二〇一六年對於吉爾伯特等人基於選擇性的假設所進行的重新分析抱持反對意見。另一個統計上的重新評估則由伊芝（Etz）與門德克羅夫（Vanderkerckhove）進行，二〇一六年。

頁157　佛德瑞克・卡普蘭與皮艾爾－伊夫・烏德耶：卡普蘭與烏德耶，二〇〇七年。

頁159　伊度・塔沃爾和薩阿德・傑巴帝：塔沃爾等人，二〇一六年。

頁159　這些新見解並不表示：分子層次上也取得了一些進展。科學家發現，名為神經鈣離子感應蛋白－1（protein neuronal calcium sensor-1）在小鼠齒狀回（dentate gyrus）上的量增加，可以增強探索行為與記憶力（例如薩柏〔Saab〕等人，二〇〇九年）。鳥類學家發現，會產生蛋白質的基因DRD4變體，可在鳴禽中引起強烈的探索行為（例如費勒〔Fidler〕等人，二〇〇七年）。

頁160　薩爾諾夫・梅迪克就提出過類似觀點：康納曼（Kahneman），二〇一一年，六七至七〇頁。

第七章　人類好奇心的興起

頁164　人腦的一些簡單構造：有許多關於大腦和思想的優秀科普書。有一些例子，有關大腦的結構可見伊葛門（Eagleman，二〇一五年）、卡特（Carter，二〇一四年）；有關思想如何運作可見平克（Pinker，一九九七年）。格雷戈里（Gregory）廣泛編輯了關於大腦和思維相關概念的書籍，一九八七年。還有一些介紹簡要的作品，奧謝（O'Shea），二〇〇五年；《大英百科全書》，二〇〇八年。

頁165　巴西研究人員蘇珊娜．賀庫拉諾－胡賽：一些論文描述了她的工作內容：賀庫拉諾－胡賽，二〇一〇年、二〇一一年、二〇一二年a；賀庫拉諾－胡賽與蘭特（Lent），二〇〇五年；賀庫拉諾－胡賽等人，二〇〇七年、二〇一四年。要更了解關於大腦尺寸、神經元數量和腦部大小的規則，可以參見賀庫拉諾－胡賽受歡迎的綜合說明，二〇一六年。

頁166　神經科學家喬恩．卡斯：賀庫拉諾－胡賽等人，二〇〇七年。

頁167　而是約五十倍：將質量當成神經元數量，是一個以指數為1.7的冪律（power law）函數。

頁167　格哈德．羅斯和烏蘇拉．迪奇：羅斯和迪奇，二〇〇五年。他們藉由行為複雜性來衡量智力。研究人員發現，智力也與神經元活動的速度相關，所以預期神經元的密集程度也會跟著增加。

頁167　丹尼爾・波文奈利和莎拉・鄧菲－雷利曾進行：波文奈利與鄧菲－雷利，二〇〇一年。

頁168　獨特能力的大腦特定區域：王等人，二〇一五年。

頁170　每天可以花在：時間預算模型的詳細介紹，可以參考萊曼（Lehmann）等人，二〇〇八年。

頁171　「大腦與肌肉」：在豐塞卡－阿澤維多（Fonseca-Azevedo）與賀庫拉諾－胡賽的論文中有解釋，二〇一二年；以及賀庫拉諾－胡賽，用大眾可理解的用語描述，二〇一六年。

頁174　唐納德・約翰森：露西的故事細節可見約翰森與王（Wong），二〇〇九年；約翰森與艾迪（Edy），一九八一年。許多其他書籍也有描述露西的發現及其影響，例如湯姆金斯（Tomkins），一九九八年；曼羅迪諾（Mlodinow），二〇一五年；史春格（Stringer），二〇一一年。

頁176　被稱為直立人的物種：在人類演化學的資料中都可找到。例如，參見史帝多－南柏斯（Steudel-Numbers），二〇〇六年；范阿斯達利（Van Arsdale），二〇一三年。

頁177　這驚人的變化：貝利（Bailey）與基爾（Geary），二〇〇九年；科克尼奧（Coqueugniot）等人，二〇〇四年；以及賀庫拉諾－胡賽，二〇一六年。

頁177　在二〇〇九年出版了《生火：烹飪如何造就人類》：藍翰，二〇〇九年。

頁178　轉化為更合理的假設：艾洛（Aiello）與惠勒（Wheeler）論證人族自某一時刻開始，腦部的運作比消化道消耗更多能量，還保持了總消耗率大致恆定，一九九五年。也可參見艾斯勒（Isler）與范斯海克（van Schaik），二〇〇九年。

頁178　控制並使用火：貝洛莫（Bellomo），一九九四年；伯爾尼（Berna）等人，二〇一二年；高烈特（Gowlett）等人，一九八一年。

頁178　發現了類似：果潤－因巴（Goren-Inbar）等人，二〇〇四年。

頁179　並非所有研究人員都認同：洛靈．布瑞斯建議，火被系統性地應用在烹飪還不到二十萬年歷史。也可參見鄧巴，二〇一四年；吉本斯（Gibbons），二〇〇七年。

頁180　演化心理學家羅賓．鄧巴：鄧巴，二〇一四年。

頁180　孕育出人類物種特有的語言：關於人類語言的起源和演化，有很大範圍的不同觀點。可以參考卡斯泰爾斯－麥卡斯（Carstairs-McCarthy），二〇〇一年；托勒曼（Tallerman）與吉布森（Gibson）的綜論性文章，二〇一二年。容格斯（Jungers）等人有特別的探討，二〇〇三年；迪肯（Deacon），一九九五年。FOXP2基因的潛在角色可以在艾那爾德（Enard）等人的論文中找到討論，二〇〇二年。理論語言學與認知神經科學之間的相互作用，在摩羅（Moro）的論文中可見到討論，二〇〇八年。

頁180　一個漫長漸進的達爾文式：這個觀點被許多現今的學者支持，而且在平克的研究中有精采且引人入勝的描述，一九九四年。平克精闢地將語言當作本能一樣呈現。

頁180　源自某個驟然的突變：這是由深具影響力的語言學家諾姆．杭士基所建議。參見杭士基，一九八八年、一九九一年、二〇一一年。杭士基認為人腦內建有通用語法的本能。

頁181　鄧巴認為：鄧巴，一九九六年、二〇一四年。

頁181　心理學家伊莉莎白．斯佩爾克：安吉爾，二〇一二年。

頁182　「大腦圖譜」：一段精采的影片顯示研究人員傑克．賈蘭（Jack Gallant）與他合作夥伴的研究成果，可在網路上觀賞：https://www.youtube.com/watch?v=k6lnJkx5a-DQ。

頁182　美國人類學家羅伊．瑞巴波特：瑞巴波特，一九九九年。

頁182　英國人類學家卡米拉．包爾：包爾，二〇〇〇年。

頁182　布隆伯斯洞窟：興歇伍德（Henshelwood）等人，二〇一一年。

頁182　第一次農業革命：關於人類文明史簡要的、近期的、原創又受歡迎的報導，可在哈勒爾（Harari）與曼羅迪諾的文章中看到，二〇一五年。

頁183　著名的科學革命：關於科學革命的兩篇經典文章以及與之相關的範例轉變，可在庫恩（Kuhn，一九六二年）與科恩（一九八五年）的作品中看到。更近代的觀點是伍頓（Wootton），二〇一五年。

第八章　好奇的心智

頁186　「重要的是」：回憶錄的編輯威廉．米勒（William Miller）在《生活》（*Life*）雜誌中引用，一九五五年五月二日。

頁186　弗里曼．戴森：二〇〇九年三月二十五日，《紐約時報》以《公民的異端》（The Civil Heretic）為題（尼古拉斯．達維多夫〔Nicholas Dawidoff〕撰寫），針對戴森做人物介紹。戴森的傳記由舍韋（Schewe）撰寫，二〇一三年。

頁187　二〇一四年夏天：這個專訪是在二〇一四年七月三十日，以電子郵件往返的方式進行。

頁188　《反叛的科學家》：戴森，二〇〇六年，七頁。

頁189　太空人兼博學者，斯多里・馬斯格雷夫：《美國航太雜誌》（*Air & Space Magazine*）在二〇一〇年八月刊登針對斯多里・馬斯格雷夫的專訪（黛安・泰蒂奇〔Diane Tedeschi〕撰寫）。這份專訪以《退休太空人斯多里・馬斯格雷夫：唯一一位登上過全部五艘太空梭的人》為題。

頁190　我再度有機會與馬斯格雷夫交談：專訪在二〇一四年八月七日進行。

頁191　博學家諾姆・杭士基：好幾本有關杭士基以及他的思想的書籍，例如哈曼（Harman），一九七四年；達古斯提諾（d'Agostino），一九八六年；歐泰洛（Otero），一九九四年；以及有一本我發現很有用的書，麥吉爾夫雷（McGilvray），二〇〇五年。

頁191　一百多本書：最近的一本是《誰統治世界？》（*Who Rules the World?*），二〇一六年五月十日出版。

頁192　他給了我這個回應：電子郵件往返始於二〇一四年七月六日。

頁192　史坦尼斯勒斯・狄昂團隊：王立平等人，二〇一五年。

頁193　法比奧拉・吉亞諾提：二〇一五年九月二十四日進行專訪。《富比世》（*Forbes*）雜誌將吉亞諾提列為二〇一五、二〇一六年「世界最具權力的百大女性」。

頁193　「上帝粒子」：「上帝粒子」這個名稱是物理學家里昂・萊德曼（Leon Lederman）所創，但就連彼得・希格斯（Peter Higgs）本人也不喜歡。尋找了四十年之後發現的希格斯玻色子，是這幾十年來科學界的重要里程碑。這個發現已經被完整記錄在卡羅（Carroll，二〇一二年）、蘭德爾（Randall，二〇一三年）的作品中，以及名為《粒子狂熱》（*Particle Fever*）的紀錄片，由馬克・李文森（Mark Levinson）、大衛・卡普蘭（David Kaplan）、安德烈・米勒（Andrea Miller）、卡拉・所羅門（Carla Solomon）以及溫蒂・薩克斯（Wendy Sax）製作。

頁198　馬丁・芮斯：我在二〇一五年十月二十五日專訪了芮斯勳爵。著有暢銷科普書《時終》、《宇宙的六個神奇數字》（*Just Six Numbers*）、《宇宙創生之前》（*Before the Beginning*）。

頁199　人類生存的潛在威脅：在一場TED演講上，芮斯描述了宇宙學，以及他認為下個世紀人類所面臨的挑戰：www.ted.com/talks/martin_rees_asks_is_this_our_final_century。芮斯想問的是，這是不是我們人類最後的一百年。他也解釋了這些風險所在，芮斯，二〇〇三年。

頁203　布萊恩・梅伊：二〇一五年十一月十九日進行專訪。有關梅伊的簡短傳記，可以在http://brianmay.com/brian/blog.html上找到。

頁203　維多利亞立體攝影技術：一篇有關梅伊熱愛此一攝影技術的文章可以在網站上

找到：www.theguardian.com/artanddesign/2014/oct/20/brian-may-stereo-victorian-3d-photos-tate-britain-queen。

頁207　我向他解釋了一些：參見李維歐與希爾克（Silk）對這些影響的簡短描述，二〇一六年。

頁208　很難定義：例如，來自紐西蘭的一位政治學研究員詹姆斯・弗林（James Flynn），他提出智力的評分在每一個世代間都有很大的差異，因此規範列表必須經常改變。弗林，一九八四年、一九八七年；內塞爾（Neisser），一九九八年。

頁208　瑪麗蓮・沃斯・莎凡：利用電子郵件在二〇一五年九月三日進行專訪。不少報章雜誌都發表過許多關於沃斯・莎凡的文章。例如一九八五年九月二十九日刊載在《芝加哥論壇報》（*Chicago Tribune*），由瑪莉・施米希（Mary T. Schmich）撰寫〈遇見這世界最聰明的人〉（Meet the World's Smartest Person），還有二〇〇九年四月十日在《金融時報》（*Financial Times*）上，由山姆・奈特（Sam Knight）撰寫〈高智商是一種福分嗎？〉（Is a High IQ a Burden As Much As a Blessing?），文章可以在www2.sunysuffolk.edu.kasiuka/materials/54/savant.pdf上找到。

頁211　哲學家馬丁・海德格：海德格接著說：「那些崇拜『事實』的人從來不會注意到，他們崇拜的偶像只是藉別的光來閃耀而已。」海德格，二〇〇〇年，三〇七頁。

頁212　約翰・「傑克」・洪納：專訪在二〇一五年九月三日進行。網路上可查到洪納的知性傳記：mtprof.msun.edeu/Spr2004/horner.html。他二〇一一年的ＴＥＤ演講可在www.ted.com/talks/jack_horner_shape_shifting_dinosaurs?language=en上找到。

頁212　「可能會發現恐龍骨頭的地方」：蘭德爾提出了一個原創假設，也就是地球上發生的大規模物種滅絕，與暗物質本質是有相關連的，二〇一五年。

頁217　維克・穆尼茲：穆尼茲，二〇〇五年，一二頁。

頁217　穆尼茲目前主要定居：專訪在二〇一六年二月十七日進行。參見拉佛斯（La Force）有關穆尼茲的文章，二〇一六年。

頁218　電影《垃圾狂想曲》：官方預告可在https://www.youtube.com/watch?v=sNIwh8vT2NU觀賞。

頁222　塞繆爾・詹森於一七五一年寫道：收錄在《漫步者》（*The Rambler*）中，一〇三號，一七五一年三月十二日，可在維吉尼亞大學圖書館電子文本中心（Electronic Text Center, University of Virginia Library）的線上資料庫找到。

頁223　伊利亞・普里高津：例如，給普里高津的訃告（波卓斯基〔Petrosky〕，二〇〇三年）。

頁224　受《量子雜誌》的專訪：林（Lin），二〇一四年。

第九章　為什麼是好奇心？

頁226　其實他在《回憶錄》的原句是：卡薩諾瓦，一九二二年。

頁226　創造了豐富而複雜：最近有幾本書涉及好奇心的幾個方面：博爾（Ball）特別討論了現代科學的出現，二〇一三年。曼古埃爾（Manguel）從幾位思想家的角度檢驗好奇心，例如但丁（Dante）、大衛・休謨以及路易斯・卡羅（Lewis Carroll），二〇一五年。萊絲利認定網路會構成危險，主張培養好奇心，二〇一四年。格拉茨（Grazer）與菲什曼（Fishman）描述導致格拉茨開始製作著名電影和電視節目的個人經歷，二〇一五年。

頁227　明尼蘇達分養雙胞胎實驗：布赫德等人的研究中有精采描述，一九九〇年。關於遺傳和環境影響的一般背景，參見布赫德，一九九八年；普羅明，一九九九年。

頁228　二〇〇四年，布赫德回顧了部分大型研究計畫：布赫德，二〇〇四年。

頁228　受到遺傳強烈影響：在阿什伯里與普羅明的研究中有相當有趣的描述，二〇一三年。

頁230　人類歷史也曾有一些時期：對「驚奇」歷史的精采描述，可以在多爾斯頓與帕克（Park）的研究中找到，一九九八年。古德曼（Goodman）曾提出有趣的討論，一九八四年。

頁230　化名為詹姆斯・布里迪：本名奧斯本・亨利・梅弗（Osborne Henry Mavor），曾以醫師身分參加過一次世界大戰。這個引用是來自他的戲劇《包福來先生》（*Mr. Bolfry*）。

頁231　知名的「洛特妻子」：維基百科的詞條文章「洛特妻子」（Lot's Wife）中，可以看到以色列索多姆山（Mount Sodom）石柱的圖片。

頁231　「別對不必要的事情心存好奇」：《傳道書》（*Ecclesiastes*）第三卷，第二十三章（詹姆士王譯本〔King James Version〕）。

頁231　明谷修道院院長聖伯爾納鐸：在現代法國（與德國）早期，對好奇心關注的全面討論，參見肯尼，二〇〇四年。

頁233　一般人對好奇心的態度：這個轉變在肯尼的研究中有相當精采的敘述，二〇〇四年；布魯門貝格（Blumenberg），一九八二年；博爾，二〇一三年；多爾斯頓做出了專業的總結，二〇〇五年。漢納（Hannam）認為中世紀時代並不像一般所描述的那樣黑暗，二〇一一年。

頁233　把好奇心視為一種人類無法逃脫的情感的第一人：澤爾丁為好奇心轉變態度做了另一個有趣的總結，一九九四年，第十一章。近期有關笛卡兒傳記，可參見葛瑞麟

（Grayling），二〇〇五年。

頁233　湯瑪士・布朗：奧爾德西－威廉斯（Aldersey-Williams）對布朗的生活與工作做了清晰又詼諧的描述，二〇一五年。

頁233　亞歷山大・封・洪堡：兩部洪堡的傳記，分別是黑爾費里希（Helferich），二〇〇四年；麥克羅伊（McCrory），二〇一〇年。

頁234　某位傳記作者寫道：吉戴合（De Terra），一九五五年。

頁234　多卷作品《宇宙》：封・洪堡，一九九七年。

頁234　西奧多・澤爾丁：澤爾丁，一九九四年，一九八頁。

頁235　格林兄弟：里戈爾（Rigol）研究的童話故事中，有關好奇心的有趣討論，一九九四年。

頁236　原始版本：出現在班・強森（Ben Jonson）一五九八年戲劇《個性互異》（*Every Man in His Humour*）中。也出現在莎士比亞的《無事生非》（*Much Ado about Nothing*）。

頁236　為何到了十九世紀末期：印刷版首先出現在一本由詹姆斯・艾倫・梅爾（James Allan Mair）所著的《諺語手冊》（*Handbook of Proverbs*），一八七三年。亞馬遜網站上可以找到這本書的其中一個版本。

頁237「墮落藝術展」：紐約「新藝術藝廊」（Neue Galerie）二〇一四年辦了一個特展，匯集自一九三七年開始展覽的藝術品，還有照片、影片以及檔案資料。展覽的目錄收在彼得斯（Peters），二〇一四年。

頁239 馬拉拉．優素福扎伊：馬拉拉的故事在優素福扎伊與蘭姆所寫的作品中有詳細的描述，二〇一三年。

頁240「僅對某個人的作品」：澤爾丁，一九九四年，一九一頁。

頁240 弗拉迪米爾．納博科夫：納博科夫，一九九〇年，四六頁。

頁242 愛爾蘭小說家詹姆斯．斯蒂芬斯：斯蒂芬斯，一九一二年，九頁。

頁242 喬瑟琳．理查和肯特．貝里奇：理查和貝里奇，二〇一一年。

頁243 你覺得鳥為什麼要這樣做：費曼，一九八八年，一四頁。

頁245 甚至是自己感到驚訝：契克森米哈賴在「如何培養有創造性的生活」的忠告中，建議要讓人驚喜、也要讓自己感到訝異，一九九六年，三四七頁。

頁245 好奇心會增加：例如，羅興（Rossing）與隆（Long），一九八一年。

頁245 會被同樣有好奇心的人所吸引：參見卡珊登與羅伯茨（Roberts），二〇〇四年。依戀與好奇間的關係也出現在米庫林瑟（Mikulincer）的研究中，一九九七年。

結語

頁250 馬克・吐溫發表了：一八七〇年一月一日，一開始刊載在《水牛城快報》（*Buffalo Express*）的篇名是〈非常可怕的中世紀傳奇故事〉（An Awful Terrible Medieval Romance）。一八七五年，在作品集《短篇故事，新與舊》（*Sketches, New and Old*）中，篇名就改成了〈中世紀傳奇故事〉。

頁251 吐溫的故事盡顯娛樂性：參見兩篇文章的分析與解釋：巴爾丹扎（Baldanza），一九六一年；威爾森，一九八七年。

頁252 暢銷小說《完美之人》：沃爾夫，一九九八年。

頁252 「用杯子做了那件事」：在《走夜路的男人》（*The Bonfire of the Vanities*）以及散文集《勾搭》（*Hooking up*）中有提及。

頁252 大量的解釋：這齣戲產生的困惑與「迷惑」，艾金森（Atkinson）有極為精采的陳述，一九五六年。

頁252 作家亨利・詹姆斯：詹姆斯，一八八四年。

頁253 好奇心度過一場眾所矚目的經歷：十七世紀後期到十九世紀初期的好奇心歷史，在班尼迪克（Benedict）的大範圍記錄中有令人驚訝的描述，二〇〇一年。精美的書寫、簡明彙整了各種情緒（包括好奇）和人類的反應，都呈現在瓦特史密斯（Watts Smith）的作品中，二〇一五年。

頁253　「病態」好奇心：用感官刺激尋求量表（sensation-seeking scale）所做的討論與定量，詳見祖克曼，一九八四年；祖克曼與歷透，一九八五年。

頁253　瑞士精神病學家卡爾・榮格：榮格，一九五一年，第二章。

頁253　因為觀看他人的苦難：亞里斯多德所建議的一個觀點，他說人類「喜歡注視那些對我們來說是痛苦的所見之物的最清晰影像」，奧康納（O'Connor）做了引用，二〇一四年。另可參見祖克曼與歷透，一九八五年；康德，二〇〇六年。

頁254　電視報導的負面新聞：參見伊根（Egan）等人的跨文化研究，二〇〇五年。

頁254　國家安全局監管案：史諾登所洩漏的絕大部分資料，都刊登在英國的《衛報》（*The Guardian*）以及美國的《華盛頓郵報》（*The Washington Post*）。國家公共廣播電台（National Public Radio）發表了一篇短文介紹主要的事實：http://www.mpr.org/sections/parallels/2013/10/23/240239062/five-things-to-know-about-the-nsas-surveillance-activities。

頁257　皮埃爾・德・費馬：關於費馬的最後定理的精采故事，可見辛格（Singh），一九九七年；阿策爾（Aczel），一九九七年。

參考書目

Ackerman, J. 1969. "Concluding Remarks: Science and Art in the Work of Leonardo," in *Leonardo's Legacy: An International Symposium*, ed. C. O. O'Malley (Berkeley: University of California Press).

Aczel, A. D. 1997. *Fermat's Last Theorem: Unlocking the Secret of an Ancient Mathematical Problem* (New York: Viking).

Aiello, L. C. & Wheeler, P. 1995. "The Expensive Tissue Hypothesis: The Brain and the Digestive System in Human Evolution," *Current Anthropology*, 36, 199.

Ainley, M. 2007. "Being and Feeling Interested: Transient State, Mood, and Disposition," in *Emotion in Education*, ed. P. A. Schutz & R. Pekrun (Burling ton, MA: Academic Press).

Aldersey-Williams, H. 2015. *In Search of Sir Thomas Browne: The Life and Afterlife of the Seventeenth Century's Most Inquiring Mind* (New York: Norton).

Alexander, D. M., Trengove, C., & van Leeuven, C. 2015. "Donders Is Dead: Cortical Traveling Waves and the Limits of Mental Chronometry in Cognitive Neuroscience," *Cog. Process.*, 16(4), 365.

Anderson, B. A. & Yantis, S. 2013. "Persistence of Value-Driven Attentional Capture," *J. Exp. Psychol. Hum. Percept. Perform*, 39(1), 6.

Anderson, C. J., et al. 2016. "Response to Comment on 'Estimating the Reproducibility of Psychological Science,'" *Science*, 351, 1037b.

Angier, N. 2012. "Insights from the Youngest Minds," May 1, *New York Times*, www.nytimes/com/2012/05/01/science/insights/in-human-knowledge-from-the-minds-of-babes.html?_r=0.

Asbury, K. & Plomin, R. 2013. *G Is for Genes: The Impact of Genetics on Education and Achievement* (Hoboken, NJ: Wiley-Blackwell).

Atkinson, B. 1956. "Beckett's 'Waiting for Godot,'" *New York Times*, April 20, https://www.nytimes.com/books/97/08/03/reviews/beckett-godot.html.

Bailey, D. & Geary, D. 2009. "Human Brain Evolution," *Human Nature*, 20, 67.

Baldanza, F. 1961, *Mark Twain: An Introduction and Interpretation* (New York:

Barnes & Noble).

Ball, P. 2013. *Curiosity: How Science Became Interested in Everything* (Chicago: University of Chicago Press).

Bambach, C. C. 2003. *Leonardo da Vinci: Master Draftsman* (New York: Metropolitan Museum of Art).

Baraff Bonawitz, E., van Schijndel, T. J. P., Friel, D., & Schulz, L. 2012. "Children Balance Theories and Evidence in Exploration, Explanation, and Learning," *Cognitive Psychology*, 64, 215.

Baranes, A. F., Oudeyer, P.-Y., & Gottlieb, J. 2014. "The Effects of Task Difficulty, Novelty and the Size of the Search Space on Intrinsically Motivated Exploration," *Front. Neurosci.*, 8, 317.

Barcilon, P. B. & Marani, P. C. 2001. *Leonardo: The Last Supper*, trans. Harlow Tighe (Chicago: University of Chicago Press).

Bateson, G. 1973. *Steps to an Ecology of Mind* (London: Paladin).

Bellomo, R. V., 1994. "Methods of Determining Early Hominid Behavioral Activities Associated with the Controlled Use of Fire at FxJj20 Main, Koobi Fora, Kenya," *Journal of Human Evolution*, 27, 173.

Benedict, B. M. 2001. *Curiosity: A Cultural History of Early Modern Inquiry* (Chicago: University of Chicago Press).

Berlyne, D. E. 1949. "Interest as a Psychological Concept," *British Journal of Psychology*, 39, 184.

Berlyne, D. E., 1950. "Novelty and Curiosity as Determinants of Exploratory Behavior," *British Journal of Psychology*, 41, 68.

Berlyne, D. E. 1954a. "A Theory of Human Curiosity," *British Journal of Psychology*, 45, 180.

Berlyne, D. E. 1954b. "An Experimental Study of Human Curiosity," *British Journal of Psychology*, 45, 256.

Berlyne, D. E. 1957. "Determinants of Human Perceptual Curiosity," *Journal of Experimental Psychology*, 53, 399.

Berlyne, D. E. 1958. "The Influence of Complexity and Novelty in Visual Figures on Orienting Responses," *Journal of Experimental Psychology*, 55, 289.

Berlyne, D. E. 1960. *Conflict, Arousal and Curiosity* (New York: McGraw-Hill).

Berlyne, D. E. 1966. "Curiosity and Exploration," *Science*, 153, 25.

Berlyne, D. E. 1970. "Novelty, Complexity and Hedonic Value," *Perception and Psychophysics*, 8, 279.

Berlyne, D. E. 1971. *Aesthetics and Psychobiology* (New York: Appleton-Century-Crofts).

Berlyne, D. E. 1978. "Curiosity and Learning," *Motivation and Emotion*, 2, 97.

Berna, F., et al. 2012. "Microstrategraphic Evidence of in Sita Fire in the Acheulean Strata of Wonderwerk Cave, Northern Cape Province, South Africa," *Proc. of the Natl. Acad. of Sci.*, USA, 109, E1215.

Beswick, D. G. 1971. "Cognitive Process Theory of Individual Differences in Curiosity," in *Intrinsic Motivation: A New Direction in Education*, ed. H. I. Day, D. E. Berlyne, & D. E. Hunt (Toronto: Holt, Rinehart and Winston).

Biederman, I. & Vessel, E. A. 2006. "Perceptual Pleasure and the Brain," *American Scientist*, 94, 249.

Blanchard, T. C., Hayden, B. Y., & Bromberg-Martin, E. S. 2015. "Orbitofrontal Cortex Uses Distinct Codes for Different Choice Attributes in Decisions Motivated by Curiosity," *Neuron*, 85(3), 602.

Blumenberg, H. 1987. *The Genesis of the Copernican World*, trans. R. M. Wallace (Cambridge, MA: MIT Press).

Bonawitz, E., et al. 2011. "The Double-Edged Sword of Pedagoga: Instruction Limits Spontaneous Exploration and Discovery," *Cognition*, 120, 322.

Bouchard, T. J. 1998. "Genetic and Environmental Influences on Adult Intelligence and Special Mental Abilities," *Human Biology*, 70, 257.

Bouchard, T. J., et al. 1990. "Sources of Human Psychological Differences: The Minnesota Study of Twins Reared Apart," *Science*, 250, 223.

Bouchard Jr., T. J. 2004. "Genetic Influence on Human Psychological Traits," *Current Directions in Psychological Science*, 13(4), 148.

Bromberg-Martin, E. S. & Hikosaka, O. 2009. "Midbrain Dopamine Neuron Signal Preference for Advance Information about Upcoming Rewards," *Neuron*, 63, 119.

Capra, F. 2013. *Learning from Leonardo: Decoding the Notebooks of a Genius* (San Francisco: Berelt-Koehler).

Carroll, S. 2012. *The Particle at the End of the Universe: How the Hunt for the Higgs Boson Leads Us to the Edge of a New World* (New York: Dutton).

Carstairs-McCarthy, A. 2001. "Origins of Language," in *The Handbook of Linguistics*, ed. M. Aromoff & J. Rees-Miller (Oxford: Blackwell).

Carter, R. 2014. *The Human Brain Book*, 2nd edition (New York: DK Publishing).

Casanova, G. 1922. *The Memoirs of Giacomo Casanova Di Seingalt.* Trans. A. Machen (London: The Casanova Society), vol. 7.

Chomsky, N. 1988. *Language and Problems of Knowledge: The Managua Lectures* (Cambridge, MA: MIT Press).

Chomsky, N. 1991. "Linguistics and Cognitive Science: Problems and Mysteries," in *The Chomskyan Turn*, ed. A. Kasher (Oxford: Blackwell).

Chomsky, N. 2011. "Language and Other Cognitive Systems: What Is Special about Language?," *Language Learning and Development*, 7(4), 263.

Chopin, K. 1894. "The Story of an Hour," Kate Chopin International Society, www.katechopin.org/story-hour/.

Cicero. 1994. *Cicero: De Finibus Bonorum et Malorum*, trans. H. Rackham (Cambridge, UK: Cambridge University Press).

Clark, K. 1960. "Leonardo da Vinci: The Virgin with St. Anne," in *Looking at Pictures* (New York: Holt, Rinehard and Winston).

Clark, K. 1969. *Civilisation: A Personal View* (New York: Harper & Row).

Clark, K. 1975. *Leonardo da Vinci: An Account of His Development As An Artist* (London: Penguin Books).

Clark, K. & Pedretti, C. (eds.). 1968. *The Drawings of Leonardo da Vinci in the Collection of Her Majesty the Queen*, 3 vols. (London: Phaidon).

Clayton, M. 2012. "Leonardo's Anatomy Years," *Nature*, 484, 314.

Cohen, I. B. 1985. *Revolution in Science* (Cambridge, MA: Belknap Press of Harvard University Press).

Cohen, J. D. & Blum, K. I. 2002. "Overview: Award and Decision." Introduction to special issue, *Neuron*, 36(2), 193.

Collins, B. 1997. *Leonardo, Psychoanalysis, and Art History: A Critical Study of Psychobiographical Approaches to Leonardo da Vinci* (Evanston, IL: Northwestern University Press).

Cook, C., Goodman, N. D., & Schulz, L. E. 2011. "Where Science Starts: Spontaneous Experiments in Preschoolers' Exploratory Play," *Cognition*, 120, 341.

Coqueugniot, H., Hublen, J.-J., Veillon, F., Honët, F., & Jacob, T. 2004. "Early Brain Growth in Homo Erectus and Implications for Cognitive Ability," *Nature*, 431, 299.

Costa Jr., P. T. & McCrae, R. R. 1992. *Revised NEO Personality Inventory (NEO PIR) and NEO Five-Factor Inventory (NEO-FFI): Professional Manual* (Odessa, FL: Psychological Assessment Resources).

Csikszentmihalyi, M. 1996. *Creativity: Flow and the Psychology of Discovery and Invention* (New York: Harper Collins).

D'Agostino, F. 1986. *Chomsky's System of Ideas* (Oxford: Oxford University Press).

Daston, L. 2005. "All Curls and Pearls," *London Review of Books*, 27(12), 37.

Daston, L. J. & Park, K. 1998. *Wonders and the Order of Nature 1150–1750* (New York: Zone Books).

Day, H. I. 1971. "The Measurement of Specific Curiosity," in *Intrinsic Motivation:*

A New Direction in Education, ed. H. I. Day, D. E. Berlyne, & D. E. Hunt (New York: Holt, Rinehart & Winston).

Day, H. I. 1977. "Daniel Ellis Berlyne (1924–1976)," *Motivation and Emotion*, 1(4), 377.

Deacon, T. W. 1995. *The Symbolic Species: The Coevolution of Language and the Human Brain* (Harmondsworth, UK: Allen Lane).

Deci, E. L. & Ryan, R. M. 2000. "The 'What' and "Why' of Goal Pursuits: Human Needs and the Self-Determination of Behavior," *Psychological Inquiry*, 11(4), 227.

Dennett, D. C. 1991. *Consciousness Explained* (Boston: Little, Brown). de Terra, H. 1955. *Humboldt* (New York: Knopf).

Dewey, J. 2005. *Art as Experience* (New York: Perigee). Originally published in 1934.

Dunbar, R. 1996. *Grooming, Gossip and the Evolution of Language* (London: Faber and Faber).

Dunbar, R. 2014. *Human Evolution* (London: Pelican).

Dyson, F. 2006. *The Scientist as Rebel* (New York: New York Review of Books).

Dyson, G. 2012. *Turing's Cathedral: The Origins of the Digital Universe* (London: Allen Lane).

Eagleman, D. 2015. *The Brain: The Story of You* (New York: Pantheon).

Edwards, D. C. 1999. *Motivation and Emotion: Evolutionary, Physiological, Cognitive, and Social Influences* (Thousand Oaks, CA: Sage).

Egan, V., et al. 2005. "Sensational Interests, Mating Effort, and Personality: Evidence for Cross-Cultural Validity," *Journal of Individual Differences*, 26(1), 11.

Emberson, L. L., Lupyan, G., Goldstein, M. H., & Spivy, M. J. 2010. "Overheard Cell-Phone Conversations: When Less Speech Is More Distracting," *Psychological Science*, 21(10), 1383.

Enard, W., et al. 2002. "Molecular Evolution of FOXP2, a Gene Involved in Speech and Language," *Nature*, 418, 869.

Encyclopaedia Britannica. 2008. *The Britannica Guide to the Brain: A Guided Tour of the Brain—Mind, Memory and Intelligence* (London: Robinson).

Etz, A. & Vanderkerckhove, J. 2016. "A Bayesian Perspective on the Reproduc ibility Project: Psychology," *PLoS ONE*, 11(2): e 0149794.

Eysenck, M. W. 1979. "The Feeling of Knowing a Word's Meaning," *British Journal of Psychology*, 70, 243.

Farrell, B. 1966. "On Freud's Study of Leonardo," in *Leonardo da Vinci: Aspects*

of the Renaissance Genius, ed. M. Philipson (New York: George Braziller).
Feynman, M. 1995a. *The Art of Richard P. Feynman: Images by a Curious Character* (New York: Routledge).
Feynman, M. (compiler). 1995b. *The Art of Richard P. Feynman: Images by a Curious Character* (Basel: G&B Science).
Feynman, R. P. 1985. "Surely You're Joking Mr. Feynman!," in *Adventures of a Curious Character*, ed. Edward Hutchings (New York: Norton).
Feynman, R. P. 1985a. "Quantum Mechanical Computers," *Optics News*, 11, 11.
Feynman, R. P. 1985b. *QED: The Strange Theory of Light and Matter* (Princeton, NJ: Princeton University Press).
Feynman, R. P. 1988. *What Do You Care What Other People Think? Further Adventures of a Curious Character*, ed. Ralph Leighton (New York: Norton).
Feynman, R. P. 2001. *What Do You Care What Other People Think? Further Adventures of a Curious Character*, as told to Ralph Leighton (New York: Norton).
Feynman, R. P. 2005. *Perfectly Reasonable Deviations* (*From the Beaten Track*), ed. M. Feynman, foreword by Timothy Ferris (New York: Basic Books).
Feynman, R. P., Leighton, R. B., & Sands, M. 1964. *Feynman Lectures on Physics* (New York: Addison Wesley).
Fidler, A. E., et al. 2007. "Drd4 Gene Polymorphisms Are Associated with Personality Variation in a Passerine Bird," *Proc. of the Royal Society London B.*, 2 May.
Flynn, J. R. 1984. "The Mean IQ of Americans: Massive Gains 1932 to 1978," *Psychological Bulletin*, 95(1), 29.
Flynn, J. R. 1987. "Massive IQ Gains in 14 Nations: What IQ Tests Really Measure," *Psychological Bulletin*, 101(2), 171.
Fonseca-Azevedo, K. & Herculano-Houzel, S. 2012. "Metabolic Constraint Imposes Tradeoff between Body Size and Number of Brain Neurons in Human Evolution," *PNAS*, 109(45), 18571.
Foucault, M. 1997. *Ethics: Subjectivity and Truth*, ed. Paul Rabinow (New York: New Press).
Freud, S. 1916. *Leonardo da Vinci: A Psychosexual Study of an Infantile Reminiscence*, trans. A. A. Brill (New York: Moffat, Yard).
Galileo, 1960. *The Assayer* [*Il Saggiatore*], in *The Controversy on the Comets of 1618*, trans. S. Drake & C. D. O'Malley (Philadelphia: University of Pennsylvania Press).
Galluzzi, P. (ed.). 2006. *The Mind of Leonardo: The Universal Genius at Work*,

trans. C. Frost & J. M. Reifsnyder (Florence: Giventi).

Geddes, L. 2015. "The Big Baby Experiment," *Nature*, 527, 22.

Gerges, F. A. 2016. *ISIS: A History* (Princeton, NJ: Princeton University Press).

Giambra, L. M., Camp, C. J., & Grodsky, A. 1992, "Curiosity and Stimulation Seeking across the Adult Life Span: Cross-Sectional and 6- to 8-Year Longitudinal Findings," *Psychology and Aging*, 7(1), 150.

Gibbons, A. 2007. "Food for Thought: Did the First Cooked Meals Help Fuel the Dramatic Evolutionary Expansion of the Human Brain?" *Science*, 316, 1558.

Gilbert, D. T., King, G., Pettigrew, S., & Wilson, T. D. 2016. "Comment on 'Es timating the Reproducibility of Psychological Science,'" *Science*, 351, 1037.

Gillispie, C. C. (ed.). 2008. *Dictionary of Scientific Biography* (New York: Charles Scribner's Sons).

Giovio, P. 1970. *Leonardo Vincii Vita*, reproduced in J. P. Richter & I. A. Richter, *The Literary Works of Leonardo da Vinci*, 3rd edition, vol. 1 (London: Phaidon).

Gleick, J. 1992. *Genius: The Life and Science of Richard Feynman* (New York: Pantheon).

Gombrich, E. H. 1969. "The Form of Movement in Water and in Air," in *Leonardo's Legacy: An International Symposium*, ed. C. D. O'Malley (Berkeley: University of California Press).

Goodman, N. 1984. *Of Mind and Other Matters* (Cambridge, MA: Harvard University Press).

Gopnik, A. 2000. "Explanation as Orgasm and the Drive for Causal Under standing: The Evolution, Function and Phenomenology of the Theory Formation System," in F. Keil & R. Wilson (Eds.), *Cognition and Explanation* (Cambridge, MA: MIT Press).

Goren-Inbar, N., Alperson, N., Kislev, M. E., Simcroni, O., Melamed, Y., Ben Nun, A., & Werker, E. 2004. "Evidence of Hominin Control of Fire at Gesher Benot Ya'aqov, Israel," *Science*, 304(5671), 725.

Gottlieb, J., Oedeyer, P.-Y., Lopes, M., & Baranes, A. 2013. "Information-Seeking, Curiosity, and Attention: Computational and Neural Mechanisms," *Trends in Cognitive Sciences*, 17(11), 585.

Gowlett, J. A. J., et al. 1981. "Early Archaeological Sites, Hominid Remains and Traces of Fire from Chesowanja, Kenya," *Nature*, 294, 125.

Grayling, A. C. 2005. *Descartes: The Life and Times of a Genius* (New York: Walker).

Grazer, B. & Fishman, C. 2015. *A Curious Mind: The Secret to a Bigger Life* (New York: Simon & Schuster).

Gregory, R. L. (ed.). 1987. *The Oxford Companion to the Mind* (Oxford: Oxford University Press).

Gruber, M. J., Gelman, B. D., & Ranganath, C. 2014. "States of Curiosity Modulate Hippocampus-Dependent Learning via the Dopaminergic Circuit," *Neuron*, 84(2), 486.

Gweon, H. & Schulz, L. E. 2011. "16-Month-Olds Rationally Infer Causes of Failed Actions," *Science*, 332, 1524.

Hannam, J. 2011. *The Genesis of Science: How the Christian Middle Ages Launched the Scientific Revolution* (Washington, DC: Regnery).

Hanneke, D., Fogwell, S., & Gabrielse, G. 2008. "New Measurement of the Electron Magnetic Moment and the Fine Structure Constant," *Physical Review Letters*, 100, 120801.

Harari, Y. N. 2015. *Sapiens: A Brief History of Humankind* (New York: Harper Collins).

Harman, G. (ed.). 1974. *On Noam Chomsky: Critical Essays* (New York: Anchor Press).

Hart, I. B. 1961. *The World of Leonardo da Vinci: Man of Science, Engineer and Dreamer of Flight* (New York: Viking).

Hart, J. T. 1965. "Memory and the Feeling-of-Knowing Experience," *Journal of Educational Psychology*, 56, 208.

Heidegger, M. 2000. *Contributions to Philosophy*, trans. P. Emad & K. Maly (Bloomington: Indiana University Press).

Helferich, G. 2004. *Humboldt's Cosmos: Alexander von Humboldt and the Latin American Journey That Changed the Way We See the World* (New York: Gotham Books).

Henshelwood, C. S., et al. 2011. "A 100,000-Year-Old Ochre-Processing Workshop at Blombos Cave, South Africa," *Science*, 334, 219.

Herculano-Houzel, S. 2009. "The Human Brain in Numbers: A Linearly Scaled-Up Primate Brain," *Frontiers in Human Neuroscience*, 3, 31.

Herculano-Houzel, S. 2010. "Coordinated Scaling of Cortical Cerebellar Number of Neurons," *Frontiers in Neuroanatomy*, 4, 12.

Herculano-Houzel, S. 2011. "Not All Brains Are Made the Same: New Views on Brain Scaling in Evolution," *Brain Behav. Evol.*, 78, 22.

Herculano-Houzel, S. 2012a. "Neuronal Scaling Rules for Primate Brains: The Primate Advantage," *Prog. Brain Res.*, 195, 325.

Herculano-Houzel, S. 2012b. "The Remarkable, yet Not Extraordinary, Human Brain as a Scaled-up Primate Brain and Its Associated Cost," *PNAS*, 109 (suppl. 1), 10661.

Herculano-Houzel, S. 2016. *The Human Advantage: A New Understanding of How Our Brain Became Remarkable* (Cambridge, MA: MIT Press).

Herculano-Houzel, S., Collins, L. E., Wong, P., & Kaas, J. H. 2007. "Cellular Scaling Rules for Primate Brains," *Proc. Natl. Acad. Sci. USA*, 104, 3562.

Herculano-Houzel, S. & Lent, R. 2005. "Isotropic Fractionator: A Simple Rapid Method for the Quantification of Total Cell and Neuron Numbers in the Brain," *J. Neurosci.*, 25, 2518.

Herculano-Houzel, S., Manger, P. R., & Kaas, J. H. 2014. "Brain Scaling in Mammalian Brain Evolution as a Consequence of Concerted and Mosaic Changes in Number of Neurons and Average Neuronal Cell Size," *Front. Neuroanat.*, 8, 77.

Hobbes, T. 1651. *Leviathan*, Online Library of Liberty, oll.libertyfund.org/titles/869.

Huron, D. 2006. *Sweet Anticipation: Music and the Psychology of Expectation* (Cambridge, MA: MIT Press).

Inan, I. 2012. *The Philosophy of Curiosity* (New York: Routledge).

Instanes, J. T., Haavik, J., & Halmøy, A. 2013. "Personality Traits and Comorbidity in Adults with ADHD," *Journal of Attention Disorder*, Nov 22.

Isler, K. & van Schaik, C. P. 2009. "The Expensive Brain: A Framework for Explaining Evolutionary Changes in Brain Size," *J. Hum. Evol.*, 57, 392.

James H. 1884. "The Art of Fiction," *Longman's Magazine*, 4 (September), public.wsu.edu/~campbelld/amlit/artfiction.html.

James, W. 1890. *The Principles of Psychology, American Science Series, Advanced Course*, 2 vol. (New York: Holt), https://ebooks.adelaide.edu.au/j/james/william/principles/index.html.

Jepma, M., et al. 2012. "Neural Mechanisms Underlying the Induction and Relief of Perceptual Curiosity," *Frontiers in Behavioral Neuroscience*, 6, 5.

Johanson, D. C. & Edy, M. A. 1981. *Lucy: The Beginning of Humankind* (New York: Simon & Schuster).

Johanson, D. C. & Wong, K. 2009. *Lucy's Legacy: The Quest for Human Origins* (New York: Crown).

Jones, S. 1979. "Curiosity and Knowledge," *Psychological Reports*, 45, 639.

Jung, C. 1959. *Aion: Researchers into the Phenomenology of the Self*, in *The Collected Works of C. G. Jung*, trans. R. F. C. Hull, vol. 9, part 2 (Princeton, NJ:

Princeton University Press).

Jung, R. E. 2014. "Evolution, Creativity, Intelligence, and Madness: 'Here Be Dragons,'" *Frontiers in Psychology*, 5, article 784, 1.

Jungers, W. L., et al. 2003. "Hypoglossal Canal Size in Living Hominoids and the Evolution of Human Speech," *Human Biology*, 75, 473.

Kac, M. 1985. *Enigmas of Chance: An Autobiography* (New York: Harper Collins).

Kahneman, D. 2011. *Thinking, Fast and Slow* (New York: Farrar, Straus and Giroux).

Kaiser, D. 2005. "Physics and Feynman's Diagrams," *American Scientist*, 93, 156.

Kandel, E. R. 2012. *The Age of Insight: The Quest to Understand the Unconscious in Art, Mind, and Brain* (New York: Random House).

Kang, M. J., et al. 2009. "The Wick in the Candle of Learning: Epistemic Curiosity Activates Reward Circuitry and Enhances Memory," *Psychol. Sci.*, 20(8), 963.

Kant, I. 2006. *Anthropology from a Pragmatic Point of View*, trans. R. B. Louden (Cambridge, UK: Cambridge University Press).

Kaplan, F. & Oudeyer, P.-Y. 2007. "In Search of the Neural Circuits of Intrinsic Motivation," *Front. Neurosci.*, 1(1), 225.

Kashdan, T. B. 2004. "Curiosity," in *Character Strengths and Virtues*, ed. C. Peterson & M. E. P. Selegman (New York: Oxford University Press).

Kashdan, T. B. & Roberts, J. E. 2004. "Trait and State Curiosity in the Genesis of Intimacy: Differentiation from Related Constructs," *Journal of Social and Clinical Psychology*, 23(6), 792.

Kashdan, T. B. & Silvia, P. J. 2009. "Curiosity and Interest: The Benefits of Thriving on Novelty and Challenge," in *The Oxford Handbook of Positive Psychology*, ed. S. J. Lopez & L. R. Snyder (Oxford: Oxford University Press).

Keats, J. 2015. *Selected Letters*, ed. John Barnard (London: Penguin Classics).

Keele, K. D. 1952. *Leonardo da Vinci on Movement of the Heart and Blood* (London: Harvey and Blythe).

Keele, K. D. 1983. *Leonardo da Vinci's Elements of the Science of Man* (New York: Academic Press).

Kemp, M. 2006. *Seen|Unseen: Art, Science and Intuition from Leonardo to the Hubble Telescope* (Oxford: Oxford University Press).

Kenny, N. 2004. *The Uses of Curiosity in Early Modern France and Germany* (Oxford: Oxford University Press).

Kidd, C. & Hayden, B. Y. 2015. "The Psychology and Neuroscience of Curiosity," *Neuron*, 88 (3) 499.

Kidd, C., Piantadosi, S. T., & Aslin, R. N. 2012. "The Goldilocks Effect: Human Infants Allocate Attention to Visual Sequences That Are Neither Too Simple nor Too Complex," *PLoS ONE* 7(5): e 36399.

King, R. 2012. *Leonardo and The Last Supper* (New York: Walker).

Kinzler, K. D., Shutts, K., & Spelke, E. S. 2012. "Language-Based Social Preferences among Children in South Africa," *Language Learning and Development*, 8, 215.

Koehler, S., Ovadia-Caro, S., van der Meer, E., Villringer, A., Heinz, A., Romanczuk-Seifereth, N., & Margulies, D. S. 2013. "Increased Functional Connectivity between Prefrontal Cortex and Reward System, *PLoS ONE*, 8(12), e84565.

Konečni, V. J. 1978. "Daniel E. Berlyne 1924–1976," *American Journal of Psychology*, 91(1), 133.

Kuhn, T. S. 1962. *The Structure of Scientific Revolutions* (Chicago: University of Chicago Press).

La Force, T. 2016. "Master of Illusions," *Apollo*, 183(639), 46.

Lange, K. W., Tucha, O., Steup, A., Gsell, W., & Naumann, M. 1995. "Subjective Time Estimation in Parkinson's Disease," *J. Neural Transm Suppl.*, 46, 433.

Lawrence, P. R. & Nohria, N. 2002. *Driven: How Human Nature Shapes Our Choices* (San Francisco: Jossey-Bass).

LeDoux, J. 1998. *The Emotional Brain: The Mysterious Underpinnings of Emotional Life* (New York: Simon & Schuster).

LeDoux, J. 2015. *Anxious: Using the Brain to Understand and Treat Fear and Anxiety* (New York: Viking).

Lee, S. A., Winkler-Rhoades, N., & Spelke, E. S. 2012. "Spontaneous Reorientation Is Guided by Perceived Surface Distance," *PLoS ONE*, 7, e51373.

Lehmann, J., Korstjens, A. H., & Dunbar, R. I. M. 2008. "Time and Distribution: A Model of Ape Biogeography," *Ecology, Evolution and Ethology*, 20, 337.

Leonardo da Vinci. 1996. *Codex Leicester: A Masterpiece of Science*, ed. Claire Farago, with introductory essays by Martin Kemp, Owen Gingerich, and Carlo Pedretti (New York: American Museum of Natural History).

Leslie, I. 2014. *Curious: The Desire to Know and Why Your Future Depends on It* (New York: Basic Books)

Levy, D. H. 2014. "Comet Shoemaker-Levy 9:20 years later," *Sky & Telescope*, July 16, www.skyandtelescope.com/astronomy-news/comet-shoemaker-levy-9-20-years-later-07162014/.

Lin, T. 2014. "A 'Rebel' without a Ph.D.," *Quanta Magazine*, March 26, 2014, https://www.quantamagazine.org/20140326-a-rebel-without-a-ph-d/.

Lipman, J. C. 1999. "Finding the Real Feynman," *The Tech*, 119 (10), tech.mit.edu/V119/N10/col10lipman.10c.html.

Litman, J. A. 2005. "Curiosity and the Pleasure of Learning: Wanting and Liking New Information," *Cognition and Emotion*, 19(6), 793.

Litman, J. A. & Jimerson, T. L. 2004. "The Measurement of Curiosity as a Feeling of Deprivation," *Journal of Personality Assessment*, 82(2), 157.

Litman, J. A., Hutchins, T. L., & Russon, R. K. 2005. "Epistemic Curiosity, Feeling-of-Knowing, and Exploratory Behavior," *Condition and Emotion*, 19(4), 559.

Litman, J. & Silvia, P. 2006. "The Latent Structure of Trait Curiosity: Evidence for Interest and Deprivation Curiosity Dimensions," *Journal of Personality Assessment*, 86 (3), 318.

Litman, J. A. & Mussel, P. 2013. "Validity of the Interest- and Deprivation-Type Epistemic Curiosity Model in Germany," *Journal of Individual Differences*, 34(2), 59.

Livio, M. & Silk, J. 2016. "If There Are Aliens Out There, Where Are They?," *Scientific American*, January 6, www.scientificamerican.com/article/if-there-are-aliens-out-there-where-are-they/.

Locke, J. L. 2010. *Eavesdropping: An Intimate History* (Oxford: Oxford University Press).

Loewenstein, G. 1994. "The Psychology of Curiosity: A Review and Reinterpretation," *Psychological Bulletin*, 116(1), 75.

Loewenstein, G., Adler, D., Behrens, D., & Gilles, J. 1992. "Why Pandora Opened the Box: Curiosity Is a Desire for Missing Information," Working paper, Dept. of Social and Decision Sciences (Pittsburgh, PA: Carnegie Mellon University).

Lynn, D. E., et al. 2005. "Temperament and Character Profiles and the Dopamine D_4 Receptor Gene in ADHD," *American Journal of Psychiatry*, 162, 906.

MacCurdy, E. 1958. *The Notebooks of Leonardo da Vinci* (New York: George Braziller).

Manguel, A. 2015. *Curiosity* (New Haven, CT: Yale University Press).

McCrae, R. R. & John, O. P. 1992. "An Introduction to the Five-Factor Model and Its Applications," *Journal of Personality*, 60(2), 175.

McCrink, K. & Spelke, E. S. 2016. "Non-Symbolic Division in Childhood," *Journal of Experimental Child Psychology*, 142, 66.

McCrory, D. 2010. *Nature's Interpreter: The Life and Times of Alexander von Humboldt* (Cambridge, UK: Lutterworth Press).

McEvoy, P. & Plant, R. 2014. "Dementia Care: Using Empathic Curiosity to Esablish the Common Ground That Is Necessary for Meaningful Communication," *Journal of Psychiatric and Mental Health Nursing*, 21, 477.

McGilvray, J. (ed.). 2005. *The Cambridge Companion to Chomsky* (Cambridge, UK: Cambridge University Press).

McMurrich, J. P. 1930. *Leonardo da Vinci, the Anatomist* (*1452–1519*) (Baltimore: Williams & Wilkins).

Mikulincer, M. 1997. "Adult Attachment Style and Information Processing: Individual Differences in Curiosity and Cognitive Closure," *Journal of Personality and Social Psychology*, 72(5), 1217.

Mirolli, M. & Baldassarre, G. 2013. "Functions and Mechanisms of Intrinsic Motivations: The Knowledge versus Competence Distinction," in *Intrinsically Motivated Learning in Natural and Artificial Systems*, ed. G. Baldassarre & M. Morelli (Heidelberg: Springer).

Mlodinow, L. 2015. *The Upright Thinkers: The Human Journey from Living in Trees to Understanding the Cosmos* (New York: Pantheon).

Moro, A. 2008. *The Boundaries of Babel: The Brain and the Enigma of Impossible Languages*, trans. I. Caponigro & D. B. Kane (Cambridge, MA: MIT Press).

Muentener, P., Bonawitz, E., Horowitz, A., & Schulz, L. 2012. "Mind the Gap: Investigating Toddlers' Sensitivity to Contact Relations in Predictive Events," *PLOS ONE*, 7(4), e34061.

Muniz, V. 2005. *Reflex: A Vik Muniz Primer* (New York: Aperture).

Murayama, K. & Kuhbandner, C. 2011. "Money Enhances Memory Consolidation—But Only for Boring Material," *Cognition*, 119, 120.

Nabokov, V. 1990. *Bend Sinister* (New York: Vintage International).

Neisser, V. (ed.). 1998. *The Rising Curve: Long-Term Gains in IQ and Related Measures* (Washington, DC: American Psychological Association).

Nuland, S. B. 2000. *Leonardo da Vinci: A Life* (New York: Viking). Nunberg, H. 1961. *Curiosity* (New York: International Universities Press).

O'Connor, D. K. 2014. "Aristotle: Aesthetics," in *Routledge Companion to Ancient Philosophy.* Eds. J. Warren & F. Sheffield (New York: Routledge). p. 387.

Ollman, A. 2016. *Vik Muniz* (Munich: DelMonico Books).

Open Science Collaboration. 2015. "Estimating the Reproducibility of Psycho logical Science," *Science*, 349, aac4716.

O'Shea, M. 2005. *The Brain: A Very Short Introduction* (Oxford: Oxford University Press).

Otero, C. (ed.). 1994. *Noam Chomsky: Critical Assessments*, vols. 1–4 (London: Routledge).

Oudeyer, P.-Y. & Kaplan, F. 2007. "What Is Intrinsic Motivation? A Typology of Computational Approaches," *Front. Neurobot.*, 1, 6.

Paloyelis, Y., Asherson, P., Mehta, M. A., Faraone, S. V., & Kuntsi, J. 2010. "DATI and COMT Effects on Delay Discounting and Trait Impulsivity in Male Adolescents with Attention Deficit/Hyperactivity Disorder and Healthy Controls," *Neuropsychopharmacology*, 1.

Paloyelis, Y., Mehta, M. A., Faraone, S. V., Asherson, P., & Kuntsi, J. 2012. "Striatal Sensitivity during Reward Processing in Attention Deficit/Hyperactivity Disorder," *Journal of the American Academy of Child & Adolescent Psychiatry*, 51(7), 722.

Pedretti, C. 1957. *Leonardo da Vinci: Fragments at Windsor Castle from the Codex Atlanticus* (London: Phaidon).

Pedretti, C. 1964. *Leonardo da Vinci on Painting: A Lost Book* (*Libro A*) (Berkeley: University of California Press).

Pedretti, C. 2005. *Leonardo da Vinci* (Charlotte, NC: Taj Books International)

Peters, O. (ed.). 2014. *Degenerate Art: The Attack on Modern Art in Nazi Germany 1937* (Munich: Prestel).

Petrosky, T. 2003. "Obituaries: Ilya Pregogine," *SIAM News*, 36(7), https://www.siam.org/pdf/news/352.pdf.

Pevsner, J. 2014. "Leonardo da Vinci, Neuroscientist," *Scientific American: Mind*, 23(1), 48.

Pinker, S. 1994. *The Language Instinct: How the Mind Creates the Gift of Language* (New York: William Morrow).

Pinker, S. 1997. *How the Mind Works* (New York: Norton).

Piotrowski, J. T., Litman, J. A., & Valkinburg, P. 2014. "Measuring Epistemic Curiosity in Young Children," *Infant and Child Development*, 23, 542.

Plomin, R. 1999. "Genetics and General Cognitive Ability," *Nature*, 402 (6761 suppl.), C25.

Plomin, R., et al. 2012. *Behavioral Genetics*, 6th edition (London: Worth).

Povinelli, D. J. & Dunphy-Lelii, S. 2001. "Do Chimpanzees Seek Explanations? Preliminary Comparative Investigations," *Can. J. Exp. Psychol.*, 55(2), 185.

Power, C. 2000, "Secret Language Use at Female Initiation: Bounding Gossiping Communities," in *The Evolutionary Emergence of Language: Social*

Function and the Origins of Linguistic Form, ed. C. Knight, M. Studdert-Kennedy, & J. R. Hurford (Cambridge, UK: Cambridge University Press).

Randall, L. 2013. *Higgs Discovery: The Power of Empty Space* (New York: Harper Collins).

Randall, L. 2015. *Dark Matter and the Dinosaurs: The Astounding Interconnectedness of the Universe* (New York: Ecco).

Rappaport, R. 1999. *Ritual and Religion in the Making of Humanity* (Cambridge, UK: Cambridge University Press).

Redgrave, P., et al. 2008. "What Is Reinforced by Phasic Dopamine Signals?," *Brain Res. Rev.*, 58, 322.

Rees, M. 2003. *Our Final Hour* (New York: Basic Books).

Reti, L. 1972. *The Library of Leonardo Da Vinci* (Pasadena, CA: Castle Press).

Richard, J. M. & Berridge, K. C. 2011. "Nucleus Accumbens Dopamine/Glutamate Interaction Switches Modes to Generate Desire versus Dread: D_1 Alone for Appetitive Eating but D_1 and D_2 Together for Fear," *Journal of Neuroscience*, 31(36) 12866.

Richter, I. A. (ed.). 1952. *The Notebooks of Leonardo da Vinci* (New York: Oxford University Press).

Richter, J. P. 1883. *The Literary Works of Leonardo da Vinci* (London: Simpson Low, Marston Searle & Rivington).

Richter, J. P. (ed.). 1970. *The Notebooks of Leonardo Da Vinci* (Mineola, NY: Dover).

Riesen, J. M. & Schnider, A. 2001. "Time Estimation in Parkinson's Disease: Normal Long Duration Estimation Despite Impaired Short Duration Discrimination," *J. Neurol*, 248(1), 27.

Rigol, R. M. 1994. "Fairy Tales and Curiosity: Exploratory Behavior in Literature for Children or the Futile Attempt to Keep Girls from the Spindle," in *Curiosity and Exploration*, ed. H. Keller, K. Schneider, & B. Henderson (Berlin: Springer Verlag).

Risko, E. F., Anderson, N. C., Lanthier, S., & Kingstone, A. 2012. "Curious Eyes: Individual Differences in Personality Predict Eye Movement Behavior in Scene-Viewing," *Cognition*, 122, 86.

Rossing, B. E. & Long, H. B. 1981. "Contributions of Curiosity and Relevance to Adult Learning Motivation," *Adult Education*, 32(1), 25.

Roth, G. & Dicke, U. 2005. "Evolution of the Brain and Intelligence," *Trends in Cognitive Sciences*, 9(5), 250.

Ruggeri, A. & Lombrozo, T. 2015. "Children Adapt Their Questions to Achieve Efficient Search," *Cognition*, 143, 203.

Ryan, R. & Deci, E. 2000. "Intrinsic and Extrinsic Motivation: Classical Defini tions and New Directions," *Contemp. Educ. Psychol.*, 25, 54.

Saab, B. J., et al. 2009. "NCS-1 in the Dentate Gyrus Promotes Exploration, Synaptic Plasticity, and Rapid Acquisition of Spatial Memory," *Neuron*, 63(5), 643.

Schacter, D. L., Gilbert, D. T., Wegner, D. M., & Nock, M. K. 2014. *Psychology*, 3rd edition (New York: Worth).

Schewe, P. F. 2013. *Maverick Genius: The Pioneering Odyssey of Freeman Dyson* (New York: Thomas Dunne Books).

Schilpp, P. (ed.). 1949. *Albert Einstein: Philosopher-Scientist* (Evanston, IL: Library of Living Philosophers).

Schulz, L. 2012. "The Origins of Inquiry: Inductive Inferences and Exploration in Early Childhood," *Trends in Cognitive Sciences*, 16, 382.

Schulz, L. E. & Bonawitz, E. B. 2007. "Serious Fun: Preschoolers Engage in More Exploratory Play When Evidence Is Confounded," *Developmental Psychology*, 43(4), 1045.

Shohamy, D. & Adcock, R. A. 2010. "Dopamine and Adaptive Memory," *Trends in Cognitive Sciences*, 14, 464.

Shutts, K., et al. 2011. "Race Preferences in Children: Insights from South Africa," *Developmental Science*, 14:6, 1283.

Siegal, N. 2014. *The Anatomy Lesson*, (New York: Nan A. Talese).

Silvia, P. J. 2006. *Exploring the Psychology of Interest* (Oxford: Oxford University Press).

Silvia, P. J. 2012. "Curiosity and Motivation," in *The Oxford Handbook of Human Motivation*, ed. Richard M. Ryan (Oxford: Oxford University Press).

Singh, S. 1997. *Fermat's Enigma: The Epic Quest to Solve the World's Greatest Mathematical Problem* (New York: Walker).

Sluckin, W., Colman, A. M., & Hargreaves, D. J. 1980. "Liking Words as a Function of the Experienced Frequency of Their Occurrence," *British Journal of Psychology*, 71, 163.

Spielberger, C. D. & Starr, L. M. 1994. "Curiosity and Exploratory Behavior," in *Motivation: Theory and Research*, ed. H. F. O'Neal Jr. & M. Drillings (Hillsdale, NJ: Erlbaum).

Stalnaker, T. A., Cooch, N. K., & Schoenbaum, G. 2015. "What the Orbitofrontal Cortex Does Not Do," *Nature Neuroscience*, 18, 620.

Stephens, J. 1912. *The Crock of Gold* (London: Macmillan), babel.hathitrust.org/

cgi/pt?id=mdp.39015031308953;view=1up;seq21.

Steudel-Numbers, K. L. 2006. "Energetics in Homo Erectus and Other Early Hominins: The Consequences of Increased Lower-Limb Length," *Journal of Human Evolution*, 51, 445.

Stringer, C. 2011. *The Origin of Our Species* (London: Allen Lane).

Sykes, C. (ed.). 1994. *No Ordinary Genius: The Illustrated Richard Feynman* (New York: Norton).

Tallerman, M. & Gibson, K. R. (eds.). 2012. *The Oxford Handbook of Language Evolution* (Oxford: Oxford University Press).

Tan, S. J., et al. 2014. "Plasmonic Color Palettes for Photorealistic Printing with Aluminum Nanostructures," *Nano Lett.*, 14(7), 4023.

Tavor, I., et al. 2016. "Task-Free MRI Predicts Individual Differences in Brain Activity During Task Performance," *Science*, 352(6282), 216.

Tomkins, S. 1998. *The Origins of Humankind, Social Biology Topics* (Cambridge, UK: Cambridge University Press).

Unger, R. 2004. *False Necessity: Anti-Necessitarian Social Theory in the Service of Radical Democracy*, revised edition (London: Verso).

Van Arsdale, A. P. 2013. "Homo Erectus—A Bigger, Smarter, Faster Hominin Lineage," *Nature Education Knowledge*, 4(1), 2.

Van den Heuvel, M. P., et al. 2009. "Efficiency of Functional Brain Networks and Intellectual Performance," *Journal of Neuroscience*, 29(23), 7619.

van Veen, V., Cohen, J. D., Botvinick, M. M., Stenger, V. A., & Carter, C. S. 2001. "Anterior Cingulate Cortex, Conflict Monitoring, and Levels of Processing," *Neuroimage*, 14, 1302.

Vasari, G. 1986. *The Great Masters*, trans. Gaston Du C. de Vere (Fairfield, CT: Hugh Lauter Levin Associates).

von Humboldt, A. 1997. *Cosmos: A Sketch of the Physical Description of the Universe*, trans. E. C. Otté, introduction by N. A. Rupke, vols. 1 & 2 (Baltimore: Johns Hopkins University Press). Originally published in 1849.

Voss, J. L., Gonsalves, B. D., Federmeier, K. D., Tranel, D., & Cohen, N. J. 2011. "Hippocampal Brain-Network Coordination During Volitional Exploratory Behavior Enhances Learning," *Nature Neuroscience*, 14(1), 115.

Wang, L., Uhrig, L., Jarroya, B., & Dehaene, S. 2015. "Representation of Numerical and Sequential Patterns in Macaque and Human Brains," *Curr. Biol.*, 25(15), 1966.

Watts Smith, T. 2015. *The Book of Human Emotions: An Encyclopedia of Feeling*

from Anger to Wanderlust (London: Profile Books).
White, M. 2000. *Leonardo: The First Scientist* (London: Little, Brown).
White, R. W. 1959. "Motivation Reconsidered: The Concept of Competence," *Psychology Review*, 66(5), 297.
Wilczek, F. 2015. *A Beautiful Question: Finding Nature's Deep Design* (New York: Penguin Press).
Wills III, H. 1985. *Leonardo's Dessert: No Pi* (Reston, VA: National Council of Teachers of Mathematics).
Wilson, J. D. 1987. *A Reader's Guide to the Short Stories of Mark Twain* (Boston: G. K. Hall).
Wilson, T. D., Centerlar, D. B., Kermer, D. A., & Gilbert, D. T. 2005. "The Pleasure of Uncertainty: Prolonging Positive Moods in Ways People Do Not Anticipate," *Journal of Personality and Social Psychology*, 88(1), 5.
Winkler-Rhoades, N., Carey, S., & Spelke, E. S. 2013. "Two-Year-Old Children Interpret Abstract, Purely Geometric Maps," *Developmental Science*, 16, 365.
Wittman, B. C., Dolan, R. J., & Düzel, E. 2011. "Behavioral Specifications of Reward-Associated Long-Term Memory Enhancement in Humans," *Learning and Memory*, 18, 296.
Wolfe, T. 1998. *A Man in Full* (New York: Farrar, Straus & Giroux).
Wood, A. C., Rijsdijk, F., Asherson, P., & Kuntsi, J. 2011. "Inferring Causation from Cross-Sectional Data: Examination of the Causal Relationship Between Hyperactivity-Impulsivity and Novelty Seeking," *Frontiers in Genetics*, 2, article 6, 1.
Wootton, D. 2015. *The Invention of Science: A New History of the Scientific Revolution* (New York: HarperCollins).
Wrangham, R. W. 2009. *Catching Fire: How Cooking Made Us Human* (New York: Basic Books).
Wundt, W. M. 1874. *Grundzüge der Physiologischen Psychologie* (Leipzig: Engelmann).
Yousafzai, M. & Lamb, C. 2013. *I Am Malala: The Girl Who Stood Up for Education and Was Shot by the Taliban* (Boston: Little, Brown).
Zeldin, T. 1994. *An Intimate History of Humanity* (London: Sinclair-Stevenson).
Zhou, C., Wang, K., Fan, D., Wu, C., Lin, D., Lin, Y., & Wang, E. 2015. "An Enzyme-Free and DNA-Based Feynman Gate for Logically Reversible Operation," *Chem. Commun.* 28, 51(51); 10284.
Zöllner, F. 2007. *Leonardo da Vinci: The Complete Paintings and Drawings* (Köln:

Taschen).
Zubov, V. P. 1968. *Leonardo da Vinci*, trans. D. H. Kraus (Cambridge, MA: Harvard University Press).
Zuckerman, M. 1984. "Sensation Seeking: A Comparative Approach to a Human Trait," *Behavioral Brain Science*, 7, 413.
Zuckerman, M., Eysenck, S. B. G., & Eysenck, H. J. 1978. "Sensation Seeking in England and America: Cross-Cultural, Age, and Sex Comparisons," *Journal of Consulting and Clinical Psychology*, 46, 139.
Zuckerman, M. & Litle, P. 1985. "Personality and Curiosity about Morbid and Sexual Events," *Personality and Individual Differences*, 7(1), 49.
Zuss, M. 2012. *The Practice of Theoretical Curiosity* (Dordrecht: Springer).

圖片致謝

感謝諸位作者與出版商同意提供圖片予以印製。

圖一：H. A. Weaver, T. E. Smith，太空望遠鏡研究所，美國航太總署／歐洲太空總署。

圖二：J. Bedke 拍攝，太空望遠鏡研究所，美國航太總署。

圖三：荷蘭海牙莫瑞泰斯皇家美術館（Mauritshuis Museum）館藏，公版圖片。

圖四：哈伯太空望遠鏡彗星小組（Hubble Space Telescope Comet Team），以及美國航太總署。

圖五：義大利米蘭恩寵聖母院食堂裡的壁畫。公版圖片。

圖六：RCIN 912283. 英國皇家收藏基金會提供／©Her Majesty Queen Elizabeth II 2016。

圖七：華盛頓特區的國家藝廊，艾爾薩．梅隆．布魯斯基金管理機構。公版圖片。

圖八：英國皇家收藏基金會提供／©Her Majesty Queen Elizabeth II 2016。

圖九：泰特美術館（Tate Britain）收藏。公版圖片。

圖十：Joseph Weber 拍攝，維吉尼亞．特林布同意重製。

圖十一：費曼素描本中的一頁草圖，一九八五年。費曼，一九九五年b。Museum Syndicate 提供。

圖十二：出自達文西《大西洋手稿》，米蘭盎博羅削圖書館（Biblioteca Ambrosiana）。Getty 圖庫提供。

圖十三至十六：保羅．迪波利托繪製。

圖十七：伊莉莎白．波納威茲提供。

圖十八：保羅．迪波利托繪製。

圖十九：出自傑瑪團隊，二〇一二年。馬瑞基．傑瑪同意重製。

圖二十：出自賀庫拉諾－胡賽，二〇〇九年。蘇珊娜．賀庫拉諾－胡賽同意重製。

圖二十一：「露西」骨骸（AL 288-1），阿法南方古猿，巴黎國家自然歷史博物館。公版圖片。

圖二十二：照片由 Katie Reisz 提供。

圖二十三：維克．穆尼茲製作的理查．費曼像。「墨蹟系列」（ink series）。維克．穆尼茲提供。

圖二十四：小尺寸版的兩尊巴米揚大佛，一九七七年。公版圖片。

圖二十五：Yee Ming Tan 於二〇〇八年拍攝的照片。

延伸閱讀

從好奇自己為何不再好奇開始

泛科知識公司知識長／鄭國威

許多朋友一開始都意料不到，長相嚴肅，也關心很多嚴肅議題的我，其實是一個很喜歡、也很會跟小孩子玩的大人。舉個案例：最近陪以前念護理的老婆去雲林開她的二專同學會，她好幾位同學帶著小孩一起來，因為我女兒到爺奶家度假，所以我一進門就開始跟年紀從兩歲到六歲的孩子們玩，組樂高、玩積木、丟球、猜謎……以及許多臨時創出來的遊戲，一路玩了四個小時沒停過。

回到家以後，我老婆同學在 LINE 群組裡討論，都以為我是個「好老公」，是故意擔起顧孩子的任務，讓老婆跟同學們可以好好敘舊，但其實我完全沒想那麼多，我只是喜歡跟小孩子玩。事實上，我常常因為跟女兒玩遊戲，耽誤了她睡覺跟吃飯的時間，讓老婆無奈呢。

我是到了外地讀大學，在附近的中小學安親補習班打工時，才發現我自己是這樣的人。我本來覺得沒什麼特別，但後來發現像我這樣可以很無罣礙、不顧顏面地跟小孩玩得很開心、聊得很開心的大人，真的不多。女兒出生之後，我有更多機會跟孩子玩，我老婆也沒想到我會是這樣的人，於是就連我自己也好奇起來。我自己歸納有兩個原因：

第一：我希望小孩願意跟大人說他們的想法，不管多不成熟或令人摸不著頭緒。我希望小孩不要害怕大人，也不要因為自尊心跟羞恥心過強，而把大人看成只會要小孩守規矩，而非可以一起玩的夥伴。

第二：我很驚訝於小孩超級強大的遊戲力，也就是他們什麼都可以玩，邊玩邊想規則。有時我看到我女兒嘴巴上先開口說「我們來玩……」，接著下一瞬間小腦袋才開始想要玩什麼、怎麼玩，通常完全沒打算照著原本玩具設定的玩法玩，也沒有任何玩以外的念頭。那能量真的很驚人，而我為了想觀察跟沾染這股能量，於是喜歡跟孩子玩。

而也因此，當我成為一位科學傳播與教育者之後，時常被問到「該如何讓孩子愛上科學」的時候，我總覺得這問題搞錯了方向。我相信大家都同意，孩子本來就喜歡問為什麼、隨時都在探索、對世界充滿好奇心，而他們的行動策略就是「玩」，這才是科學最重要的關鍵，決不是學歷，或跟科技部打交道的能力。包括我的女兒在內的孩子們用行為告訴我，他們從出生就準備好熱愛科學了，所以真正的問題是：「我們這些大人到底做了些什麼好事阻止了他們？」

在泛科學之前

我原本也是一個對世界充滿好奇的孩子，從小就對各種知識著迷，會跟朋友到外頭觀察生態，設計機器人造型，自己動手做玩具，也能在書店或圖書館待上好幾個小時。我記得我看最多的就是科學家跟發明家的故事，當時的我覺得科學家是世界上最重要也最厲害的人了。於是乎，小時候的我也就立下「成為科學家」的志向。

但就在念國一那年，我的學業自尊受重創倒地不起，當時的我簡直是撞牆撞得頭破血流，恨不得撞昏了別醒過來。我開始作弊跟偽造成績單，技術細節我就不一一道來了，當時我一方面憎惡成績不好的自己，另一方面也憎惡作弊說謊的自己，就像被兩隻犀牛輪流碾壓。後來就跟絕大多數的謊言一樣，還是被揭穿了。

升上國二之後，換了一位數學導師，成績也差到沒有退路，我拚死拚活把數學跟理化成績提升了起來，後來聯考順利考上第一志願，看似短暫的亂流已過，回到「成為科學家」的航道。但其實並沒有。

知道上了第一志願之後，我並沒有特別高興，反倒是湧上一股強烈的恨意。我把國中的課本跟參考書綑一綑回收，數學跟理化課本特別抽出來，找空地拿打火機燒掉。高中時期的我已完全沒有學習的熱情，對越來越艱難的數理科目更是排斥跟作嘔。我時常蹺課，補習班的學費繳了但也不去。後來到我念傳播研究所之後，才算是找回學習的熱情，但其實我已刻意徹底背離科學家之路。

但沒預料到，我因為念了傳播而更了解新聞議題，也因此開始參與社會運動，加入了國際公民媒體「全球之聲」，了解如何從無到有創辦新媒體。出社會之後，我短暫在線上影音公司服務，學習社群營運。後來又到蒙古國推動環境公民媒體計畫「遊牧綠」，也與中國當時剛萌芽的創業社群交流。我發現隨著社群媒體跟隨身載具快速普及，網路上科學知識內容卻極為欠缺，謠言跟偽科學淹沒日常，科學溝通需要革新。因此，我與夥伴在七年前創辦了「PanSci 泛科學」，一個以「科學太重要了，不能只交給科學家；但科學家也太重要了，不能只交給科學」為出發點的新媒體。

在泛科學之後

從一開始誤打誤撞，到成為華語世界最具代表性的網路原生科學網站，PanSci 泛科學為了讓科學回到公共論域，努力用吸引人、有趣味、不艱澀、不賣弄高深的方式來讓大家重新愛上科學，也讓具有公民角色的我們都可以更明智地與彼此溝通，藉此幫助越來越破碎、議題節奏越來越快的加速社會調適得更好。成立七年以來，靠著熱血的科學家與跨國網路社群，我們造出一個超過一點三億瀏覽量，不重複用戶達到三千三百萬的科學網站，每天都有五到十萬人透過泛科學接觸到讓人好奇心爆發的新知，與具有批判思維的科學觀點，更激勵了許多知識內容創作社群陸續誕生。

現在的 PanSci 泛科學已經成為台灣原生、最具規模的科學與知識傳播企業「泛科知識」。我作為一個沒有科學專業背景的總編輯兼創業者，雖然做得很辛苦，每週有好幾天都睡在辦公室，卻打從內心感到滿足與快活。因為我現在做的事，就是要讓許多跟當年的我一樣喜歡科學、好奇心旺盛的人，能夠持續感受到科學的有趣，了解科學思維的重要性，不要跟當年的我一樣，恨科學、恨學習、被迫下載羞恥心取代自己的好奇心。

我們期望讓每個人都能學得更好、也更好學，就算出了校園，還是能夠隨時隨地與社群同好一同接觸看來有趣、學來有用的知識，當然，很多科學知識本身就超級有趣，但我們得更為讀者想、也為許多像曾經的我那樣的人想，利用他們關注的熱點跟在乎的場景，透過具有新奇感、親近感的內容，把一顆顆熄滅的好奇心內核重新點燃。

以好奇心為出發點的學習，就是要讓人感到興致勃勃、並在享受分享跟討論，而非把人推進另一個知識焦慮的疲憊泥沼。所以泛科知識提出了「新學習」，可以以下四個關鍵概念來說明：

第一，**世界就是無限的學校**：迎接快速變化的未來挑戰，更要永續學習，保持成長心態，才能面對顛覆。泛科提供的知識文章、影片、課程都強調與生活連結、讓學習到的知識能有應用場景。

第二，**數據就是個人的教練**：考試領導教學成為弊病，但真正的原因是以前只能從考試收集學習數據，過度仰賴考試而本末倒置。現在可以透過學習歷程的個人化數據，替本來就不同的每一個人找到學習節奏跟方向。

第三，**社群就是茁壯的土壤**：學習從來不是個人的事。創造一個讓人感到親近又帶有一些挑戰性的學習社群，就像是將種子種在肥沃的土壤，再加上好的學習內容跟指引作為養分。

第四，**家長就是孩子的學長**：我們認為家庭教育跟終生學習是一體兩面。當家長本身就是終生學習者，孩子自然而然會被帶動。

儘管這幾年來很快做出了成績，但看看現況就知道還遠遠不夠。偽科學、假新聞、反智與反專業的言論並沒有消失，隨著只在乎數字而不求正確的演算法代替了內容守門人，英國脫歐、川普當選等黑天鵝事件頻發、人工智慧跟物聯網時代到來，未來的新人類甚至是「後人類」必須比我們更能適應這個被科技、全球化、與氣候變遷快速顛覆的時代，而此刻我們這些大人最不該犯的錯，就是讓下一代因為不好的學習體驗對世界毫無熱情跟好奇、對科學毫無興趣甚至覺得憎惡。

或許因為我是一個念傳播跟語言的文科生，當了科學網站總編輯，才得以從另一個角度看待科學，代替絕大多數跟我一樣無知的人，向科學家提問，轉譯科學知識，彌合科學與人之間的關係。同時，我發現科學家也有一樣的問題，他們也需要科學傳播者協助他們，來做更好的跨領域交流。

現在的我很珍惜曾經的那段學習挫折。如果我真的成為科學家，或許很好，但大概就成不了如今的科學傳播創業者，能夠有那麼多機會認識並幫助我敬佩的科學家，並打造一個求知欲橫流的社群。

我終究是回不到過去，但現在的我知道好奇心有多麼重要。沒有一個孩子是為了找份好工作領退休金才愛科學，滿足好奇心原本就是一件快樂的事。學習的過程可能是辛苦的，但問題不是辛苦，而是為了什麼而辛苦，如果大人錯誤地替孩子強加了功利的設定，一旦壓力解除，他們反而會放棄學習，厭惡學習，甚至做出偏差的行為，就像曾經的我一樣。

你好奇為何你的孩子、你的學生不再好奇嗎？從好奇自己為什麼不再好奇開始吧。

【Life and Science】MX0004X

好奇心，殺死一隻貓？

從達文西到理查．費曼、從小孩到成人，揭開好奇心的本質和運作機制

WHY?: What Makes Us Curious

作　　者❖馬里歐．李維歐 Mario Livio
譯　　者❖顧曉哲
封面設計❖張　巖
內頁排版❖卡那拉
總 編 輯❖郭寶秀
編輯協力❖許鈺祥、林雅玲、魏嘉儀
行銷業務❖許弼善

發 行 人❖凃玉雲
出　　版❖馬可孛羅文化
104台北市中山區民生東路二段141號5樓
電話：886-2-25007696
發　　行❖英屬蓋曼群島商家庭傳媒股份有限公司城邦分公司
104台北市中山區民生東路二段141號11樓
客戶服務專線：(886)2-25007718；25007719
24小時傳真專線：(886)2-25001990；25001991
讀者服務信箱：service@readingclub.com.tw
劃撥帳號：19863813　戶名：書虫股份有限公司
香港發行所❖城邦（香港）出版集團有限公司
香港灣仔駱克道193號東超商業中心1樓
E-mail: hkcite@biznetvigator.com
馬新發行所❖城邦（馬新）出版集團 Cite (M) Sdn Bhd
41, Jalan Radin Anum, Bandar Baru Sri Petaling,
57000 Kuala Lumpur, Malaysia.
Tel: (603)90563833
Email: services@cite.my
製版印刷❖前進彩藝有限公司
二版一刷❖2023年8月
定　　價❖480元（紙書）
定　　價❖336元（電子書）

ISBN 978-626-7356-00-5（平裝）
EISBN 9786267356012（EPUB）

城邦讀書花園
www.cite.com.tw

國家圖書館出版品預行編目（CIP）資料

好奇心，殺死一隻貓？：從達文西到理查．費曼、從小孩到成人，揭開好奇心的本質和運作機制／馬里歐．李維歐（Mario Livio）作；顧曉哲譯. -- 二版. -- 臺北市：馬可孛羅文化出版：英屬蓋曼群島商家庭傳媒股份有限公司城邦分公司發行, 2023.08
面；　公分--（Life and science; MX0004X）
譯自：Why? : what makes us curious
ISBN 978-626-7356-00-5（平裝）

1. CST: 好奇　2. CST: 自我實現

176.65　　112010770